중동
TERRORISM IN THE MIDDLE EAST
테러리즘

중동 테러리즘

홍준범

초판 1쇄 인쇄 2015. 12. 22.
초판 1쇄 발행 2015. 12. 30.

발행인 이상용·이성훈
발행처 청아출판사
출판등록 1979. 11. 13. 제9-84호
주소 경기도 파주시 회동길 363-15
대표전화 031-955-6031
팩시밀리 031-955-6036
E-mail chungabook@naver.com

ISBN 978-89-368-1075-7   03900

※값은 뒤표지에 있습니다.
※잘못된 책은 구입한 서점에서 바꾸어 드립니다.
※본 도서에 대한 문의사항은 이메일을 통해 주십시오.

이 도서의 국립중앙도서관 출판예정도서목록(CIP)은 서지정보유통지원시스템
홈페이지(http://seoji.nl.go.kr)와 국가자료공동목록시스템(http://www.nl.go.kr/kolisnet)에서
이용하실 수 있습니다. (CIP제어번호 : CIP2015034540)

중동의
새로운 질서와
IS의 탄생

홍준범 지음

중동
TERRORISM IN THE MIDDLE EAST
테러리즘

청아출판사

중동은 오랜 역사만큼이나 오늘의 문제도 복잡하다. 다양한 문화와 민족, 서로 다른 종교와 종파로 얽혀 있고, 전쟁과 갈등, 일상화된 자살 폭탄 테러로 지구촌의 포커스에서 잠시도 떠날 줄 모른다.

팔레스타인 문제로 지난 60여 년간 하루도 바람 잘 날 없이 외신을 장식하더니, 21세기 벽두에는 온 인류가 9.11 테러로 알 카에다의 테러 위협에 시달렸다. 2011년부터는 튀니지에서 발아한 재스민 혁명으로 튀니지, 이집트, 예멘, 리비아 등의 독재 정권이 차례로 무너지고, 새로운 세상을 향한 민중의 함성이 하늘을 찌르는 아랍 민주화 열기를 경험했다. 최근에는 이슬람 국가(IS)라는 극단적인 테러 조직이 등장하여 온갖 잔혹한 방식으로 인류의 존엄과 보편적 가치를 짓밟고 있다.

그럼에도 서구와 아랍 국가들은 이슬람의 고유 가치를 훼손하는 IS에 대한 적극적인 군사 작전을 꺼리고 있다는 인상마저 주고 있다. 시리아 내전은 5년째로 접어들었지만, 바샤르 아사드 정권을 지지하는 러시아-중국-이란-이라크-레바논 축과 정권 교체를 바라는 미국-유럽-터키-아랍 왕정 국가 축이 첨예하게 대립하면서 속수무책의 상태에서 무고한 시민들만 죽고 있다. 적과 동지가 구분되지 않는 새로운 양상으로 중동 지역의 구도가 재편되면서 이란 핵 프로그램 처리를 두고 사우디아라비아와 이스라엘의 협력설이 불거지고, 미국과 이란이 전격적으로 핵 협상을 타결함으로써 이제 중동은 완전히 새판을 짜고 있는 느낌이다.

역동적으로 변모하는 오늘, 중동 지역과 정세를 제대로 이해할 수 있는 길잡이가 어느 때보다 필요한 시기에 가뭄에 단비 같은 귀한 책을 만났다. 바로 홍준범 교수가 집필한 이 책이다.

저자는 30년 이상 중동 문제 전반에 걸쳐 폭넓은 연구와 정세 분석, 정책적 실무를 맡아 온, 누가 보더라도 이 분야 최고의 전문가이다. 1981년 중동 지역 외교관으로 이집트 사다트 대통령 암살 사건과 무바라크 대통령 취임을 지켜보았고, 1990년 이라크의 쿠웨이트 침공으로 제1차 걸프 전쟁이 시작되었을 때 정세분석관으로 숨 가쁘게 돌아가는 중동 현장을 잘 파악하여 우리 국익의 한 축을 담당했다. 1991년에는 사우디아라비아 주재관으로 풍부한 현장 전문지식을 바탕으로 우리 기업의 사우디 진출에 크게 공헌하였다. 1996년부터는 요르단에서 근무하면서 팔레스타인, 시리아, 레바논 정세를 현장에서 공부하고 정교한 분석 자료를 축적하였다. 그리고 최근 10년간은 UN과 미국, 유럽 국가에서 고위 외교관으로 근무하면서 세계의 중심에서 중동 문제의 바람직한 해결과 미래에 대한 탁견을 쌓았다. 그리고 이제는 조용히 그간의 경험과 소중한 자료, 몸과 혼으로 체득한 지식들을 후학들에게 나누고 있다.

이 책은 예사롭지 않은 내용과 전문가적인 분석이 돋보인다. 재스민 혁명의 과정과 배경은 물론, 아랍 민주화 시위의 혼란 과정에서 생겨난 IS의 태생 배경에 대해서도 분명한 시사점을 준다. 특히 중동 테러리즘 변천사에 관한 내용은 테러를 종교 테러, 국가 테러, 반체제 테러, 국제 테러의 범주로 구분하고 테러의 발생 원인과 전개 과정, 알 카에다가 왜 IS로 전환되는가에 관한 우리의 궁금증에 대해 명쾌한 답을 내놓고 있다. 이제 우리는 복잡한 중동 정세와 테러리즘에 대한 쉽고도 정확한 지침서를 얻게 되었다.

한양대 문화인류학과 교수
이희수

중동에서는 2014년 6월부터 이슬람 수니파 무장 테러 단체 이슬람 국가(IS)가 출현했다. IS는 미국, 영국, 일본 등 서방 국가 인질들을 참수하고, 그 장면을 동영상으로 만들어 SNS를 통해 공개하는 등 그 잔인성으로 세계를 경악하게 하고 있다. 뿐만 아니라 요르단 조종사를 산 채로 화형하거나, 러시아 민항기를 폭파하고, 프랑스 파리에서는 뮤지컬 공연장, 축구 경기장, 카페, 식당 등 6곳에서 동시다발적으로 총을 난사하거나 자폭 테러를 감행했다. 즉 이제 테러를 특정 국가나 기관에 국한하는 것이 아니라 민간인의 공공장소에서 무차별적으로 저지르기 시작했다.

IS는 조직의 명칭 자체도 이슬람 국가(Islamic State)라고 정하여, 이슬람교를 국교로 하는 주권국가의 정체성을 위장하고 있다. 숨어서 비밀리에 활동하던 테러 조직이 영토를 소유하며 공개 활동을 하고 나선 것이다. 실제로 IS는 이라크와 시리아 영토의 3분의 1을 무력 점령하고 있고, 국기를 사용하는 등 국가 흉내를 내고 있다. 최고 지도자의 명칭도 칼리파라고 정했다. 1,400년 전 예언자 무함마드가 이슬람교를 창설할 당시의 이슬람 신정 국가로 돌아가겠다는 것이다. 현실과는 너무나 동떨어진 역발상이 중동에서 일어나고 있다.

게다가 IS는 자신의 세력을 전 세계로 확장하고 있다. 아라비아 반도와 북아프리카에 존재하는 기존 알 카에다 조직들이 IS에 충성을 맹세하고, IS의 이슬람 국가 건설에 동참을 선언하고 나섰다. 또한 미국, 영국, 프랑스, 캐나다 등 서방 국가들의 자생적인 세포조직과 외로운 늑대들이 IS에 동조하여 자국에서 테러를 감행하고 있다. 심지어 일부 젊은 이들은 직접 시리아, 이라크로 잠입하여 IS에 가담하는 정황이 포착되고 있다. 바로 이 부분이 서방 국가들이 가장 우려하는 점이다.

우리나라에서도 2014년 10월 4일 18세 젊은이가 IS에 합류하여 국민을 긴장시키고 있다. 게다가 IS는 자신들의 온라인 영문 잡지 〈다비크〉 2015년 9월호에 자신들과 적대적인 '십자군 동맹국' 명단 62개국을 발표하면서 우리나라를 포함했다. 또한 우리 정부는 2015년 11월 18일 국내에서 알 카에다를 추종하는 인도네시아인 1명을 체포했다고 발표했다. 우리 국민이 테러 조직에 가담하고, 테러 조직이 한국을 협박하고, 외국인이 국내에서 지하드를 전개하는 상황이다. 이제 IS는 저 멀리 중동에만 있는 것이 아니다. 우리가 생각하는 것보다 훨씬 더 우리 가까이에 와 있다.

IS는 어떤 성향을 가졌으며, 왜 이 시점에, 그것도 중동에서 등장하여 발호하는 것일까? 직접적인 영향을 끼친 것은 시리아 내전과 이라크의 종파 분쟁으로 불안한 현지 정세라 할 수 있다. 무정부 상태에 빠진 이들 국가에서 IS는 세력을 쉽게 확대할 수 있었다. 이에 이집트, 예멘, 리비아, 튀니지 등 민주화 시위가 지속되는 국가들에 숙주하는 알 카에다 세력들이 IS에 충성을 맹세하고, 연대를 제의하고 있다.

한마디로 알 카에다가 지고 IS가 뜨고, 이슬람 극단주의 무장단체의 춘추전국 시대가 왔다고 현재의 중동 상황을 설명할 수 있다. 즉 IS의 부상은 기존의 '알 카에다 테러리즘'을 갈음하는 'IS 테러리즘'의 도래를 상징하며, 테러 위험도는 한층 더 높아지고 있다.

저자는 32년간의 공직 생활 중 17년을 해외에서 외교관으로 복무했다. 그중에서도 이집트, 사우디아라비아, 요르단 등 중동 주요국에서 10년을 근무했고, 이라크, 시리아, 레바논, 팔레스타인 등 겸임국까지 합하면 더 많은 나라에서 중동 사람들과 업무와 삶에 대한 체험을 공유했다. 이러한 인연으로 공직을 퇴직하고, 대학에서 전문경력교수로 재직하면서 〈국제 지역 분쟁〉, 〈국제 관계 쟁점 연구〉 등을 강의하였다.

교단에서 학생들에게, 혹은 언론 인터뷰에서 주로 받는 질문이 있다.

"중동 사람들은 왜 저토록 폭력적이고 잔인한가?"

가장 초보적인 질문이지만 가장 답변이 어려운 질문이다. 중동에서 전쟁과 테러는 영토의 대부분이 사막으로 이루어진 열악한 환경에서 생존을 위한 불가피한 선택이었을 것이다.

그러나 저자가 직접 겪어 본 중동, 아랍인, 무슬림들은 온순하고, 신앙심이 깊은 사람들이다. 자녀를 많이 낳고 부인이 여러 명 있어도 동등하게 대우하여 평안을 유지하는 가정적인 성격이다. 정서적으로 인정이 많아 베풀기를 좋아한다. 지나가는 길손을 위해 집 앞에 항아리를 비치하고 식수를 항상 채워 두며, 금식월 라마단 등 계기별로 희사를 하여 어려운 사람들을 구제한다. 이슬람에 대한 신앙심이 깊어 하루에도 다섯 번씩 기도를 올리며, 평화와 안녕을 희구하는 민족들이다.

그렇다면 오늘날 세계를 경악하게 하는 알 카에다와 IS는 중동인, 아랍인, 무슬림이 아닌가? 그들은 일반적인 중동인, 아랍인, 무슬림들과 분리해야 할 필요가 있다. 현대의 테러는 대부분 급진적인 이슬람주의자들이 일으키는 것으로 관찰되고 있어, 서구에 테러리스트와 이슬람 근본주의자들을 동일시하는 인식이 팽배해 있는 것이 사실이다.

그러나 이러한 인식에는 오류가 있다. 대다수의 이슬람 근본주의자들은 신앙적, 학문적으로 순수한 종교 이념을 실천하는 자들이다. 그러나 알 카에다와 IS 같은 테러 조직들은 이슬람 근본주의를 뛰어넘어 이슬람 극단주의와 광신적 극단주의를 신봉한다. 이들은 초월적인 종교적 신념에 스스로를 망상적으로 인식하여 정신병자적인 행태를 표출하는 자들이다. 그리고 이러한 극단적 광신주의자들은 역사적으로 서양의 기독교, 유대교 사회에서도 목격되곤 했다.

지금 국제사회는 IS 퇴치에 골머리를 앓고 있다. IS 퇴치를 위한 연합군을 결성할 움직임을 보이고 있으나, 이마저도 분열상을 보여 쉽게 진전되지 못하고 있다. 미국, 영국, 프랑스, 터키는 IS 퇴치와 아사드 정권의 퇴진도 동시에 진행해야 한다는 입장이고, 러시아와 이란은 IS는 공습하되 아사드 정권은 보호해야 한다고 주장한다. 이와 같은 불협화음으로 국제사회의 합동 작전은 효과를 보지 못하고 있다.

전문가들은 IS 퇴치 방안으로 이라크, 시리아에 합동 작전으로 지상군을 파견하고, IS의 발호와 성장에 토양이 되는 중동 국가들의 정치적 불안상을 개선하도록 서방이 지원하며, IS의 무기와 자금줄을 원천적으로 차단해야 한다는 것을 강조하고 있다.

그러나 문제는 이라크와 시리아에 있는 IS를 소탕한다고 해도, 이들은 고무풍선 효과에 따라 각자의 소속 국가로 스며들거나 정치 정세가 불안한 다른 토양을 찾아 흩어질 것이라는 점이다. 따라서 어떠한 방식도 IS 퇴치의 근본적인 해법은 될 수 없다.

이 점에서 저자는 한 가지 방안을 더 제안하고자 한다. 세계 인구의 4분의 1을 차지하고 있는 이슬람 국가들은 왜 손 놓고 불구경만 하고 있는 가? IS가 인질을 참수하고, 요르단 조종사를 화형에 처했을 때도 사우디 살만 알 아지즈 국왕은 '이번 사태는 끔찍한 범죄이며, 이슬람에 반하는 비인간적인 행위'라고 비난하는 정도로 끝냈다. 이는 면피용으로, 참으로 무책임한 대응일 뿐이었다. 이제는 전 세계의 이슬람교 성직자들이 나서야 할 때라고 본다. 현재 IS는 이슬람교 지하드를 선포하면서, 비이슬람 국가들에서 무차별 테러를 자행하고 있다. 이유야 어떻든 그들이 계속 이슬람이라는 종교를 이용하여 테러를 하는 이상, 이슬람 성직자들의 책임도 면제될 수 없다. 사우디 성직자들이 이슬람교 정풍운동을 전 세계 이슬람 국가들에 전파하고 교육함으로써 젊은이들의 IS 동참을 저지해야 한다. 이 길만이 인류가 평화롭게 다 같이 공존하는 길이될 것이다.

이 책은 저자가 대학에서 강의록으로 작성한 것을 한데 묶은 것으로, 총 7개 장으로 구성되어 있다. 1948년 이스라엘 건국 후 아랍과 이스라엘 분쟁으로 시작된 현대 중동의 정치 변동사를 중심으로 엮었으며, 특히 중동 테러리즘의 역사를 상세히 조명했다. 현대 테러 조직의 상징인 알 카에다와 IS는 별도의 장으로 분석했다. 이 책은 대학교 국제정치학 전공 선택 또는 교양도서로 활용하면 좋은 서적임을 밝혀 둔다. 졸저(拙

著)이지만 테러리즘 등 중동 문제에 관심 있는 학생은 물론, 일반 독자들에게도 권하고 싶다. 수없이 언론에 오르내리는 중동 관계의 문제를 이해하는 데 크게 도움이 되리라 생각한다.

이번 기회에 감사드리고 싶은 사람이 있다. 건강을 해치지 않을까 원고 쓰는 틈틈이 야참을 해 주는 아내 이혜정 여사에게 고맙다 말하고 싶다. 미국에서 책이 언제 나오는지 수시로 전화하는 두 딸 유진, 유민, 사위 Scott, 강원도 전방에서 군 복무 중인 아들 성주, 너무나 열심히 살아가고 있는 모두에게 Thank you so much를 전한다. 또한 컴퓨터를 잘해 인터넷 검색과 원고 작업에 많은 도움을 준 막냇동생 홍용도 사장에게도 고마움을 전하고 싶다.

2015년 12월 홍준범

제1장 이스라엘 건국과 아랍 민족의 대응

제2장 이스라엘-팔레스타인 분쟁과 팔레스타인 건국

제3장 중동의 새로운 질서 모색

제4장 9.11 테러와 미국의 대테러 전쟁

제5장 재스민 혁명과 민주화 열풍

제6장 중동 테러리즘의 변천사

제7장 이슬람 국가 출현

제1장

이스라엘 건국과
아랍 민족의 대응

유대인은 1800년경부터 유럽에서 예루살렘으로 돌아가자는 시오니즘 운동을 일으켰고, 제2차 세계대전을 계기로 이스라엘의 건국이라는 결실을 맺었다. 즉 2천 년 전에 사라진 이스라엘 국가를 1948년 원래의 자리였던 팔레스타인 땅에 재건한 것이다. 이는 이스라엘에게는 축복이었으나 아랍에게는 재앙이었고, 아랍과 이스라엘 간 분쟁의 서막이었다. 그리고 영국이 주도하고 UN이 결의를 통해 직접 불행의 불씨를 지핀 것이나 다름없다.

이에 반발한 아랍 국가들은 30여 년간 네 차례나 대이스라엘 축출 전쟁을 감행했다. 그러나 아랍은 모든 전쟁에서 패하고 영토까지 추가로 빼앗기는 수모를 겪었을 뿐이다. 이후 수많은 아랍과 이슬람 테러 조직들이 생겨나면서 팔레스타인 회복운동은 테러와 보복 테러의 양상으로 바뀌었다. 이스라엘에 거듭 패하자 아랍 사회에서는 과거 제국주의에 대항하기 위해 대두되었던 범아랍 민족주의를 재건해야 한다는 움직임이 일어났다.

1941년, 아랍 민족의 이익을 대변할 기구로 아랍 연맹(Arab League)이 발족되었다. 나세르 이집트 대통령을 중심으로 아랍 국가 간 통일 국가, 국가 간 연맹, 기구 발족, 집권당 통합 등의 시도가 진행되었다. 그러나 국가 간 통합과 연합은 모두 실패하고 현재는 아랍 지역 내 국제기구들만 존재한다. 아랍 민족주의, 즉 아랍 대의(大義)도 국가의 이익 앞에서는 무력화됨을 입증한 셈이다.

1

이스라엘 국가 출현

1) 시오니즘 대두

유대인은 이미 1800년대 말부터 유럽에서 시온(예루살렘)으로 돌아가 자는 시오니즘(Zionism) 운동을 시작하였다. 뛰어난 상술을 지녔으나 어디서나 핍박을 받았던 유대인들은 예루살렘의 시온 산(예루살렘 성전의 다윗의 문 밖에 위치한 산으로, 유대인에게는 예루살렘이나 성지를 일컫는 단어)으로 돌아가자는 시오니즘에 크게 호응했고, 하나둘씩 팔레스타인 땅으로 이주하기 시작했다.

유대인의 팔레스타인 이주에 초점을 맞추는 '유대 민족주의'로서의 시오니즘은 러시아에서 유래되었다. 1880년 차르 제정하 러시아에서 BILU[1]라는 이름 아래 일단의 유대 젊은이들이 팔레스타인을 찾아 떠나

---

1 이스라엘의 회복과 구원은 시온의 하느님만으로 가능함을 선포하는 시인 성경 〈이사야서〉 2장 5절 '야곱의 가문이여 야훼의 빛을 받으러 가자(Beit Yaakov Lekhu Ve-nel kha)'의 약성어(略成語)이다.

는 종교적 동기의 유대인 이민이 나타났다. 그들은 하느님을 의지할 때 이스라엘은 하느님의 통치를 다시금 경험할 것이며 시온은 하느님 통치의 중심이 될 것이라고 믿었다. 그러나 러시아에서 BILU 운동에 박차를 가하고 유대인 이민을 실제로 성행하게 한 것은 한 정치적 사건이 계기였다.

1881년 3월 1일, 상트페테르부르크 가두에서 한 젊은이가 던진 폭탄으로 차르 알렉산드르 2세가 사망했다. 러시아 정부는 폭탄을 던진 사람이 유대계라는 이유로 러시아 거주 유대인을 박해하기 시작했다. 남부 러시아 칼호프 지방과 우크라이나까지 유대인 학살이 확산되었고, 차르 제정은 1882년 5월 소위 '5월 법'까지 제정하여 유대인을 박해했다. 1882년 알렉산드르 3세 치하에서는 유대교도를 비밀리에 셋으로 분류해, 그 성격에 따라 3분의 1은 물리적 제거, 3분의 1은 국외 추방의 대상으로 정하고, 나머지 3분의 1은 차르 제정에 순응시키는 계획을 수립했다. 이러한 조직적인 유대인 대학살은 포그롬(Pogrom, 러시아어로 파괴, 학살)이라 불린다. 19세기 말 포그롬은 폴란드로도 파급되었으며 이들 지역에서 제1차 유대인의 귀향(제1차 알리야)이 있었다. 1891년 설립된 유대인 식민협회(Jewish Colonization Association, ICA)는 팔레스타인에 있는 토지를 매입해서 이민자들에게 배당하고 자본도 융통해 주었다.

유대인 문제가 유럽 내 각국으로 전파되는 가운데, 1897년 유대계 헝가리인 테오도어 헤르츨이 발기한 첫 시오니스트 회의가 스위스 바젤에서 열렸다. 저서《유대 국가(The Jewish State)》를 통해 시오니즘의 정치적, 이념적 기초를 확립한 헤르츨 박사는 이 회의에서 팔레스타인에 유대인의 향토를 만들자는 결의안을 채택하고, 세계 시오니스트 기구를 창설했다. 러시아 각처에서 대규모 유대인 학살이 일어나자 그는 영국 정부와 협상하여 유대인 문제의 타개를 모색했다. 영국 정부는 유대인의 귀향 대상지로 처음에는 키프로스를 고려하였으며, 시나이 북부 아리시, 아르헨티나, 우간다 등을 검토했으나 여러 가지 반대에 부딪쳤다. 결국 1905년 제7차 세계 시오니스트 기구 회의는 모든 안을 거부하고 유대인의 민족 향토를 하느님이 그들에게 약속했다는 땅인 팔레스타인으로 결정했다.

제1차 세계대전이 발발한 1914년경 중동 지역에는 영국의 패권적 지위가 거의 확보되어 있었다. 그리고 이 시점에 시오니스트들은 이미 독일, 러시아, 영국, 미국 등 각국 정부에 영향력을 행사하고 있었다. 특히 전시 중 시오니즘의 지도자였던 하임 바이츠만 박사가 이끄는 단체의 활동이 영국 정부의 관심을 끌었다. 영국 맨체스터 대학 화학교수였던 바이츠만은 1920년부터 이스라엘이 독립할 때까지 유대 민족주의의 선구자로 활약하였으며, 목적 달성을 위해 영국의 유력한 정계 요인들과 접촉했다. 그중에는 영국 외상 아서 밸푸어도 포함되어 있었다.

영국과 미국에서 활동하는 시오니스트들의 목적은 오스만 제국이 멸망할 경우 팔레스타인 지역에 유대인이 무제한 이민할 수 있도록 유대인을 위한 국가를 세우고, 연합국으로부터 이에 대한 보증을 받는 것이었다.

한편 영국 정부는 제1차 세계대전을 유리하게 진행시키고자 미국의 참전을 희구했는데, 이를 위해 미국 정계에 영향력을 행사하던 유대인의 환심을 살 필요가 있었다. 이러한 분위기에 힘입어 바이츠만은 영국 정부로부터 시오니스트에 대한 지지를 이끌어 내는 데 성공한다.

전쟁이 진행 중이던 1917년 11월 8일 아서 밸푸어는 유대인을 대표하는 영국의 저명한 시오니스트 로스차일드 남작에게 보내는 서한을 통해 유대인의 민족 향토를 팔레스타인에 건설할 것을 약속했다. 밸푸어가 서명한 서한의 요지는 '팔레스타인 지역에 유대인의 민족적 향토를 세우고, 그 일을 성취하는 데 대해, 팔레스타인에 거주하는 비유대인의 시민적 그리고 종교적인 권한에 대해, 또는 타국에 거주하는 유대인의 정치적인 상태에 대해 아무런 편견을 갖지 않을 것입니다'이다. 이는 사실상 유대인이 팔레스타인에 국가를 건설하는 것을 지지한다는 내용의 서신이다. 이를 공식적으로 〈밸푸어 선언(Balfour Declaration)〉이라고 하는데, 서신이 선언으로 둔갑한 것은 당시 외교장관이었던 밸푸어가 영국 정부의 외교정책 방향이 담긴 문서에 자신의 서신을 포함시켜 서명한 데서 기원한다.

그러나 이 서한은 팔레스타인 지역에 오랫동안 거주하고 있었던 팔레스타인인의 의사는 전적으로 무시한 점, 이들의 정치적 권리에 대해서는 아무런 고려도 하지 않았다는 점에서 문제가 있다.

또한 영국이 제1차 세계대전에서 독일 편에 서 있던 오스만 제국 내 아랍인의 반란을 지원하며 팔레스타인을 포함한 독립국가 수립을 약속한 1915년 10월 〈맥마흔 선언〉과 모순되어 아랍 민족운동을 일으키는 가장 큰 요인이 되었다. 이로써 오늘날 아랍-이스라엘 간 치명적 분쟁의 씨앗이 뿌려졌다.

2) 팔레스타인 주변 상황

오늘날 이스라엘과 팔레스타인이 위치한 지중해 동부 지역에는 고대부터 아랍인과 유대인들이 혼재되어 부족 형태로 공존해 왔다.

구약성서에 의하면 기원전 1800년경 아브라함을 족장으로 하는 유대인이 메소포타미아 지방에서 팔레스타인으로 이주했다. 그 후 기원전 1700년경 기근을 피해 아브라함의 손자인 야곱을 족장으로 하여 이집트로 이주했고, 기원전 1290년경에는 모세의 인솔로 이집트를 탈출해 시나이 반도 일대를 방랑한 후 팔레스타인으로 귀환했다. 유대인이 이주해 온 가나안 지방은 구약성서에 나오는 '약속의 땅(이스라엘 자손의 땅)'이 되었다.

이 땅에서 유대인은 사울 왕을 중심으로 이스라엘[2] 왕국이라는 독립국가를 세워 번영을 누렸다. 2대 다윗 왕은 수도를 예루살렘으로 정하고, 정복 사업을 활발히 벌여 영토를 확장했으며, 통치를 위한 행정 조직도 갖추었다. 3대 솔로몬 왕은 다윗이 마련한 토대 위에 무역을 진흥시켜 국가 수입을 늘리고 이스라엘의 부흥을 꾀하는 등 '솔로몬의 영화'를 누렸다.

기원전 63년 로마의 폼페이우스 장군이 예루살렘에 입성하면서 유대인의 독립국가는 사라지고 이스라엘은 로마의 속국이 되었다. 엘리아자르 벤 야이르가 이끄는 유대인들은 사해(死海)를 내려다보는 마사다 언덕에서 로마에 대항하여 용감하게 싸웠으나 960명이 자결하는 비극적 종말을 맞았다. 일부 유대인들은 갈릴리 호반의 도시로 이주해 살았지

---

2 성경에 의하면 '하느님과 겨루어 이긴 자'라는 뜻으로, 야곱의 후손들로 이루어진 민족을 일컫는 이름이 되었다.

만, 대다수는 유럽 등지에서 1,900년 동안의 디아스포라(Diaspora, 離散)를 겪어야 했다. 로마는 서기 2세기 후 유대인에 의한 두 번의 민족 반란을 겪은 후 유대 민족성을 말살하기 시작했다. 이러한 억압적인 조치 때문에 유대 국가 독립의 희망은 사라졌으며, 이때부터 19세기 중엽까지 예루살렘 등지에는 유대인이 거의 살지 않았다. 일부 유대 공동체는 해안 평야와 갈릴리를 중심으로 계속 유지되긴 했으나, 그 세력은 미미했다.

7세기 접어들어 예언자 무함마드에 의한 이슬람교 발생 이후 아랍 이슬람 군대가 팔레스타인을 침략하고 예루살렘을 점령해 자신들의 지배하에 두고, 주민들에게 이슬람을 전파하기 시작했다. 이후 1071년까지 이 지역은 아랍인의 지배하에 있었다.

아랍 무슬림들은 정복자로서 팔레스타인에 왔으나 주민들을 추방시키지도 않았고 이슬람 종교를 강요하지도 않았다. 하지만 이슬람교로 개종하면 세금 감면 등 사회적으로 유리한 점이 많았고, 아랍어가 가장 많이 사용되었으므로 기독교나 유대교를 믿던 기존 거주민들은 점차 이슬람교로 개종하기 시작했다. 그러나 13세기까지 이슬람은 전체 팔레스타인 지역에서 널리 신봉되지는 않았다. 따라서 이러한 이슬람 지배 초기의 유화적인 정책이 오늘날의 아랍-이스라엘 분쟁의 원인을 제공한 것으로 보이지는 않는다. 이슬람 지배가 오랜 기간 이어지자 유대인은 히브리어를 종교 의식에만 사용하였고 일상 회화에는 아랍어를 사용했다. 유대인은 아랍 세계에서 차별과 박해를 받지 않았고, 이슬람과 유대는 공존하여 살아갔다.

한편 예루살렘이 십자군 원정으로 유럽의 기독교 기사들에게 점령당한 기간을 빼면, 팔레스타인 지역은 중세 대부분을 아랍의 지배하에 있다가 1517년 이슬람화한 오스만 튀르크 제국의 지배를 받게 되었다. 이때 오스만 제국의 술탄 셀림 1세는 팔레스타인을 포함한 시리아와 이집트를 확보함으로써 아라비아 반도의 메카, 메디나, 예루살렘 등 3대 성지의 보호자로서의 지위를 얻었다. 오스만 제국이 팔레스타인을 점유했을 때, 그곳에는 겨우 30여 개의 유대인 공동체가 여러 지역에 흩어져 있었을 뿐이었다.

오스만 제국 시대에 팔레스타인 지역은 뚜렷한 행정적 실체가 아니었다. 팔레스타인이라는 명칭 자체도 사용하지 않았으며, 통상적으로 이 지역은 시리아의 남부 주(州)의 일부로 간주되었고, 베이루트, 다마스쿠스, 예루살렘 등의 특별 행정구로 분할되어 있었다. 오스만 제국 말기인 1880년 팔레스타인 총인구는 50만 명이었고, 그중 아랍인이 47만 6천 명으로 전체 인구의 95%, 유대인은 2만 4천 명으로 5%를 차지했다. 여기에서 당초 팔레스타인 지역의 아랍인과 유대인의 인구 분포 비율이 95:5이었다는 것이 주목된다.

제1차 세계대전 중이었던 1917년 영국이 예루살렘을 차지하면서 팔레스타인 지역은 영국 군사 지배하에 놓였다. 이때부터 팔레스타인이라는 명칭이 공식적으로 쓰이기 시작했고, 영어와 히브리어, 아랍어가 이 지역의 공식 언어가 되었다. 당시 팔레스타인은 가자 지구 남부 도시인 라파에서 레바논 남부 리타니 강까지의 지역을 가리켰다.

영국 지배 초기에는 유대인과 아랍의 갈등이 조정될 수 있을 것처럼 보였다. 그러나 유럽에 살던 유대인의 팔레스타인 귀환이 시작되면서, 이는 전혀 불가능한 것으로 드러났다. 특히 나치가 자행한 유대인 대학살은 유대인의 귀환을 더욱 부채질했다. 총인구 70만여 명 중 유대인은 6만 명 정도였는데, 1919년을 기점으로 급증해 1923년에는 9만 5천 명이 되었다. 유대인은 민병대를 조직해서 팔레스타인인과 분쟁을 일으켰고, 토지를 집중적으로 매입하기 시작했다. 1920년 4월에 성지 예루살렘과 야파 등에서 아랍인이 일으킨 반유대 폭동의 원인은 유대인의 이민 과정에서 수반된 여러 가지 경제적 문제였다. 이 폭동은 이후 30여 년간 이어진 팔레스타인 폭동 역사의 시작이었다.

그런데 1930년대에 팔레스타인에서 영국이 예측하지 못했던 사태가 발생했다. 당시 유럽에서 일고 있던 반유대 민족주의적 선동에 편승해 나치 독일이 유대인 학살(Holocaust)을 정치적 목적에 본격적으로 이용하면서, 유대인의 엑소더스(Exodus, 대탈출)를 강요했다. 당시 미국 이민이 제도적(쿼터제 적용)으로 막혀 있었기 때문에 유대인의 대탈출은 자연스럽게 팔레스타인으로 집중되었다.

이 대탈출로 1933~1935년 사이에 유대인 13만 5천 명이 팔레스타인으로 이주한 것으로 추정된다. 1931년 당시 팔레스타인 인구 중 유대인은 17만 5천 명으로, 총인구 103만 6천 명 중 17%였다. 그러나 엑소더스 후인 1936년에는 31만 명으로 급증하였고, 이 수치는 총인구 117만 1천 명의 26%에 해당된다.

1936년 4월 19일, 팔레스타인에서는 유대인에 반대하는 폭동이 발생했다. 1939년까지 이어진 일련의 아랍계 폭동은 시오니즘과 영국의 제국주의 그리고 기존의 아랍 지도력에 항거하는 전국적인 폭력 사태로 확대되었다. 이것은 무장한 아랍인 일당이 버스를 강탈하여 유대인 승객들을 살해하면서 시작되었다. 다음 날 밤에는 이스라엘 자위대 하가나(Haganah)가 아랍 농부 2명을 보복 살해했다. 이는 서로에 대한 대중적 시위와 공격, 파업으로 이어졌다.

이 중 파업의 경우, 팔레스타인의 아랍계 부족 대표자들을 구성원으로 하는 아랍 최고회의가 구성되어 5월 15일부터 유대인 이민 허용 중지를 요구하면서 조세 거부운동과 총파업으로 확대되었다. 영국의 팔레스타인 최고 감독관 아서 워쇼프 경은 알 후세이니가 이끄는 아랍 최고회의와 협상을 시도했다. 그러나 알 후세이니는 영국의 회유에 불응하면서 유대계 이민이 중단될 때까지 투쟁할 것을 경고했고, 아랍계와 관련된 공공기관, 대중교통, 사업체, 농업기관 등이 일제히 파업에 들어갔다. 유대인 정착촌에 테러도 감행했다. 이러한 분쟁으로 팔레스타인 아랍인의 뿌리 깊은 원한이 표면으로 드러났으며, 영국 당국이 설득했음에도 해결될 기미는 보이지 않고, 오히려 다가올 더 큰 폭력을 예고할 뿐이었다.

1937년 11월, 영국 정부는 중재를 위해 필 위원회(Peel Commission)를 구성해 폭력에 대한 진상조사를 의뢰했다. 필 위원회는 보고서를 통해 두 민족의 증오와 대립이 심각하다고 지적했다. 그리고 팔레스타인 서북부를 유대인, 동부를 아랍에게 분할해 자치령으로 하고, 예루살렘과 하이파를 포함한 영국 직할의 완충 지대를 설치하는 3지역 분할 안을 권고했다. 아랍과 시오니스트 양측 모두 이 제안을 환영하지 않았다. 아랍인은 팔레스타인을 자신의 영토로 여겨 유대 국가 창설 자체를 받아들이지 않고, 팔레스타인 지역에 아랍 독립국가를 창설하는 것이 아니라 그 지역 전체를 종전과 같이 시리아의 일부로 편입시키는 것을 원했다.

팔레스타인 폭동은 1939년 영국군이 개입하여 진압하기 전까지 계속되었다. 영국은 아랍이 하는 요구를 일부 받아들여 유대인의 이주를 5년간 7만 5천 명(매년 1만 5천 명)으로 제한하였고, 제한 기간의 연장은 아랍 측과 협의를 거치기로 했다. 영국은 전략적으로 아랍의 지지와 충성을 보장받아야 할 필요가 있었다. 유대계의 지지는 이미 확보했기 때문에 아랍의 지지를 확인하는 것이 우선적인 문제가 되었다.

영국은 이러한 적극적인 노력으로써 동요하는 아랍 측의 지지가 회복될 것을 기대했다.

3) 영국의 팔레스타인 위임통치 종료

팔레스타인이 영국의 위임통치 지역으로 들어가게 된 것은 제1차 세계대전 기간이었다. 연합국으로 참전한 영국군이 1917년 오스만 제국의 통치 지역인 예루살렘을 점령하면서 팔레스타인 지역은 영국의 군사 지배하에 놓이게 되었다. 이어서 1920년 4월 24일, 제1차 세계대전의 승전국들은 산레모 조약을 통해 팔레스타인, 메소포타미아(이라크), 트랜스요르단에 대한 위임 통치권을 영국에 부여했다. 따라서 팔레스타인에서는 같은 해 7월 1일부로 영국 군정(軍政)이 민정(民政)으로 이양되었다. 또한 1922년 7월 2일에는 새로 창설된 국제연맹(League of Nations, 1920~1946)이 영국의 위임통치 결의안을 공식적으로 승인하였다. 영국은 30여 년간 팔레스타인에 대한 위임통치를 실시했으나 유대인 민족과 아랍 민족 간 반목을 해결하지 못했다. 결국 한계와 실패를 자인하면서 1947년 팔레스타인 문제를 신생 국제연합(UN)으로 이관하고 1948년 5

월 14일 팔레스타인에서 자진 철수했다. UN이 유대 국가와 아랍 국가를 설립하고자 팔레스타인 분할 안을 내놓은 것도 이러한 맥락에서 이루어진 것이다.

한편 영국은 위임통치 중반인 1936년 유대인 이주민 증가를 둘러싸고 일어난 아랍과 유대인의 무력 충돌로 최대 위기에 봉착했다. 여기에 동반하여 발생한 아랍인의 전면적인 봉기 및 파업 사태는 위임통치 자체를 마비시켰다. 이에 영국은 1939년 5월 〈맥도널드 백서(McDonald Paper)〉를 발표하여 아랍인을 회유하고자 했다. 그러나 백서는 아랍인에게 환영받지 못했고, 유대인으로부터도 강력한 반발을 초래했다.

> 10년 이내에 위임통치를 종식시키고 팔레스타인을 완전 독립시켜 아랍 단일 국가를 설립하는 한편, 1944년까지 5년간 유대인 이민자를 매년 1만 5천 명씩 받아들이고 그 이후에는 아랍의 동의에 따라 실시하기로 한다.

백서 내용의 기본은 팔레스타인에서 아랍인의 수적 우위가 보장되도록 한 것이었다. 유대인 입장에서 백서는 영국의 팔레스타인 정책이 친유대에서 친아랍으로 전환했음을 의미했다. 이는 유대인에게 엄청난 충격이었다. 더구나 바로 그 시기에 나치는 체코를 침공하고, 전 유럽에 걸친 유대인 말살 정책에 본격적으로 착수했다. 이로써 팔레스타인으로 이주하려는 대규모 유대인 난민이 발생했지만, 영국의 유대인 이주 제한 정책이 이를 막고 있었다.

따라서 유대인은 〈맥도널드 백서〉에 강력히 반발하면서 유대 국가 건설을 꾸준히 준비했다. 세계 시오니스트 기구는 본부를 런던에서 워싱턴과 뉴욕으로 옮겼다. 1942년 5월, 미국 시오니스트들은 뉴욕에서 〈빌트모어 강령(Biltmore Program)〉을 채택해 팔레스타인 전역을 포함하는 유대 국가의 설립 및 유대인 군대의 창설을 요구했다. 이는 그 후에 세계 시오니즘의 공식적인 정책이 되었다. 또 이 여파로 미국은 국제 시오니즘 운동의 중심지가 되었다.

한편 아랍에서도 팔레스타인 문제에 보다 효율적으로 대처하고자 1943년 3월 2일 이집트, 사우디아라비아, 이라크, 시리아, 레바논, 예멘, 요르단 등 7개국이 카이로에서 아랍 연맹(Arab League) 구성에 조인했다. 이후 규약이 만들어지고 회원국 수도 22개국에 달해 중동 전역을 포함하게 되었다. 아랍 연맹은 초국가적인 기구가 아니며, 회원국은 서로 배타적인 주권을 보유하고 있어 어떠한 의무도 강제되지는 않았다. 하지만 아랍 연맹은 단순한 협의체를 넘어 아랍의 연대감으로 결속되었다. 적어도 팔레스타인 독립과 시오니즘에 대한 저항에서는 공식적으로 합일점을 찾았다. 또한 팔레스타인 내에 통합된 지도부가 없었기 때문에 아랍 연맹이 팔레스타인에 대한 아랍 입장을 진술할 책임을 가지고 있었다.

영국 위임 통치청으로부터 팔레스타인을 이관받은 UN은 1947년 8월 팔레스타인 특별위원회(UN Special Committee on Palestine, UNSCOP)를 구성하고, 팔레스타인을 두 개의 분리된 국가로 구성하는 안(案)을 작성했다. 유대 국가는 팔레스타인 영토의 56%, 즉 1만 5천㎢ 면적에 아랍인 49만 7천 명과 유대인 49만 8천 명을 수용하게 하고, 아랍 국가는 나머지 영토 44%, 즉 1만 1천㎢에 아랍인 72만 5천 명과 유대인 1만 명을 포함하며, 예루살렘과 그 주위 지역은 국제 관리하기로 했다.

팔레스타인 내의 유대인은 유엔의 계획(UN Palestine Plan)을 받아들였으나 아랍인은 이를 전면 거부했다. 역사적인 배경은 말할 것도 없고, 팔레스타인 분리안 채택 당시의 인구 비율만 보더라도 아랍인은 전체 인구의 67%인 123만 7천 명인 데 비해, 유대인은 33%로 60만 8천 명에 불과했으며 소유지 면적은 7% 미만이었다. 그러나 UN은 영토를 유대인에게 56%, 아랍인에게 44%를 분할한 것이다.

1947년 11월 29일, UN 총회는 미국의 주도하에 이 형평의 원칙에 벗어나는 영토 분할 안 〈결의안 181호〉를 가결시켰다. 투표에서 회원국 3분의 2가 찬성한 것이다. 이를 계기로 아랍 민족은 미국의 중동 정책을 불신하게 되었다.

그러는 사이 팔레스타인 지역에서는 내전이 발발했고, 테러가 빈번하게 발생했다. 처참한 공격과 보복 학살, 군사 행동으로 팔레스타인 아랍인과 유대인 수천 명이 목숨을 잃었다. 사태를 수습할 수 없게 된 영국은 1947년 5월 15일을 기해 팔레스타인에서의 위임통치를 중단한다고 선언하게 된 것이다. 이후 위에서 설명한 대로 팔레스타인 문제는 UN으로 이관되었고, 영국군이 철수하기까지 몇 달 동안 팔레스타인은 혼돈 상태였다.

이 기간에 유대인은 UN 결의에 따라 유대 국가로 할당받은 토지를 확보하고자 혈안이 되었다. 이들 지역에 거주하는 대다수는 여전히 아랍인이었으므로 충돌이 불가피했다. 그러나 산발적인 아랍의 저항은 훈련된 하가나에게 대항하지 못했다. 1948년 봄, 아랍 인구가 밀집한 주요 지역이 유대인의 통제에 들어갔으며, 아랍인 40만 명이 쫓겨났다. 팔레스타인이 내전의 소용돌이 속에 휩싸여 있던 1948년 5월 14일에는 영국의 마지막 고등판무관 앨런 커닝엄이 임무를 종료하고 하이파를 떠났다. 이로써 팔레스타인 지역에 대한 영국의 30년 위임통치가 종식되었다. 유대인은 이 시점을 계기로 텔아비브에서 이스라엘 건국을 선포했다.[3]

4) 이스라엘 독립 선언

1948년 5월 14일 오후 4시, 이스라엘 임시 국민의회는 수도 텔아비브 국립박물관에서 250명의 지도자들이 참석한 가운데 독립국을 선언했다. 국호는 이스라엘(The State of Israel)이었다. 이 선언식은 참석자들이 이스라엘 국가(國歌) 〈하티크바(Hatikvah)〉를 부르는 것으로 시작했다. 독립 선언서는 다비드 벤구리온이 낭독하였으며, 선언식은 채 15분도 걸리지 않았다. 이어서 임시정부 각료급 지도자 37명이 알파벳 순서대로 독립 선언문에 서명하였다. 독립 선언문에는 이와 같은 내용이 포함되었다.

> 우리는 유대인의 역사적이며 본질적인 권리와 UN 안보리의 결정에 따라 이스라엘이라 불리는 국가를 팔레스타인에 세울 것을 선언한다.

이튿날 이스라엘 의회는 다비드 벤구리온을 초대 수상으로 하는 이스

---

3 최성권, 《중동의 재조명—국제정치》, 한울, 2011, pp. 80~94

라엘 정부를 비준하고, 하임 바이츠만을 초대 대통령으로 선출했다.

이스라엘이 독립 선언문을 발표한 날은 영국의 팔레스타인 위임통치가 종료되는 날이었으며, 그날로 영국은 팔레스타인에서 철수하였다. 이렇게 하여 유럽에서의 박해에 살아남은 이스라엘 사람들은 자기의 땅과 주권을 가진 새로운 이스라엘을 회복하였다. 그러나 이스라엘의 독립은 시온주의자들에게는 약 2천여 년의 방랑 생활을 청산하는 계기가 되었지만, 팔레스타인 사람들에게는 소유했던 토지를 빼앗기고 그 땅에서 쫓겨남으로써 방랑과 수난이 시작되는 시점이 되었다.

미국과 소련의 즉각적인 이스라엘 국가 승인에 이어, 많은 UN 회원국들도 이스라엘을 승인하였다. 미국은 일찍부터 유대 국가 건설을 지지했다. 특히 제2차 세계대전 중 유럽에서 홀로코스트가 발생하자, 미국에서는 인도주의 차원에서 유대 국가 설립을 지지하는 국내 여론이 형성되었고, 1944년 미국 의회는 유대 국가 설립 지지를 결의하였다. 소련은 유대인 이주가 소련에서 시작되었고, 가장 많은 숫자가 이주했다는 배경에서 지지했다. 소련은 신생 유대 국가는 친소 국가가 되거나 최소한 소련의 사회주의를 도입할 것으로 전망하고, UN에서 팔레스타인 분할안을 앞장서서 제안하기도 했다.

그러나 주변 아랍국은 필사적으로 반대했다. 독립이 선언되고 난 지 이틀 후, 이스라엘에 이집트, 요르단, 이라크, 시리아, 레바논 군대가 들이닥쳤다. 제1차 중동 전쟁이 발발한 것이다. 5개국의 아랍 연합군은 이스라엘에 공격을 개시하였고, 여기에 참전한 이집트는 UN 안전보장이사회에 서한을 보내 대이스라엘 개전을 통보했다. 그러나 이스라엘은 이를 모두 격퇴하였고, 이 전쟁이 현대 중동 분쟁의 시발점이 되었다.

2

아랍 민족주의 발생과 확장

1) 중동에 공존하는 4대 민족주의

제1차 세계대전을 전후하여 중동 지역에는 각기 다른 민족에 4개의 민족주의가 발생했다. 유대 민족주의, 페르시아 민족주의, 튀르크 민족주의, 아랍 민족주의가 그것이다. 이들은 공통적으로 반제국주의, 반식민주의 캠페인을 공유하면서 발생했으며, 서로서로 민족적, 종교적으로 대립하면서 성장했다. 유대 민족과 아랍 민족은 영토, 종교, 공동체 등 모든 면에서 분쟁으로 격돌했고, 아랍 민족과 페르시아 민족은 이슬람교를 공유하면서도 시아(Shi'a)와 수니(Sunni)의 종파적으로 대립하였으며, 튀르크와 아랍은 이슬람교 수니파라는 종교적 이념을 공유하면서도 지배와 피지배의 세력다툼으로 분열을 가져왔다. 이들은 수세기 동안 엄청난 전쟁, 반목과 대립을 겪으면서, 현재는 크고 작은 세력과 영역을 확보하여 공존하고 있다.

첫째, 시오니즘으로 불리는 유대 민족주의를 살펴보자. 시오니즘은 유대인이 팔레스타인 지역에 유대인 국가를 건설하는 것을 목표로 한 민족주의 운동으로, 19세기 후반 동유럽 및 중부 유럽에서 시작되었다. 그리고 1948년에는 예루살렘 중심부 시온 땅에 유대 국가 이스라엘을 건국하는 데 성공했다. 19세기 유럽에서 시오니즘에 정치적 성향을 부여한 인물은 오스트리아의 언론인인 테오도어 헤르츨이었다. 그의 유토피아적인 정치소설《유대인 국가》(1896)와《오래된 새로운 땅》(1903)은 시오니즘을 촉진하는 데 결정적인 영향을 끼쳤다. 헤르츨은 1897년 스위스 바젤에서 제1차 시오니스트 회의를 소집하여 〈바젤 계획안〉을 작성하였고, 이를 계기로 시오니즘은 전 세계로 확산되었다. 시오니즘은 유대인과 이스라엘을 연결하는 종교적 전통에 토대를 두고 있지만, 현대에 들어서는 유럽에 존재하던 반(反)유대주의에 저항하여 생존하기 위한 것이라는 성격을 띤다. 이스라엘 건국 이후 시온주의는 팔레스타인은 물론이고, 중동 지역에서 아랍 민족주의와 충돌하면서 흥망성쇠를 교차해 왔다.

둘째, 이슬람교의 시아파를 종교적 신념으로 지향하는 페르시아 민족주의가 있다. 이들은 이란을 중심으로 한 페르시아 민족, 즉 아리아족에 존재했던 민족주의 형태이다. 정통 칼리파 제도를 신봉하는 수니파의 지배에 반대하므로 이란 민족주의라고 표현하기도 한다. 이란에서 민족주의는 19세기 말 서구의 정치 경제적 침투로 인한 제국주의, 특히 영국과 러시아의 각축전과 이슬람 사회의 전통적이고 고유한 가치의 파괴에 대한 충격에서 비롯되었다. 이것은 시아 이슬람을 강화하고, 이란 경제를 확대하는 결과를 가져왔다.

셋째, 이슬람 정통 수니파를 지향하며, 튀르크족을 중심으로 발생한 튀르크 민족주의가 있다. 튀르크 민족주의는 19세기 말 오스만 튀르크를 중심으로 주창되었으며, 특히 중앙아시아 튀르크족에게 큰 영향을 미쳤다. 20세기에는 소련과 중국이 중앙아시아를 장악하면서 튀르크 민족주의가 점차 사라지는 듯 보였다. 하지만 소비에트 연방이 붕괴되면서 튀르크 민족국가인 우즈베키스탄, 카자흐스탄, 투르크메니스탄, 아제르바이잔, 키르기스스탄 등이 독립했고, 이 5개국과 터키는 EU와 같은 지역공동체를 만들고자 회담을 거듭했다. 오늘날 튀르크 민족주의는 이 중앙아시아 '튀르크 벨트'를 중심으로 점차 강화되고 있다.

넷째, 아랍 민족주의는 중동 대부분을 차지하고 있는 아랍인을 중심으로 발생했으며, 정통 수니파를 지향한다. 아랍 민족주의 세력은 다수의 정치적 공동체로 분열되어 있었으나, 공통적으로 무함마드가 창시한 이슬람을 문화적 유산으로 생각하며, 오스만 제국의 지배 및 서구 열강의 식민주의 정책에 반대했다. 그리고 고대 우마이야 왕조나 압바시야 제국 같은 대제국을 부활시키겠다는 강렬한 열망도 공유하고 있었다. 아랍 통합운동은 아랍 민족주의(Arab Nationalism)와 범아랍주의(Pan Arabism)로 분류된다. 먼저 아랍 민족주의는 기존 아랍 국가들이 독립을 유지하면서 각국이 자신들의 개성에 따라 아랍화를 진행하고 최종 단계에서 일종의 연합국가 제도를 구상하는 온건파라고 할 수 있다. 그러나 범아랍주의는 시작부터 단일 국가로의 출발을 주창하면서, 방법론에서 극단적인 수단도 불사하는 과격파라 할 수 있다.[4]

---

4 홍순남, 《중동 정치질서의 이해》, 한국외국어대학교출판부, 1997, pp.13~14

2) 아랍 민족주의 발생

아랍 민족주의는 19세기 이후부터 강대국의 중동 침략과 지배에 저항하여 일어난 아랍 민족의 반제국주의 및 반식민주의 운동으로 정의된다. 아랍 민족주의는 발전 과정에서 발생, 확산, 강화의 3단계로 구분되며, 시기적으로 오스만 제국의 튀르크 민족 지배에서 발생하였다. 제1차 세계대전 후 영국과 프랑스의 식민 지배에 저항하면서 중동 전역으로 확산되었으며, 이스라엘 건국을 계기로 아랍 통합운동으로 공고화되었다.

아랍 민족주의의 제1단계는 오스만 제국의 지배를 받던 19세기 후반 중앙정부에 대항하여 또는 지방 토후국 정부에서 독립을 위한 운동으로 최초로 시작된 발생 단계이다. 당시 아랍 지역은 오스만 제국의 일부였으며, 오스만 튀르크 정부는 제국 내 다양한 민족의 종교, 언어, 관습 등을 인정하며 자치를 허용하고 있었다. 그러나 중앙정부가 쇠퇴해 가는 제국을 추스르고자 탄지마트(Tanzimat, 1839~1876)라는 개혁정책을 통해 강력한 중앙집권적 변화를 추진하면서, 아랍 지역의 자치권을 묵살하고 아랍 민족의 정체성과 이슬람 사상을 간과하는 방향으로 진행되었다. 그러자 아랍 지식층에서 7세기 우마이야 왕조, 압바시야 제국을 회상하고 아랍의 부흥을 꾀하는 아랍인 중심의 민족주의 의식이 발흥하기 시작했다.

대표적으로 1875년 베이루트 아메리칸 대학교(AUB) 졸업생들을 중심으로 최초의 아랍 민족주의 정당이 세워졌고, AUB는 곧 아랍 민족주의 이념의 시작점이자 중심지가 된 것을 들 수 있다. 또 다른 사례는

1913년 아랍 정치인, 지식인들이 파리에서 제1회 아랍 민족회의(Arab Congress)를 개최한 것으로, 그 취지는 오스만 튀르크 제국 내에서의 자치 확대와 지방자치군 양성이었다. 세 번째 사례는 제1차 세계대전 중 영국의 사주와 지원을 받고 발생했다. 아라비아 반도 헤자즈 지방을 통치하던 메카 태수 샤리프 후세인은 영국이 아랍 국가를 세우도록 도와주겠다는 약속을 믿고 영국군과 연합하여 아랍 반란군을 조직해 오스만 튀르크 제국을 공격했다. 결국 아랍 반란군은 제1차 세계대전에서 오스만 제국을 패전시키고 영국을 전승국으로 만들어, 프랑스와 함께 중동을 분할하도록 하는 데 일조했다. 이처럼 아랍 민족주의라는 용어 및 운동이 지엽적, 산발적으로 나타나기 시작했다.

아랍 민족주의의 제2단계는 제1차 세계대전 이후 확산 단계이다. 전후 영국과 프랑스의 식민 지배를 거치면서 반식민주의와 반제국주의의 물결 속에서 아랍 전역으로 확산되었다. 비옥한 초승달 지역인 팔레스타인, 시리아, 레바논 지역에서 활발하게 전개되었으며, 식민 제국에 대항하여 무력투쟁으로까지 이어졌고, 개별 독립국가로 태어나는 성과를 거두기도 했다.

영국은 전쟁 중 아랍인에게 한 약속과 아랍인의 열망을 무시하고 프랑스와 사이크스-피코 협정(1917)을 맺어 아랍 점령지를 영국과 프랑스의 위임통치령으로 설정했다. 이 협정은 아랍 민족주의가 반식민주의적 성향으로 변화하는 계기가 되었고, 시리아가 반프랑스 아랍 민족주의의 중심지가 된 원인이기도 했다.

당시 아랍 민족주의의 목표는 아랍 민족의 독립과 국가 건설이었다. 이를 실현하기 위해 창당된 아랍 민족주의 정당 바트당(Ba'ath Party)은 인종적, 종교적으로 다원적인 아랍 민족의 통일된 정체성을 형성하는 데 큰 역할을 했다.

1936년, 팔레스타인의 아민 알 후세이니와 같은 민족주의자들이 초승달 지역(시리아, 요르단, 레바논, 팔레스타인)을 지배하는 영국과 프랑스 제국주의로부터 해방되려는 노력을 아랍 국가 운동으로 계속 추진한 것이 아랍 민족주의 운동의 대표적인 예이다. 민족주의자들은 영국의 위임통치에 항의해 6개월에 걸쳐 대규모 파업과 무장 봉기를 일으켰으며, 유대인 정착촌에 테러를 감행했다. 이러한 팔레스타인 아랍인의 소요는 제1차 세계대전 이후 처음으로 민족주의자들을 공동 전선으로 접합시켰다. 트랜스요르단과 이라크가 팔레스타인 아랍 민족주의자들을 돕고자 연합을 시작했고, 팔레스타인 방위위원회(Committees for the Defence of Palestine)가 많은 아랍 도시들에서 조직되었다. 다마스쿠스 위원회 등이 그 예이다. 또한 시리아는 팔레스타인 방어를 위해 아랍과 이슬람 국가들의 세계 범의회평의회(The World Interparliamentary Congress)를 구성했다. 1938년 10월 카이로에서 첫 회의를 개최했는데, 2,500여 명의 대표가 참석할 정도로 큰 호응을 얻었다.

1948년, 팔레스타인 지역에 이스라엘이 건국되면서 그 충격은 아랍 사회 전역으로 확산되었고, 이에 대처하고자 아랍 사회가 단결하자는 운동이 일어난 것이 제3단계인 강화 단계이다. 이스라엘과의 전쟁, 무장 테러가 이어지면서, 이집트를 중심으로 아랍 국가 간 통합 시도가 일어났다. 이 시기의 아랍 민족주의를 현대 아랍 민족주의로 일컬으며, 아랍의 각성(Arab Awakening)과 범아랍주의(Pan-Arabism)를 촉발시켰다. 제2차 세계대전 후 아랍 국가들이 독립하자 아랍 민족주의는 신생 국가의 통합 기폭제이자 이스라엘 건국에 맞서는 팔레스타인 민족주의의 사상적 기반이 되었다. 이스라엘 건국으로 인한 충격 때문에 아랍 민족주의는 팔레스타인 문제 해결을 위한 노력에만 집중되었다. 아랍 국가 간 연합과 통일국가 구성 등에서 시도와 실패를 거듭했고, 이스라엘과 4차례 전쟁을 치르면서, 연속된 패배와 영토 상실로 극심한 분열상을 보였다.

현대 아랍 민족주의는 1943년 아랍 독립국가 전원인 22개국이 참가한 아랍 연맹(Arab League)을 결성하는 데 뒷받침이 되었으며, 아랍 연맹은 명실상부하게 아랍 민족주의의 대의를 대변하고 있다. 또한 아랍 민족주의의 대표 주자인 가말 압델 나세르 이집트 대통령은 영국의 위임통치에 맞서 수에즈 운화를 국유화했을 뿐만 아니라, 아랍 민족주의의 이상인 아랍 세계의 통합을 시도했다. 1958년 이집트와 시리아가 통일 아랍 공화국(Unites Arab Republic)이라는 국명으로 통합되었으나, 양국 간의 경제적 격차, 지리적 요인 등으로 1961년 와해되었다. 1972년에는 리비아 대통령 무함마르 알 카다피가 리비아, 이집트, 시리아를 아랍 연방(Federation of Arab Republic)으로 통합하려고 시도했으나 각국 지도자들의 의견 불일치로 실패했다.

그러나 아랍 민족주의는 아직까지 이슬람주의와 함께 여전히 많은 아랍 국가의 통치 이념이자, 아랍 국가 간 협력의 이념적 기반이며, 또한 초국적 아랍 정당인 바트당을 비롯한 여러 아랍 정당의 설립 목표로써 영향력을 미치고 있다.[5]

---

5 최성권, 앞의 책, p.107

3) 이스라엘 건국이 아랍에 미친 여파

1948년 5월 14일 이스라엘 건국이 아랍 사회에 미친 여파는 두 가지 양상으로 나타났다.

먼저 빠르게 용수철 튀어 오르듯이 나타난 반응은 아랍의 대이스라엘 무력 협공이었다. 이스라엘과 국경을 접하고 있는 아랍 5개국은 건국 선언 이틀 후 이스라엘을 선제 공습하여 제1차 중동 전쟁(팔레스타인 전쟁)을 유발했다. 그러나 결과는 아랍의 참패로 끝났고, 일부 영토까지 추가로 빼앗겼다.

아랍군이 대이스라엘 전쟁에서 패한 것은 아랍 대의에 일대 재앙이 되었다. 630년 이슬람교도들이 팔레스타인을 정복한 이래 아랍인은 줄곧 그 땅의 실질적인 주인으로 살아왔다. 제1차 중동 전쟁은 이스라엘에게 유대인의 독립을 쟁취하는 감격스런 승리를 가져다주었지만, 반대로 아랍 세계는 자신들이 얼마나 허약한지 깨닫는 계기가 되었다. 그동안 상대방 공동체에 대해 국지적인 기습 공격 또는 테러를 자행하는 정도의 충돌은 자주 일어났지만, 승패를 가를 수는 없었다. 그런데 군사력을 총동원하여 벌인 역사상 최초의 총력전에서 패한 것이다.

게다가 팔레스타인을 지원한다는 명목으로 군대를 보냈던 요르단의 압둘라 국왕은 요르단 강 서안 지역을 점령한 뒤, 1950년 4월 인접 아랍 국가들이 완강하게 반대했음에도 UN에서 팔레스타인 아랍인에게 분배한 예루살렘과 서안 지역을 자국의 영토로 병합해 버렸다. 팔레스타인 사람들의 입장에서 볼 때 이는 아랍 민족주의 또는 아랍 대의를 배신한 행위였다. 말하자면 반시오니즘은 아랍 민족주의의 중심 개념이었지만 개별 국가의 이익 추구 앞에서는 아주 쉽게 무너질 수 있음을 보여 준 것이다.

아랍 사회에 나타난 두 번째 양상은 아랍 전역에서 광범위하게 구세대 집권 세력이 해체되었다는 것이다. 구세대의 붕괴는 아랍 민족주의 산실인 시리아에서 시작되었다. 시리아에서는 1949년 3월 후스니 자임 대령이 무혈 쿠데타로 집권하였으나, 그 직후부터 1954년까지 다섯 차례의 군부 쿠데타가 더 발생하였다. 1954년, 군사 통치가 끝이 나고 시리아는 통일 아랍 공화국이 되었다가 탈퇴하면서 바트당이 독재하게 되었고, 그 과정에서 시리아의 구정치인들은 새로운 개성과 이데올로기를 지닌 신계급 엘리트로 교체되었다.

이집트에서도 구체제가 완전히 붕괴되고 급진적, 전면적인 사회 변화가 일어났다. 제1차 중동전 패배의 책임은 구체제로 돌아갔고, 1952년부터 1954년까지 일련의 혁명을 통해 파루크 왕정이 폐지되고 공화정이 선포되었다. 새로운 지도자로 부상한 나세르와 혁명 정부는 사회적, 경제적 병폐의 상징으로 여겨진 구체제 왕정을 타도하고, 성공적으로 정권 교체를 이루었다. 유산 계급에 대한 직접적이고 강도 높은 개혁을 시도했고, 사회주의 또는 대중 민주주의라는 슬로건과 상징을 표방했으며, 영국으로 대표되는 자본주의의 착취에 공격을 가했다.

이라크에서는 1958년 7월 쿠데타로 왕정이 붕괴된 후 일련의 쿠데타가 이어졌으며, 1968년에 이르러 이슬람 사회주의 정당인 바트당이 정권을 장악하였다. 이후 사담 후세인의 군사 독재로 이어졌다.

리비아와 예멘에는 이스라엘 건국과 팔레스타인 전쟁으로 인한 직접적인 여파가 크게 미치지 않았지만, 역시 아랍의 혁명 도미노 속에서 혁명의 소용돌이 속에 빠져 들었다. 리비아는 영국과 프랑스의 분할 통치 하에 있다가 1951년 리비아 연합왕국으로 독립하였으며, 1969년 아마르 카다피 대령이 군사 쿠데타를 일으켰다. 예멘은 남북으로 분단된 상태에서 북예멘은 1962년 군사 쿠데타를 계기로 자본주의화하였고, 남예멘은 구소련의 지원하에서 공산주의화하였다. 반면 팔레스타인 분쟁 지역에서 더 멀리 떨어진 모로코와 아라비아 반도에서는 전통적인 정권이 존속할 수 있었다.

이스라엘과 접경한 국가 가운데 1948년 제1차 중동 전쟁에서 중요한 역할을 하지도 않았고 로도스 휴전 협정에서 유일하게 이스라엘과의 경계를 인정했던 레바논만이 의회 민주주의 체제를 유지했다. 레바논은 복잡한 종파의 대립을 배경으로 독특한 종교연합 국가를 형성하였으나, 이 체제도 외부 세력이 폭넓게 개입한 내전(1958)으로 붕괴되고 말았다.

제2차 세계대전 후 집권한 정권들이 당면한 딜레마는 중동의 한가운데 존재하는 이스라엘이 아랍 전체의 위협 속에서도 계속 번영해 가고 있다는 사실이었다. 이스라엘의 성공과 번영은 이슬람 국가와 국민의 상대적인 빈곤 및 무력감과 대비되었다. 이 딜레마에 수많은 해답이 주어졌다. 일부는 아랍인이 겪는 어려움의 원인을 아랍의 분열에서 찾았다. 한때 거대한 제국이었던 아랍 세계는 20여 개의 소국으로 쪼개졌으며 의견 충돌과 헛된 경쟁으로 힘을 낭비했다. 이에 대한 해결책은 더 큰 국가에 더 높은 충성을 바치고, 여러 아랍 국가의 수준 높은 정치를 구현하는 범아랍주의를 확산시키는 것이었다.

따라서 이스라엘 건국은 이집트, 시리아, 이라크, 리비아 등 혁명을 통해 공화정을 성공적으로 수립한 선도 국가들에서 통합운동이 일어나는

계기를 제공한 것이다.[6]

4) 아랍의 통합운동

1920년 체결된 세브르 조약(Treaty of Sèvres)[7]에 따라 서유럽이 본격적으로 식민 정책을 추진하면서 아랍 민족은 여러 지역으로 분할되었다. 이에 대한 반동으로써 시작된 아랍 민족주의 운동은 궁극적으로 독립된 하나의 정치제도 아래 아랍 민족을 재통일하여 공동체 움마(Umma)를 건설하는 것이 목표였다. 각국 정치가들은 연방 안 또는 통합된 단일 국가 안 등 다양한 방안들을 제시하였으나 성공을 거두지는 못 했다. 그러나 아랍의 대의와 아랍 민족주의를 확산시키고 아랍의 결속을 더욱 공고히 하는 데 큰 역할을 한 것으로 평가된다.

(1) 대시리아 계획

1942년 12월, 이라크 수상 누리 알 사이드는 제1단계 아랍 통합운동으로 대(大)시리아 계획(The Great Syria Plan)을 제안하였다. 이집트와 사우디아라비아 반도 국가들을 제외한 아랍 국가, 즉 이라크, 시리아, 레바논, 팔레스타인, 요르단 등이 참여하는 아랍의 재통합 계획이었으나, 아랍 국가 대부분이 반대함으로써 실패로 끝났다.

---

6 최성권, 앞의 책, pp.121~126

7 제1차 세계대전 후인 1920년 8월 10일에 프랑스 파리 근교 세브르에서 연합국과 오스만 제국이 체결한 조약이다. 오스만 제국은 이 조약으로 인해 광범위한 영토를 상실했다. 연합국은 오스만 제국에서 터키가 아닌 영토를 모두 해체하여 점령하며, 이 조약은 터키 영토의 일부도 점령하는 것을 내용으로 하였다. 특히 지중해 동쪽 지역은 영국과 프랑스가 갈라서 점령하여 영국 위임통치령 팔레스타인과 프랑스 위임통치령인 시리아 및 레바논이 설치되었다.

(2) 아랍 연맹

1945년 3월 22일, 이집트, 사우디, 이라크, 시리아, 레바논, 예멘, 요르단 등 7개국이 카이로에서 아랍 연맹 결성에 조인했다. 조직이 성립된 이래 7개 국가 외에도 수단, 리비아, 튀니지, 알제리, 모로코, 쿠웨이트, 예멘 인민민주주의 공화국(남예멘), 바레인, 모리타니, 오만, 카타르, 지부티, 소말리아, 아랍 에미리트 연합(UAE), 팔레스타인 등 15개국이 참여함으로써, 아랍 연맹은 아랍 22개국 전부가 가입한 명실상부한 아랍의 대의기구이자 현존하는 아랍의 실질적인 통합기구로 거듭났다.

아랍 연맹의 목표는 각 회원국의 독립과 주권을 존중하면서 상호 간의 유대 강화, 자주 독립을 위한 공조 체제 마련, 상호 이익 증진 등을 추구하는 것이었다. 이는 아랍 민족의 통일운동이라기보다는 외교 세력의 확대를 통한 하나의 정치 세력화 움직임으로 볼 수 있었다. 그리고 아랍 연맹을 정치적으로 단합시키는 두 가지 요인은 팔레스타인 문제와 외국의 지배로부터의 아랍인 해방이었다. 수단과 이집트의 화합, 리비아와 모로코의 해방 같은 계기가 아랍의 단합된 정치적 행동과 조화된 합의를 위한 출발점을 제공해 주었다.

그러나 분열상을 보인 것도 있다. 1970년 트랜스요르단이 PLO를 강제 추방하였으며, 1979년 이집트가 이스라엘과 캠프 데이비드 평화 협정을 체결함으로써 연맹에서 제명되고 모든 회원국으로부터 단교 조치당했다. 그 후로 아랍 국가들은 정치적 현안에서는 철저하게 분열되었지만, 적어도 팔레스타인 독립과 시오니즘에 대한 저항에는 공식적으로 합의점을 찾았다. 국내의 분파는 말할 것도 없고, 몇몇 경쟁 아랍국들 간에도 팔레스타인 문제에 관해서는 모두 아랍 민족주의에 경쟁적으로 호

소하게 되었던 것이다.[8]

(3) 통일 아랍 공화국

통일 아랍 공화국(United Arab Republic, UAR, 1958. 2~1961. 9)은 이집트와 시리아가 통합하여 탄생한 나라이다. 이 사건은 아랍 민족의 열망인 아랍 통일국가를 건설한 것이자 1950년대에 아랍 통합 이념이 실체화되었다는 의미를 지니며, 아랍 근대사에 큰 획을 긋는 사건으로 기록되었다.

UAR이 결성되는 데에는 1956년 제2차 중동 전쟁(수에즈 전쟁)이 결정적인 환경을 마련해 주었다. 이집트와 시리아는 모두 군사혁명에 의해 성립된 공화국이라는 공통점이 있었고, 당시 벌어진 전쟁과 서구의 대중동 정책의 결과 국내에서는 반식민주의와 혁명 사회주의 의식이 팽배한 상태였다. 이런 의식은 범아랍주의 사상으로 발전했고, 이로써 범아랍주의 결정체를 구성할 수 있는 환경이 조성되었다. 수에즈 국제 위기 이후 아랍의 강력한 민족 지도자로 부상한 나세르와 시리아 군부는 이런 공통의 이해를 토대로 교섭을 진행했고, 1958년 2월 1일 양국은 공식으로 통합을 발표했다. 그리고 양국 국민 투표에서 나세르는 99.9%의 지지를 받아 초대 대통령에 당선되었고, 수도는 카이로에 둘 것을 결정했다.

나세르는 아랍 세계의 변화에 큰 관심을 갖고, 시리아와 이집트뿐만 아니라 전 아랍 국가의 통합을 목표로 하였다. UAR에 처음으로 참여한 아랍 국가는 예멘으로, 1958년 3월 8일 UAR과 연방 형태의 관계를 체결

---

8 최성권, 앞의 책, pp.109~111

중동 테러리즘

하는 데 합의하였다. 한편 참여 의사를 표명했던 이라크에서 1958년 7월 군사혁명이 일어나 카심 공산주의 정권이 수립되자 나세르는 UAR의 이름으로 이라크 공화 정부를 승인하고 새 정부와 안보협정을 체결함으로써 향후 이라크가 UAR에 가입할 가능성을 열어 두었다.

그런데 나세르가 UAR의 중앙집권적 체제 정비를 단행하여 시리아를 이집트화하려 하고, 아랍 국가들을 포섭하는 등 통합을 주도하자 시리아 군부에서는 점차 이에 반기를 들었다. 1961년 9월 시리아 군부는 마침내 쿠데타를 일으켜 수도 다마스쿠스를 장악하고 UAR 탈퇴를 선언했다. 이어서 예멘까지 탈퇴했고, 결국 UAR은 3년 8개월 만에 해체되었다.

UAR은 정치 지도자로서 급부상한 나세르에 의해 주도된 점, 아랍 세계에 대한 현실 정치적 이해에 기초했다는 점, 시리아의 이집트화 정책 등으로 한계를 배태하고 있었다. 그러나 통합 그 자체만 두고 볼 때, UAR이 아랍의 동질성을 기초로 했다는 사실이 아랍 사회에 큰 활력으로 작용했다는 점은 긍정적으로 평가할 수 있다. UAR은 비록 단명했지만 아랍 민족주의 운동의 신기원을 만든 것임에는 틀림없다. 이는 오늘날까지 아랍 통합운동의 방향을 제시해 주고 있는 것에서도 그 의미를 찾아볼 수 있다.[9]

(4) 아랍 바트당

바트당은 시리아, 이라크, 레바논을 중심으로 활동하며, 전 아랍 세계 대부분에 조직체를 가진 아랍 민족 정당이다. 1950년대부터 시리아와 이라크의 집권당이었으며, 대부분의 아랍 국가들에 소수 정당으로 존재

---

9 홍순남, 앞의 책, pp.32~39

하고 있다. 바트당은 아랍 민족주의를 원동력으로 가지고, 사회주의 이념 정당으로 아랍 사회의 경제 문제에 관심을 가지는 데서 시작하였다.

바트는 정당 형태이자 '아랍의 부활'이라는 하나의 이념이기도 하다. 바트는 아랍 민족의 정체성을 언어(아랍어)에서 찾으려 하므로, 아랍어와 아랍 민족을 정당 구성의 필수 요건으로 강조한다. 조직 체계도 형식적으로는 초국가 조직인 민족 지도부를 최고 조직으로 하고, 각국에 지역 지도부를 두고 있어 범아랍 정당을 표방한다.

바트당은 1940년 시리아 출신 아랍 민족주의자 미셸 아플라크가 이끄는 바트당에서 출발하였다. 아플라크는 프랑스에서 교육받고 교사로 일했으며 기독교를 종교로 가졌던 인물이다. 후에 아크람 알 후라니가 이끄는 아랍 사회당(Arab Socialist Party)과 합병하면서 당명을 바트당(Arab Resurrection Socialist Party, 아랍 사회주의 부활당)으로 바꾸었다. 바트주의자들은 시리아를 중심으로 활동하며 1945년까지 스스로를 하나의 정당으로 간주하였다. 1947년에는 200여 명의 당원들이 바트 당헌(黨憲)을 결의하고, 6월에 실질적인 지도자였던 미셸 아플라크가 국회의원에 출마하면서 현실 정치에 참여하게 되었다.

바트당 당헌의 기본 강령은 크게 3가지, 아랍의 통합, 제국주의로부터의 해방, 사회주의 실현 등으로 요약할 수 있다.

첫째, 아랍의 통합은 당헌 제1조에 규정되어 있다. 통합의 본질은 분할된 아랍의 장벽을 제거하는 데 있으며, 아랍 공동체는 불가분의 정치적, 경제적 통합체이므로 어떠한 아랍 국가도 분리되어 존재할 수 없다고 정의하고 있다. 이러한 통합의 노력은 이후 많은 국가연합의 실험들을 낳았다. 시리아 바트당은 1958년 통일 아랍 공화국(UAR)을 구성하기 위한 이집트-시리아 간 동맹을 지지하였으나, 나세르의 바트당 해체 추진으로 갈등을 겪기도 했다.

둘째, 서구 제국주의로부터의 해방이다. 해방은 식민주의로부터의 해방과 팔레스타인의 해방과 자유를 의미하고, 반식민주의와 반제국주의 운동을 의미한다고 규정하고 있다. 영국과 프랑스의 아랍 식민 지배에서 해방되는 것이 바트당의 목표 중 하나이다.

셋째, 사회주의의 실현이다. 바트당 사회주의는 자신의 정당 노선이 공산주의에 반대되는 반공산주의 정책임을 강조한다. 1959년 제3차 아랍 민족회의에서 〈당의 공산주의에 대한 입장〉을 발표하며 '우리는 공산주의자들의 오류와 위험에 대항하여 우리의 지적, 이념적 투쟁을 계속할 것이다'라고 밝히고 있다. 다시 말하면, 바트당이 내세운 사회주의는 아랍 사회에 부(富)의 분배를 재고하고, 경제의 기반과 원칙들을 내세우는 데 목표를 두며, 시민 간 평등과 경제 정의를 실현하고, 생산과 생산 수단의 변혁을 실현시키는 경제 활동에 한정되어 있다고 주장한다. 한 가지 주목할 것은 바트당은 '생산 형태에 있어서 자본주의적 양식의 몰락을 필연적인 것으로 보고 있어, 미국의 자본주의 진영보다는 소련의 사회주의 진영을 옹호하고 있다'라는 것이다.

그간 바트당은 당헌에 제시된 아랍 통합 활동에 일정 부분 역할을 해왔다. 1958년 이집트-시리아 합병을 주도했지만 좌절되었고, 1963년 시리아, 이라크에서 각각의 지역 지도부가 집권 정당이 된 바 있다. 이라크에서는 당내 파벌 항쟁으로 수개월 후 정권에서 물러나야 했지만, 1968년에 다시 정권을 탈취하였다. 1970년에 성립한 시리아 아사드 바트당 정권이 아플라크 등 구(舊)민족 지도부를 비판한 것에 대해, 이라크 바트당 정권은 아플라크를 비호하여 치열하게 대립, 독자적인 민족 지도부를 구성하였다. 이러한 분열로 바트당의 최고지도부는 해체되고, 시리아와 이라크에 각각 독립된 바트당이 존재하는 것이다.

현재는 이라크, 시리아의 바트당 모두에게 아랍 통일 사상은 어느 정도 유명무실화되었으며, 국가 단위의 이해를 우선하는 국익 추구의 경향에 있다. 또한 아랍 사회에서 반식민주의와 사회주의 실현의 이념도 사라지면서, 바트당의 이념과 활동이 퇴색해 가고 있다.[10]

---

10 홍순남, 앞의 책, pp.23~26

4차례의 중동 분쟁

1) 제1차 중동 전쟁(1948. 5. 16~1949. 3)

아랍인은 새로 탄생한 유대 국가 이스라엘을 파괴하기로 결정했다. 1948년 5월 14일, 이스라엘이 텔아비브에서 독립 선포식을 가지자 이틀 후 이집트 전투기들이 이스라엘을 폭격했다. 이를 시작으로 전 아랍이 전쟁 상태에 돌입했다. 이것이 제1차 중동 전쟁이며, 이스라엘은 '독립 전쟁'이라 하고, 아랍에서는 '팔레스타인 전쟁'이라 부른다.

1948년 5월 16일, 이집트, 트랜스요르단, 이라크, 시리아, 사우디아라비아, 레바논 등 아랍 동맹군이 대이스라엘 선전포고를 하고 선제공격을 감행함으로써 전쟁이 발발했다. 아랍 참전국들이 각자 인접한 국경을 월경하여 진격했기 때문에 전선은 4방향에서 형성되었으며, 개전 초기에는 약 2만 명의 병력을 투입한 아랍이 우세했다. 그러나 미국, 소련의 지원과 체코슬로바키아로부터 신무기를 공급받은 이스라엘이 전세를 역전시켰다. 7개월간 전투가 지속된 끝에 1948년 11월 16일에 UN 안보리가 휴전 결의안을 채택하였고, 1949년 2월 이스라엘과 아랍 측 선도국인 이집트 간의 휴전 협정으로 종결되었다.

그렇다면 아랍 국가들이 선제공격을 감행한 이유는 무엇일까? 참전한 국가들에게는 팔레스타인 국가를 건설하겠다는 계획이나 합의가 없었다. 단지 팔레스타인 지역에 유대인의 이스라엘 국가 건설을 용납할 수 없다는 것이었다. 또한 국경을 맞대고 있는 자국의 영토를 챙기겠다는 의도도 작용했다.

전쟁 결과는 이스라엘의 승리로 평가되었으나, 이스라엘은 물론, 아랍 측 참전국 일부도 일정한 영토를 점령하는 등 전과를 챙겼다. 이 전쟁으로 당초 UN이 분할한 지형이 바뀐 것이다. 전쟁이 끝났을 때 이스라엘은 UN이 할당한 56%를 훨씬 넘어 갈릴리 북쪽과 네게브 남쪽, 서예루살렘까지 팔레스타인 땅의 77%를 차지했다. 이집트는 가자 지구 주변 해안 평야, 요르단은 동예루살렘과 서안 지역을 얻었다. 이스라엘 점령지에 남은 아랍인은 16만 명에 불과했고, 90여만 명의 아랍인 난민이 발생했다. 난민들은 대부분 인접국인 요르단으로 피신했으며, 시리아, 레바논, 리비아 등지로도 흩어져 흘러들어 갔다.

2) 제2차 중동 전쟁(1956. 10~1957. 5)

제2차 중동 전쟁은 이집트 나세르 대통령의 수에즈 운하 국유화 조치에 영국, 프랑스, 이스라엘이 이를 저지하고자 개입하면서 발발했다. 따라서 이 전쟁은 중동의 지역 분쟁이 아니라 유럽 강대국이 개입한 국제 분쟁의 성격을 띤다.

1956년 10월 29일, 이스라엘군이 국경을 넘어 시나이 반도를 침공하며 전쟁이 시작되었다. 명분상으로는 팔레스타인이 아니라 수에즈 운하를 점령하기 위한 전쟁이었으며, 아랍에서는 이집트 단독으로 수행한 전쟁이었다. 이 전쟁을 '수에즈 전쟁' 혹은 '시나이 전쟁'이라고도 부른다.

나세르는 1956년 6월 23일 대통령에 선출된 후 혁명의 성과 사업으로 아스완 하이댐 건설을 계획하고 미국에 원조를 요청했다. 그러나 당시 미국 국무장관이었던 존 F. 덜레스는 나세르의 친소련 및 친중국 정책을 경계하고자 7월 19일 세계은행(WB)을 통해 제공하려 했던 차관 2억 불을 취소시켰다. 당시 미국은 나세르가 쿠데타(1952년 7월)를 일으켜 파루크 왕정을 무너뜨리고 정권을 장악한 후 범아랍 민족주의 운동을 전개하는 한편, 비동맹 중립노선을 표방하고 소련, 체코 등 동구와의 접근을 추진하는 데 주목하고 있었다. 게다가 나세르가 5월 16일에 아랍 세계에서 가장 먼저 중국을 승인하고, 6월 22일에는 8월에 소련을 방문하겠다는 계획을 발표하자 미국은 그의 노선에 의혹을 갖기 시작했다.

미국의 차관 취소에 대한 반발로 나세르는 7월 26일 수에즈 운하의 국유화를 선언하고 운하 수입을 아스완 하이댐 건설에 투입한다고 발표했다. 이어서 이스라엘의 유일한 홍해 진출로인 티란 해협을 봉쇄했다. 이스라엘의 홍해 진출로를 차단한 것은 대이스라엘 선전포고나 다름없었다. 이러한 조치에 아랍 세계는 환호했다.

나세르의 수에즈 운하 국유화 선언은 만국운하회사의 2대 지주라 할 수 있는 영국과 프랑스에 타격을 주었다. 이에 양국은 수에즈 운하에 대한 무력 점령을 결정하고, 이스라엘의 참가를 유도하면서 미국의 동의를 얻는 데 진력했다. 그러나 미국의 경우 나세르의 태도에 불만이 있었으나 영국, 프랑스, 이스라엘의 무력 점령에는 반대하고 평화적 외교 교섭으로 해결하겠다는 주장을 내세웠다. 이에 영국과 프랑스는 수에즈 운하 문제를 해결하는 데 미국을 배제하기로 결정했다.

10월 29일 밤, 이스라엘 공수부대는 시나이 반도를 횡단하여 수에즈 운하로 향했다. 영국과 프랑스는 먼저 이집트 공군 기지를 폭격해 이집트 공군을 지상에서 거의 파괴했고, 10월 31일에는 수에즈 운하의 군사 시설물에 공중 폭격을 가했다. 이에 대해 나세르는 11월 1일 선박을 침몰시키며 수에즈 운하를 봉쇄했다. 그러자 11월 5일 영국과 프랑스 낙하산 부대가 포트사이드 항에 상륙해 수에즈 운하를 장악했다. 영국과 프랑스, 이스라엘은 완벽히 계산된 시나리오 아래 전쟁을 주도했고, 결국 11월 6일 수에즈 운하와 시나이 반도를 점령했다.

미국은 영국과 프랑스의 수에즈 장악을 비난하면서 원상회복을 요구했고, 소련도 영국과 프랑스의 군사 개입을 강력히 비난했다. UN의 철군 요구와 세계 여론의 압력이 급증하자 3국은 정치적 곤경에 놓이게 되었다. 11월 14일 UN 총회에서 UN 긴급군(UN Emergency Force)의 파견을 내용으로 하는 정전 결의안이 채택되자, 영국과 프랑스는 이를 수락하고 즉각 철수했다. 그러나 끝까지 강제 점령을 고집하던 이스라엘은 미국과 UN의 압력으로 1957년 3월에야 철수를 단행했다.

영국, 프랑스, 이스라엘 3국의 무력행사는 수포로 돌아갔고, 수에즈 전쟁의 전후 처리는 미국의 의도대로 마무리되었다. 수에즈 운하는 1957년 3월 25일 다시 개통되었다. 1958년 7월 13일, 세계은행 중재로 열린 제네바 회담에서 이집트는 영국, 프랑스와 수에즈 운하 협정을 체결하고 수에즈 운하의 진정한 주인이 되었다.

이 전쟁에서 영국, 프랑스, 이스라엘 3국은 군사적으로는 일방적인 승리를 거두었다. 그러나 미국과 소련의 압력으로 철수해야 했기 때문에 정치적으로는 패배했다. 영국과 프랑스는 수에즈 운하의 통제권을 완전히 상실했고, 영국 수상 로버트 앤서니 이든은 패전의 책임을 지고 사임했다. 반대로 나세르는 군사적으로 패배했음에도 정치적으로는 큰 승리를 거둔 셈이 되었다. 나세르는 영국, 프랑스와 직접 군사 대결을 했다는 점에서 아랍 민족주의의 영웅이 되었으며, 이로써 친나세르 아랍 민족주의가 전 아랍을 휩쓸었다. 지금도 아랍에서는 수에즈 전쟁을 전승 기념일로 지정하여 기리고 있다.

한편 이 전쟁에서는 영국, 프랑스 등 강대국이 직접 군대를 투입하였을 뿐만 아니라 미국과 소련이 전략적 경쟁 차원에서 첨예한 관심을 갖고 개입하였다. 이로써 아랍-이스라엘 분쟁은 국제정치의 핵심 의제로 자리매김하였다. 이 전쟁을 계기로 이집트는 소련의 중동 정책에서 전진기지 역할을 하게 되었고, 소련은 이집트를 발판으로 중동 아랍 국가들에게 무기를 공급하기 시작했다.

3) 제3차 중동 전쟁(1967. 6. 5~6. 10)

1967년 6월 5일 새벽, 이스라엘이 선제공격을 개시함으로써 제3차 중동 전쟁이 발발했다. 개전 후 6일 만인 6월 10일에 전투가 중단되었기 때문에 이스라엘은 '6일 전쟁'이라 부르고, 아랍에서는 '6월 전쟁'이라고 부른다.

제3차 중동 전쟁의 직접적인 원인은 시리아에 있었다. 1967년 초, 이스라엘 정부가 중립 지대로 있던 시리아령 골란 고원에 병력을 주둔시키자 시리아는 이스라엘이 대시리아 전쟁을 준비하는 것으로 판단했다. 이에 시리아, 요르단, 이집트 등 3개국은 긴급하게 전투태세에 돌입했다. 이집트는 5월 18일 시나이 반도 주둔 UN군의 철수를 요구하고, 이스라엘과의 국경 및 샤름 엘 셰이크에 군대를 배치했다. 5월 22일에는 이스라엘의 홍해 출구인 티란 해협을 봉쇄했다. 이에 5월 29일, 이스라엘도 군사적 대응을 결정하고, 수에즈 전쟁의 영웅 모세 다얀을 국방상에 임명하는 전시 체제를 구성한 후 6월 5일 공격을 시작했다.

이 전쟁에서 이스라엘의 주된 공격 대상은 이집트였다. 당시 이집트는 20억 달러에 이르는 막대한 군 장비를 보유하여 아랍 국가 중 군사력이 막강한 상태였다. 그러나 이집트를 기습 공격한 이스라엘 공군기들은 개전 3시간 만에 이집트 비행기 286대를 포함해 아랍 국가들의 비행기 400여 대를 지상에서 파괴했으며, 이스라엘 기갑 부대 역시 민첩한 공수 작전으로 시나이 반도에 진주한 이집트 기갑 부대를 완전히 파괴했다. 이날 시리아와 요르단도 반격에 나섰으나, 이스라엘 공군에게 속수무책으로 당했다. 제공권을 완전히 장악한 뒤 이스라엘 지상군은 6월 8일 수에즈 운하에 도달했다. 전쟁은 속전속결로 진행되어 이스라엘은 요르단을 불과 3일, 이집트를 4일, 시리아를 5일 만에 격퇴시키고 정전 협정을 성립시켰다. 아랍 측 교전 3개국은 이스라엘에 각각 영토의 일부를 빼앗겼다. 이집트로서는 시나이 반도와 가자 지구를 잃고, 시나이 반도 내 유전과 수에즈 운하의 통행 수입을 박탈당한 것이 큰 손실이었다. 요르단은 제1차 중동 전쟁에서 자국 영토로 편입했던 서안 지역과 예루살렘 및 베들레헴 등 성지를 잃었고, 시리아는 다마스쿠스를 타격 사정권에 두는 군사 요충지 골란 고원을 잃었다.

이렇게 6일 만에 종결되었지만, 이 전쟁은 몇 가지 점에서 팔레스타인 땅에 큰 지각변동을 가져왔다. 첫째, 군사력 면에서 이스라엘의 압도적인 우세가 증명되면서, 아랍과 이스라엘의 심각한 군사력 불균형이 노출되었다. 이스라엘은 전쟁을 승리로 이끈 속도와 완벽성으로 불패의 신화를 갖게 되었다. 또한 이스라엘 군대가 보여 준 완벽한 작전 및 전투 운용은 세계 군사 조직의 연구 대상이 되었다.

둘째, 이스라엘은 동예루살렘, 시나이 반도, 골란 고원, 가자 지구, 요르단 강 서안 등을 점령함으로써 영토를 크게 확대했다. 1947년 UN이 할당한 팔레스타인 분할 안에서 유대인 영토는 1만 5천㎢에 불과했다. 그러나 1948년 제1차 중동 전쟁 결과 2만 800㎢를 차지하게 되었고, 이 전쟁으로 8만 1,600㎢에 달하는 지역을 추가했다. 이로써 이스라엘의 전체 면적은 건국 당시의 8배에 달하는 10만 2,400㎢로 확대되었다. 즉 1947년 UN이 팔레스타인 지역으로 분할한 영토까지 전부 점령하였고, 여기에 더하여 시리아(골란 고원), 이집트(시나이 반도) 등의 영토를 추가로 탈취한 것이다. 이 문제는 오늘날까지 점령지 처리 문제로 쟁점화되고 있는 이슈이다.

셋째, 중동 전쟁 중 최대의 인명 살상이 이루어졌다. 아랍 국가들은 전체 병력의 10분의 1을 잃었다. 특히 이집트는 병력 1만 2천여 명과 공군과 기갑 부대의 80%를 잃었다. 시리아인은 2,500명이 죽었고, 요르단 군대는 일시적으로 전투력을 상실했다.

넷째, 수많은 난민을 양산하여 국제 문제화되었다. 시리아에서는 골란 고원에 거주하던 8만 명이 생활 기반을 잃고 난민이 되었다. 이스라엘은 신규 점령지에서 발생한 아랍인 150만 명을 난민으로 떠안게 되었으며, 이중 30만 명의 아랍인이 축출되어 인접 국가로 유입되었다.[11]

4) 제4차 중동 전쟁(1973. 10. 6~10. 25)

1973년, 이집트와 시리아가 주축이 된 아랍 연합군이 유대교 축제일인 속죄일(Yom Kippur, 욤 키푸르), 즉 10월 6일에 이스라엘을 선제 기습하며 시작되었다. 이스라엘에서는 욤 키푸르에 일어난 전쟁이라 하여 '욤 키푸르 전쟁'이라고 부르고, 아랍에서는 이슬람력으로 라마단 (Ramadan) 달에 일어난 전쟁이므로 '라마단 전쟁'이라고도 한다.

1970년 10월 나세르가 사망하자 안와르 사다트가 국민투표에서 90%의 지지를 얻어 대통령에 당선되었다. 사다트 대통령은 이스라엘에게 뺏긴 시나이 반도를 회복하는 데 관심을 집중하고, 이를 위해 차근차근 사전 준비를 했다. 먼저 시리아와 협조 체제를 구축하고, 사우디와는 개전과 동시에 서방 세계를 뒤흔들어 놓을 석유 금수 조치를 준비했으며, 소련에게 접근해 군사적 지원을 약속받았다.

이집트와 시리아는 아랍인이 금식을 하는 라마단 달에도 군대에게 단식을 시키지 않고 준비시킨 뒤, 10월 6일을 택해 탱크, 미사일, 공군기를 동원해 이스라엘을 협공했다. 이집트군은 먼저 수에즈 운하를 도하하여 이스라엘이 점령 중인 시나이 반도 탈환을 개시했다. 군대 8만 명을 투입해 13*km*를 진격했으며, 난공불락으로 알려진 이스라엘의 전략 요충지

---

11 최성권, 앞의 책, pp.159~161

인 바레브 방위선을 쉽게 뚫었다. 이집트는 이스라엘이 상상하지 못했던 기습 작전으로 규모 면에서 월등했던 이스라엘 정규군에게 놀라운 승리를 거두었다. 그리고 시나이 반도를 점령함으로써 당초 목표를 달성한 사다트는 이스라엘 본토로 진출하지 않고 소모전으로 몰고 갈 전략을 구상했다.

그러나 시리아 전선에서는 양상이 달랐다. 개전 초기에 이스라엘은 시리아군의 기습으로 골란 고원의 일부를 상실하고, 자국령까지 침공당할 위기에 놓였다. 그러나 미국으로부터 병기를 지원받은 이스라엘군은 10월 10일 반격을 개시, 시리아군을 괴멸시키고 골란 고원을 회복했으며, 다마스쿠스 근처까지 진격했다. 이에 소련이 직접 개입하겠다고 위협하자 더 이상의 진격을 멈추었다. 시리아 전투에서의 승리를 발판으로 전력을 가다듬은 이스라엘이 일부 병력을 시나이 반도 쪽으로 투입하면서 전세가 역전되기 시작했다.

그리고 이스라엘은 미국, 아랍은 소련에 지원을 요청하며 우방의 지원을 끌어내는 데 몰두했다. 이에 미국은 이스라엘에 22억 달러를, 소련은 아랍 측에 35억 달러를 쏟아부었다. 또한 미국은 10월 13일 이스라엘에 공군기를 이용해 전면적인 무기 공수를 시작하여 무려 5,566번의 비행 수송 작전을 펼쳤다. 소련은 무기를 지원했다.

이스라엘군은 시나이 반도에서 이집트군을 격파하고, 10월 16일, 수에즈 운하를 도하하여 이집트 본토로 진격했다.

이집트와 시리아의 수도까지 위협받는 상황에 이르자 아랍 연맹이 개입했다. 아랍 연맹 9개국(요르단, 이라크, 리비아, 모로코, 알제리, 튀니지, 레바논, 파키스탄, 사우디)은 참전을 대신해 보병 10만 명, 기갑 부대, 비행 대대

등을 지원했다. 팔레스타인인으로 구성된 보병 여단도 가세했으며, 사우디와 쿠웨이트는 재정 지원도 했다.

10월 16일에는 사우디 등 6개 아랍 석유수출국기구(OPEC) 국가들이 서방에 대한 석유 금수 조치를 단행했다. '이스라엘이 아랍 지역에서 철수하고 팔레스타인의 권리가 회복될 때까지 매월 원유 생산을 전월에 비해 5%씩 감산한다'라는 내용이었다. 걸프 만 6개 산유국이 가격 인상과 감산에 돌입하자 배럴당 2.9달러였던 원유 고시 가격이 4달러를 돌파했고, 1974년 1월에는 11.6달러로 4배나 폭등했다. 이것이 '제1차 석유 파동'이다.

미국과 소련이 개입한 강대국의 대리전 양상으로 변하면서 전쟁은 걷잡을 수 없이 확산될 조짐을 보였다. 이에 UN 안보리는 10월 25일 〈결의안 338호〉를 통과시키고 즉각적인 휴전을 촉구했다. 미국과 소련도 전쟁 종식에 협력했다. 결국 이스라엘도 이를 받아들이고, 이집트, 시리아, 요르단도 이 결의안을 수락했다. 양측은 개전 이전의 국경선으로 후퇴한 가운데, 10월 28일 UN 긴급군 제1진 7천 명이 수에즈 운하 지역에 도착함으로써 전쟁이 마무리되었다. 11월 11일, 이집트와 이스라엘은 휴전 협정에 조인했다.

제4차 중동 전쟁은 승패가 뚜렷하지 않은 상태에서 종결되었다. 이스라엘은 아무 대비를 하지 못한 채 기습당했고, 미국의 대대적인 지원으로 현상 유지를 할 수 있었다. 전쟁을 시작한 이집트와 시리아는 이스라엘에 큰 충격을 주었지만, 당초 목표로 했던 실지 회복은 이루지 못하고 골란 고원, 가자 지구, 요르단 강 서안, 시나이 반도 등을 여전히 이스라엘 점령지로 남겨 두었다.

제2장

이스라엘–팔레스타인 분쟁과 팔레스타인 건국

이스라엘-팔레스타인 분쟁은 팔레스타인 해방기구(PLO) 결성으로 본격화되었다. 네 차례의 대이스라엘 전쟁에서 모두 패하는 수모를 겪은 팔레스타인은 투쟁 전략을 바꾸었다. 정규 전쟁보다는 테러 구사 전략을 통해 세계 이목을 끌고, 이스라엘 전력에 보다 큰 타격을 준다는 것이었다. 자살 폭탄 테러, 인티파다 등으로 이스라엘을 압박하는 강도를 높이면서, 다른 한편으로는 평화 협상을 통해 팔레스타인 자치권을 확보해 나간다는 전략이었다.

PLO는 1969년 야세르 아라파트가 의장으로 선출되면서 국제사회에 드러났다. 항공기 납치, 뮌헨 올림픽 학살, 차량 폭탄 테러 등 서방 국가에 대한 무차별 테러를 자행해 악명을 떨치며 팔레스타인 문제를 국제적 이슈로 끌어냈다. 1974년 10월, 아랍 정상회담은 PLO를 팔레스타인인의 유일한 합법기구로 인정하였고, 그해 12월 UN도 PLO를 정식 옵서버로 인정했다. 팔레스타인 자치정부(PA)가 수립되기까지 테러와 보복 테러가 반복되었고, 평화 회담 재개와 결렬을 반복하면서 오늘날 양국 간 지형이 형성되어 있는 상황이다.

1988년 11월, PLO는 팔레스타인 독립국가 수립을 천명하고, 테러 중지를 약속함으로써 전 세계 70개국의 승인을 얻었다. 1993년 9월에는 오슬로 중동 평화 협정에 참여해 팔레스타인 자치정부(PNA)로 변신했다. 그리고 2012년 11월 29일, UN 총회는 팔레스타인의 지위를 표결권 없는 옵서버 '단체(Entity)'에서 옵서버 '국가(State)'로 격상하는 결의안을 표결에 부쳐 통과시켰다. UN이 팔레스타인을 독립국가로 승인하였고, 팔레스타인국이 UN 회원국 자격을 취득함으로써 국제법 주체로서 활동을 할 수 있게 된 것이다.

팔레스타인 무장단체 결성과
자살 폭탄 테러

1) 팔레스타인 해방기구(PLO)

제1, 2차 중동 전쟁과 같은 대이스라엘 전쟁에서 아랍 연합군이 패배를 거듭하면서, 팔레스타인 아랍인 과격파 사이에서 새로운 움직임이 나타나기 시작했다. 팔레스타인 문제를 해결하는 데 팔레스타인을 대표하는 당사자가 조직을 가지고 있지 않았고, 모든 문제는 아랍 국가들이 모여 국제회의를 통해 협의함으로써 결속력과 추진력이 없었던 것이다. 또한 대이스라엘 전쟁에서는 제3자인 주변 아랍국들이 대신하다 보니, 파괴력이 없어 패배만 안겨 주었다.

1964년, 이집트에서 개최된 아랍 연맹 정상회의에서 정상들은 '팔레스타인 해방'을 위해 게릴라전을 동반한 무장투쟁으로 이스라엘에 대항할 것을 결의하였다. 정규 전쟁으로 승산이 없다고 판단하고 대이스라엘 투쟁의 방법으로 테러를 선택한 것이다.

이를 위해 팔레스타인 해방기구(Palestine Liberation Organization, PLO)라는 정치 조직을 결성하였다. 1964년 5월 28일, PLO는 헌장을 발표하면서, '민주적이고 세속적인 팔레스타인 국가 건설'에 총력을 기울일 것을 맹세하였고, '팔레스타인 영토는 영국 위임통치령 팔레스타인에 준하며 이 지역 내에서 시오니즘을 표방하는 활동을 할 수 없다'라고 선포함으로써 팔레스타인의 해방과 이스라엘의 제거를 명시하였다.

PLO는 우선 조직 정비에 들어갔고, 이전에 비밀 저항운동을 전개하던 다양한 팔레스타인 방계 조직의 지도부를 통일했다. 그리고 파타(Fatah), 팔레스타인 해방인민전선(PFLP), 팔레스타인 해방인민민주전선(DFLP), 검은 구월단 등 PLO 내에서 활동하거나 PLO와 관련을 맺고 있는 단체들을 산하 조직으로 두었다. PLO 대표가 이스라엘과의 평화 협상에서 합의를 본 사항이라도 강경파들은 이를 무시하고 별도로 테러를 감행하는 사례가 발생하기도 했는데, 이들 방계 조직이 저지르는 것이었다.

PLO 자체의 위계 조직으로는 명목상 법적 최고기구로 팔레스타인 민족평의회(PNC)를 두고, 군사 기관으로 팔레스타인 해방군(Palestine Liberation Army, PLA)을 두었다. 실질적인 의사 결정은 PNC에서 선출되는 18인으로 구성된 PLO 집행위원회에서 이루어진다. PLO는 중앙집권적 정치 조직이 아니라 여러 정당 및 단체의 연대 조직이므로, 산하 단체를 직접적으로 지도할 수는 없다. 하지만 가입 조직들은 PNC에 참여하고 여기서 선출된 18인 집행위원회의 결정을 존중한다.

초창기의 PLO는 단일 위계 조직이 아니었고, 아랍 국가들이 공동 참여하는 국제기구 같은 조직이었다. 나세르 이집트 대통령이 창설을 주도했기 때문에 카이로에 본부를 두었다. PLO의 자금은 아랍 국가들의 후원금으로 대부분 충당되었기 때문에 이집트 대통령의 비밀 조직으로부터 철저한 감시도 받았다. 그런데 아랍 정부들이 선출한 PLO 의장 아흐마드 슈케이리를 비롯해 PLO 집행위원회 구성원의 다수는 팔레스타인 명가 출신이었다. 그들은 팔레스타인 지역에서 온 망명객이었지만, 난민촌 경험과는 거리가 먼 사람들이어서 사명 의식과 절박한 투쟁 의식이 부족했다.

제3차 중동 전쟁에서 아랍 국가들은 시나이 반도, 서안 지역, 가자 지구, 골란 고원 등을 이스라엘에 빼앗기는 참패를 당했다. 이에 따라 아랍 사회에서는 정규전으로는 불가능하다는 인식이 더욱 고착되면서 테러전의 강화가 절실해졌다. 이를 계기로 PLO는 팔레스타인인의 대변자로 외부에 부각되기 시작한 반면, PNC를 이끌어 오던 슈케이리 의장의 입지는 약화되었다. 특히 1968년 3월 카라메 전투에서 승리하여 '불패의 군대'라는 이스라엘군의 이미지를 불식시킨 파타가 PLO의 주도 세력으로 등장했다. 1969년에는 파타의 지도자 야세르 아라파트가 PLO 의장에 임명되면서 PLO의 군사, 정치 분야 활동은 더욱 적극성을 띠기 시작했다.

1960년대 후반, PLO는 본거지를 요르단으로 옮겼다. 1948년 제1차 중동 전쟁 이후 요르단은 요르단 강 서안을 통합하고, 이스라엘로부터 피난 온 팔레스타인 난민들을 받아들였다. 그 결과 요르단 원 거주민들이 인구의 3분의 1, 팔레스타인인이 3분의 2가 되어 원주민이 소수가 되는 기현상이 벌어졌다. 이는 곧 요르단의 주인이 뒤바뀐 상황이니, 요르단 국내 정치와 안보에 심각한 문제를 초래하게 되었다. 게다가 PLO를 결성한 팔레스타인인은 요르단 내에서 자치권을 가지고 있었고, 이집트, 사우디 등 아랍 세계에서 여러 방면으로 원조를 받고 있었다.

결국 1970년 후세인 국왕이 지배하는 요르단 정부와 PLO의 갈등이 폭발하였다. 그해 9월 16~27일 사이에 벌어진 무력 충돌에서 PLO는 3천 명의 희생자를 낸 채 강제로 요르단에서 추방되었고 레바논으로 본거지를 옮겨야 했다. 그 후 몇 년간 팔레스타인 조직들은 중동에서 그들의 정치적 목적을 달성하는 데 실패하자 자포자기의 심정으로 공중 납치, 공공 장소 학살, 요인 암살의 테러 임무를 중심으로 대이스라엘 투쟁을 지속했다.

1973년 제4차 중동 전쟁을 거치면서 PLO의 정치적 위상도 크게 향상되었다. 1973년 11월 알제에서 개최된 아랍 정상회담에서는 'PLO를 팔레스타인의 유일하고도 합법적인 대표'로 승인하고, 1976년 PLO가 아랍 연맹에 정식 회원국으로 가입함으로써 아랍 세계에서 PLO의 정체성은 팔레스타인의 유일하고 합법적인 기관으로 정착되었다.

PLO는 대이스라엘 정책에서도 모든 팔레스타인을 해방시킨다는 목표를 버리고 서안과 가자 지구를 포함하는 팔레스타인 국가를 창설하는 쪽을 선택하게 되었다. 아라파트는 PLO가 이스라엘 외부에서는 국제 테러리즘에 더 이상 개입하지 말아야 한다고 주장하는 한편, 국제사회가 PLO를 팔레스타인 국민의 정당한 대표체로 인정해 줄 것을 요청했다.

1974년, UN은 총회에서 〈결의안 3236호〉을 채택해 팔레스타인 인민의 자결권, 독립권, 국가적 주권 등을 인정하고, PLO에게 UN 참관인 자격까지 부여했다. PLO는 이제 단순한 테러리스트가 아닌 당당한 정치적 실체로서 국제사회에 등장했다.

1982년 6월, 이스라엘은 자국 영토를 공격하는 팔레스타인과 시리아 군대의 본거지를 무력화시키고자 레바논을 공격했다. 이스라엘 군대는 PLO 본부가 있는 베이루트를 포위하고 팔레스타인인의 해산을 압박했다. 결국 PLO는 본부를 리비아로 옮기고, 여타 팔레스타인 전사들은 이웃 국가들로 분산되었다.

이후 PLO의 대이스라엘 투쟁 양상도 바뀌었다. 해외 이스라엘 시설물 공격을 이스라엘 점령지 내로 변경하고, 투쟁 방식에 있어서도 테러보다는 '인티파다(Intifada, 봉기)'로 알려진 새로운 형태의 저항과 반란이 대두된 것이다. 인티파다의 주요 목적은 단순히 관심을 유발하는 것이 아니라 점령 자체를 무력화시키는 것이었다.

PLO는 1988년 11월 알제리에서 열린 PNC에서 팔레스타인을 독립국가로 선포하고, 아라파트를 대통령으로 선출했다. 이스라엘의 존재를 인정하고 서안과 가자 지구에 팔레스타인 국가를 건설한다는 국제사회의 중재안을 받아들이기로 결정했다.

PLO는 아라파트의 지시로 1993년 4월 이스라엘과 평화 정착을 위한 비밀 협상을 시작했으며, 같은 해 9월 13일 오슬로 협정이 타결되면서 이스라엘에게 팔레스타인의 대표성을 인정받았다. 또 이스라엘이 점령하고 있던 서안과 가자 지구의 통치권을 5년에 걸쳐 단계적으로 이양받기로 했다.[1]

---

1 최성권, 《중동의 재조명─국제정치》, 한울, 2011, pp.388~393

2) 파타(Fatah)

파타의 정식 명칭은 팔레스타인 민족해방운동(Harakat al-Tarir al-Watani al-Filistini)이다. 1950년 말부터 이집트 카이로 대학과 레바논의 베이루트 대학을 중심으로 팔레스타인 국가 건설운동이 확산되고 있었으며, 이를 배경으로 1958년 카이로 대학에 재학 중이던 야세르 아라파트가 팔레스타인 독립운동을 위해 만든 조직이다. 현 팔레스타인 자치정부 마흐무드 압바스 수반도 아라파트의 친구이자 동지로서 참여했다.

즉 파타는 이스라엘의 통제로부터 팔레스타인을 해방시키고자 만들어진 아랍계 정치, 군사 조직으로 출발했으며, 시리아로부터 재정적 원조를 받아 본부를 다마스쿠스에 두었다. 1963년 알제리로부터 군사 훈련 시설을 제공받아 조직원을 훈련시켰으나, 1964년 아랍 연맹이 PLO를 창설할 때까지는 지하운동에 머물러 있었다. 그러다가 1968년 카라메 전투를 계기로 파타는 모든 팔레스타인 조직 중에서 가장 강력하고 광범위한 조직으로 성장했으며, PLO를 효과적으로 장악했다.

1969년에는 야세르 아라파트가 PLO 의장에 임명되면서, 파타는 PLO 조직 속에 잠복하여 활동하게 되었다. 그러나 실질적으로는 PLO를 장악했고, 군사, 정치 분야 활동에서 더욱 적극성을 띠기 시작했다. 이후 파타와 PLO는 명칭이 혼용되었으나, 둘 다 아라파트의 지휘하에 있었으므로 동일한 주체로 인식되었다. 팔레스타인 자치정부 출범 후 PLO 명칭은 자치정부에 흡수되면서 사라졌고, 파타라는 명칭은 테러 단체의 이미지를 벗고 정치적 단체(정당)로 변신했다.

미국과 이스라엘은 PLO를 국제 테러 조직으로 지정한 바 있으나,

1991년 마드리드 조약 이후 해제하였다. 1993년, PLO와 이스라엘은 UN 안보리 〈결의문 제242호〉와 〈결의문 제338호〉를 상호 수용하였으며, 이로써 UN 결의안에 명시된 대로 PLO는 이스라엘의 존립권을 인정하고 이스라엘은 PLO를 팔레스타인을 대표하는 유일한 기구로 인정하였다.

파타당은 1993년 체결된 오슬로 평화 협정에 따라 1994년 출범한 자치정부의 권력을 사실상 독점하다가 아라파트 사후인 2006년 최초로 실시된 총선에서 하마스(Hamas)에 대패해 권력에서 밀려났다. 그러나 하마스도 미국과 이스라엘의 거부로 집권이 오래가지 못했으며, 결국 파타 주도의 연립정부를 구성하기도 했다.

현재 PLO, 즉 파타당은 팔레스타인국의 집권당으로 자치정부를 구성하고 있으나, 하마스의 가자 지구 무력 점령으로 요르단 강 서안 지구만을 통치하고 있다.

3) 하마스(Hamas)

1980년대 들어 PLO가 이스라엘을 인정하는 등 무장투쟁 노선을 완화하고 평화 협상에 참여하자 이에 반발하는 강경파들을 규합하여 조직된 무장 조직이 하마스이다. 1987년 12월, 무슬림 형제단(Muslim Brotherhood)을 이끌었던 아메드 야신이 창설하였으며, 그 등장에는 1987년 가자 지구에서 발생한 제1차 인티파다가 촉매제가 되었다. 하마스는 아랍어로 '이슬람 저항운동'을 의미하는 'Harakat al-Mukawama al-Islamiya'의 머리글자를 딴 것인데, 그 자체만으로도 '열정, 용기'를 의미한다. 하마스는 수니파 이슬람 근본주의 저항단체이다.

창설자 야신은 1989년 이스라엘군에 체포되어 종신형을 선고받고 복역하였으나, 1997년 석방되어 하마스의 정신적 지도자로 영향력을 행사했다. 그러나 이스라엘은 그가 수백 명의 이스라엘인을 희생시킨 자살 폭탄 테러를 선동해 왔다고 지목하고 있었다. 모사드의 끈질긴 추적 끝에, 2004년 3월 이스라엘군은 모스크에서 예배를 마치고 나오는 야신과 경호원들을 헬리콥터의 미사일 공격으로 살해했다.

하마스는 이스라엘을 인정하지 않을 뿐만 아니라 이스라엘을 대상으로 한 어떠한 중동 평화 교섭에도 반대한다. 또한 이스라엘을 상대로 무자비한 테러를 감행하는 것은 물론, 심지어 협상에 참여하는 팔레스타인 지도자들에 대한 공격도 서슴지 않고 있다.

이들의 목표는 이스라엘의 점령하에 있는 모든 팔레스타인인의 즉각적이고 완전한 해방 및 이슬람 교리를 원리원칙대로 받드는 국가를 건설하는 것이다. 1988년 8월에 제정된 하마스 헌장에는 '이슬람 국가 건설, 이스라엘에 대한 무력투쟁, 지하드 선포'가 기본 목표로 설정되어 있다.

하마스는 이스라엘인과 이스라엘에 협조하거나 평화 교섭에 참여하는 팔레스타인 협력자들을 대상으로 1994년 이후 100여 차례에 걸쳐 자폭 테러를 자행해 온 것으로 알려졌다. 아랍인 젊은이들을 대상으로 자폭 테러 학교를 운영하고, 이곳에서 교육받은 전사들로 구성된 '이즈 앗 딘 알 까쌈 여단(Izz al-Din al-Qassam Brigade)'이라는 군사 조직도 운영하고 있다. 이 조직의 행동대원은 가자 지구와 서안 지역에서 3~4명씩 지하 세포조직을 이뤄 활동하고 있다. 이들은 이스라엘에 대해 극단적인 증오심을 갖도록 교육받고, 자폭 테러가 이슬람을 위한 순교이기 때문에 사망 후 천국으로 간다고 믿는다.

하마스는 대이스라엘 무장투쟁과 병행하여 빈민가에 학교와 병원을 지어 팔레스타인 빈민들의 폭넓은 지지를 확보하였고, 이를 바탕으로 2006년 1월 25일 치러진 팔레스타인 자치정부 총선에서 132석 가운데 73석을 차지하며 40년 동안 집권해 온 파타당을 누르고 집권당이 되었다. 현재는 팔레스타인 자치정부 집권당인 파타당의 연정 제의를 거부하고, 가자 지구를 무력 점령하여 지배하고 있다.[2]

4) 자살 폭탄 테러

전문가들은 인류 최초의 자살 테러로 성경 〈사사기〉에 기록된 유대인 삼손이 '블레셋(팔레스타인) 사람들과 함께 죽기를 원하노라'라고 외치며, 두 기둥을 뽑아 신전을 무너뜨림으로써 그 안에 있던 자신과 군중을 함께 죽게 만든 사건을 꼽는다. 자폭 테러의 대표적인 사례로 제2차 세계대전 중 일본군이 조종사가 탑승한 채 전투기를 연합군 전함에 충돌시킨 가미가제(神風) 공격을 들기도 한다.

중동에서의 테러는 제1차 세계대전 후 시오니스트들이 팔레스타인으로 이주를 시작하면서 아랍과 유대 양측에 의해 빈발했다. 유대인은 하가나(Hagana)라는 민병대를 조직하여 이스라엘 건국을 위한 사전 정지 작업으로 팔레스타인 거주 아랍인들을 습격, 방화, 추방하는 등의 테러를 자행했다. 1948년 이스라엘 건국 후에는 팔레스타인에서 쫓겨난 아랍인들이 무장 단체를 조직하여 유대인을 향한 무차별 테러를 저지르는

---

2 전홍찬, 《팔레스타인 분쟁의 어제와 오늘》, 부산대학교출판부, 2003, pp.72~73

것이 일상화되었다.

이런 일반적인 테러가 자살 폭탄 테러 형식으로 격화된 것은 1967년 제3차 중동 전쟁에서 이스라엘이 요르단 강 서안과 가자 지구를 점령하면서부터였다. 주로 팔레스타인 아랍인들에 의해서 자행되었다. 이스라엘과의 전쟁에서 연속적으로 패한 아랍인들이 테러, 또는 자살 폭탄 테러를 통한 대량 살상을 일으킴으로써 정규전에서의 한계를 극복하려는 의도였다.

현대적인 의미의 자살 테러는 1983년 10월 레바논에서 헤즈볼라가 수도 베이루트에 있는 미군 해병대 사령부에 자살 폭탄 공격을 한 사건이 최초였다. 폭약을 트럭에 싣고 돌진하여 군인 241명이 사망한 이 사건은 차량을 이용해 대량살상을 한 점에서 진일보한 새로운 수법이었다. 그리고 레바논에 주둔하던 미국, 영국, 프랑스, 이탈리아의 평화유지군이 철수하는 계기가 되었다는 점에서 목적을 달성한 성공적인 작전으로 인식되었다. 이로써 자살 테러는 테러 조직의 전술적 선택으로 정착되었으며, 이후 연쇄적으로 발생했다.

2000년 후반부터 팔레스타인 자살 테러리스트들은 폭탄을 허리에 두르고 이스라엘인이 모여 있는 공공장소에 침투해 폭발시켜 자신과 주변 사람들의 생명을 빼앗았다. 대표적으로 2001년 1월 말 예루살렘 번화가에서 100명 이상의 사상자를 낸 자살 폭탄 테러의 주범이 팔레스타인 대학에 재학 중인 여자 대학생으로 밝혀져 세계를 놀라게 했다.

자살 테러가 가장 빈발하던 시기인 1994년부터 2004년까지 11년간의 통계 자료에 따르면, 총 274건의 자살 테러로 6,134명이 사망하고, 1만 9,529명이 부상당한 것으로 나타났다. 이는 연평균 25건이 발생하여 558명이 사망하고, 1,775명이 부상당한 것이다.

이 시기에 발생한 최악의 자살 테러는 항공기를 이용한 뉴욕 9.11 테러이다. 2001년 9월 11일, 19명의 알 카에다 테러리스트들이 4대의 항공기를 납치했다. 2대는 세계무역센터(WTC) 쌍둥이 빌딩에 각각 충돌해 폭발하여 110층짜리 건물 두 동이 붕괴되었다. 또 다른 1대는 미 국방성 건물에 충돌하였으며, 나머지 1대는 벌판에 추락하여 폭발하였다. 총사망자는 테러범 19명 제외하고 2,977명에 달하며, 부상자만 6,291명 이상으로 추정된다. 경제적인 피해는 건물 손실, 긴급 구호 등을 포함하여 총 522억 달러(60조 원)에 이르며, 각종 경제 활동이나 재산상 피해를 더하면 화폐가치로 환산하기 어려울 정도이다. 전문가들은 알 카에다에 의한 9.11 테러를 계기로 뉴 테러리즘(New Terrorism)이 도래했다고 경고했다.

기존에는 이와 같은 테러를 중동이나 전쟁 지역 등 특수한 곳에서 발생하는 것으로 여겼다. 즉 미국이 9.11 테러의 진원지를 찾아 아프가니스탄, 이라크와 대테러 전쟁을 치른 것은 테러의 가능성을 분쟁 지역의 문제로 국한시키고, 서방 세계로 확산되는 것을 막고자 함이었다.

그러나 서방의 우려를 조롱하듯이 유럽에서 잇달아 자폭 테러가 일어났다. 2005년 7월 7일 오전 8시 50분 전후, 런던 시내 킹스 크로스 역을 비롯해 지하철 역사 3곳, 이층버스 1곳에서 동시에 폭탄이 터졌다. 56명이 사망하고 700여 명이 부상당했으며, 범인 4명은 현장에서 즉사했다. 테러범은 이슬람교를 믿는 파키스탄계로 10~30대의 전과가 없는 평범한 영국 시민이었다. 알 카에다를 자칭하는 비밀조직은 자신들의 소행이라고 밝혔으나, 수사 당국은 알 카에다에 동조하는 영국 내 세포조직인 '외로운 늑대'들을 지목했다. 같은 영국인이 그토록 끔찍한 사건을 저질렀다는 사실 때문에 영국 국민은 더 큰 충격에 휩싸였다.

이제 테러의 무대는 중동에서 서방으로 확대되었으며, 아랍 민족주의는 서유럽에서도 자생하기 시작했다. 서방 세계는 조직된 군대를 상대로 전쟁을 벌이는 것이 아니라 흩어져 있는 모래 속의 유리조각을 찾아내는 식의 전쟁을 치러야 하게 되었다.

서방 세계에 투영된 이슬람의 오늘날 이미지는 폭탄을 안고 자살하는 순교자의 모습이다. 자살 폭탄 테러는 자살이라는 극단적인 선택과 폭탄이라는 위력과 공포가 결합된 중동인의 저항정신으로 견고하게 자리잡았다. 그러면 팔레스타인 청년들은 왜 인간의 본능에 역행하는 극한적인 방법까지 불사하며 테러에 몸을 던지는가? 이 질문에 대한 대답은 오늘날 세계인의 관심이 집중되고 있는 중동 문제의 핵심이다.

자살 폭탄 테러범이 되는 것은 개인적인 동기와 국가와 민족의 대의명분, 두 가지로 구분할 수 있다. 먼저 개인적인 동기는 그들 개개인이 자살 테러에 가담할 만한 나름대로의 원한을 품고 있는 것이다. 대대로 살아오던 고향에서 쫓겨나 난민으로 사는 척박한 삶, 전쟁으로 가족과 사랑하는 사람을 잃은 원한, 종교적 신념에 의한 애국적, 영웅적 동기에 의한 자발적 행동 등에 기인한다.

두 번째로 대의명분에 동참하는 동기는 변천 과정을 고려하여 몇 단계로 정리할 수 있다. 각 단계에서 팔레스타인 지역의 정세 변화에 따라, 팔레스타인인의 요구 사항과 자살 폭탄 테러의 목표도 변했다.

1단계, 1948년 이스라엘이 독립을 선언하면서 팔레스타인 땅에서 이스라엘 국가를 사라지게 하는 것이 목표가 되었다. 따라서 정착촌, 공공

시설 등 유대인 공동체를 대상으로 전방위적 테러가 빈발했다.

2단계, 1988년 PLO가 팔레스타인 자치정부를 선언하고, 이스라엘과의 평화 협상이 진전을 보이면서부터이다. 이때 팔레스타인인은 이스라엘을 제거한다는 목표를 버리고, 이스라엘이 요르단 강 서안 지역과 동예루살렘에서 철수하면 이곳에 팔레스타인의 완전한 주권국가를 건설하는 것으로 목표를 수정했다. 여기에 세계 각지로 흩어진 팔레스타인 난민들의 귀향권 보장도 요구 사항에 포함되었다.

3단계, 2000년대 들어 팔레스타인 자치정부가 국제적으로 인정을 받고, UN의 옵서버 자격을 부여받음으로써 국제법 주체로서 활동을 하게 되자, 자살 폭탄 테러의 목표는 팔레스타인 지역에 국한되지 않고 미국과 서방으로 확대되었다. 테러범들은 이슬람의 종교적 이념을 내세워 과거 기독교 문명이 이슬람에 대해 저지른 침략, 무시, 비하 등 구원(舊怨)에 대한 보복을 하고자 했다. 미국의 정치학자 새뮤얼 헌팅턴은 이를 두고 '문명의 충돌'이라고 우려한 바 있다.[3]

---

3 최성권, 앞의 책, pp.394~397

2

인티파다

1) 제1차 인티파다

인티파다는 아랍어로 봉기, 반란, 저항 등을 뜻한다. 단어 자체는 보통 명사지만, 팔레스타인인들에게는 특별한 의미가 있어 중동 문제에서 정치 용어로 자리매김했다.

이스라엘과 네 차례에 걸친 중동 전쟁에서도 독립을 얻지 못한 팔레스타인인은 1987년 12월 집단적인 저항인 민중 봉기를 일으켰고, 이를 제1차 인티파다로 부른다. 1993년까지 지속된 이 봉기는 국제사회에 이스라엘의 장기 점령으로 인한 가혹한 실태를 호소하여 팔레스타인의 해방과 독립을 희구하는 메시지를 전달하였고, 이로써 팔레스타인 국가 건설을 유도하는 견인차 역할을 했다.

제1차 인티파다의 발단은 우발적인 사건이었으며, 비무장 시민운동으로 시작되었다. 1987년 12월 6일 이스라엘 점령하의 가자 지구에서 이스라엘인 한 명이 팔레스타인 청년의 칼에 찔려 사망했다. 다음 날 같은 지역에서 난민 캠프에 거주하는 팔레스타인 청년 4명이 이스라엘 군용 차량에 치여 사망하는 사건이 발생했다. 그런데 이 사고가 앞서 발생한 이스라엘인 피살에 대한 고의적인 보복이었다는 소문이 퍼졌다. 12월 9일, 이에 항의하는 대규모 봉기가 발생했는데, 이날 화염병을 던지던 17세 팔레스타인 소년이 이스라엘군이 쏜 총에 맞아 사망하는 사건이 추가로 발생했다. 이것이 시위대를 흥분시켰고, 사태는 더욱 악화되었다. 군중을 향해 이스라엘 치안 부대가 발포했고, 가자 지구에서 발생한 봉기는 요르단 강 서안 지구로 파급되면서 점차 조직화되었다.

봉기는 걷잡을 수 없는 상태로 확산되었다. 팔레스타인 아랍인들이 거리에서 화염병과 돌을 던지고 타이어를 태우는 장면이 전 세계 매스컴을 통해 전파되었다. 어린 학생과 청년들이 중무장한 이스라엘군에 대항하여 육탄으로 저항하는 인티파다는 국제사회로부터 동정과 심정적인 지지를 자아냈다.

이스라엘 보안군은 인티파다를 막고자 팔레스타인 자치 지역을 재점령했을 뿐 아니라, 아라파트 집무실을 포위하여 연금시키는 등 강경한 군사 정책을 취했다. 이로써 팔레스타인 경찰까지 민중 봉기에 참여하여 준전쟁 상태로 발전하면서, 요르단 강 서안 지구와 가자 지구는 내전 상태에 빠졌다. 팔레스타인 자치정부는 기능을 상실하였으며, 이 봉기는 결국 1,100여 명이 넘는 희생자를 남기고 이스라엘군에 의해 진압되었다.

이 사건은 팔레스타인 사태 진전에 중요한 영향을 미쳤다. 인티파다는 결과적으로 팔레스타인에 유리한 세계 여론을 조성했으며, 이스라엘은 팔레스타인 민족운동을 군사적 탄압만으로는 해결할 수 없으며 정치적인 접근이 필요하다는 사실을 인식하게 되었다.

한편 인티파다가 진행되던 1987년 12월 온건 이슬람 부흥단체인 무슬림 형제단 내부에서 PLO의 협상노선을 비판하고 반대하는 움직임이 일어났다. 이슬람 원로 아메드 야신의 지도하에 저항단체 하마스가 결성되었고, 팔레스타인 민족해방전선, 이슬람 지하드 등의 조직들은 자살폭탄 테러와 요인 암살을 하면서 민족 봉기를 자극했다.

이에 맞춰 1988년 11월 아라파트가 서안과 가자 지구에 팔레스타인 독립국가를 선언했다. 이스라엘을 제거한다는 목표를 포기하고, 이스라엘을 현실적인 상태에서 인정하면서, 요르단 강 서안과 가자 지구에 팔레스타인 국가 건설안(UN 안보리 〈결의안 242호〉, 〈결의안 338호〉)을 받아들이기로 한 것이다. 즉 '2개 국가 공존 방식'의 실현에 착수한 것이다. 이에 대한 세계적인 지지와 승인이 이어졌다.

이러한 분위기에 편승하여, 레이건 행정부가 중동에 평화를 정착시키고자 적극적인 노력을 기울임으로써 PLO는 평화 정책을 향하는 쪽으로 변화를 보이기 시작했다. PLO는 1991년 마드리드 평화 협상에 참여했고, 그 결과 1993년 9월 유대 국가의 생존권 승인과 그 대가로 요르단 강 서안과 가자 지구에 5년간의 잠정 자치를 단계적으로 도입하는 오슬로 합의(팔레스타인 자치정부의 잠정 설치에 관한 원칙 선언)를 하게 되었다. 오슬로 협정에 따라 1994년 5월부터 5년간에 걸친 잠정 자치가 시작되었고, 아라파트가 1994년 7월에 귀환하면서 인티파다의 종결을 선언하였다.[4]

4 최성권, 앞의 책, pp.289~295

2) 제2차 인티파다

'인티파다 2000' 또는 '알 아크사 인티파다'라고 불리기도 한다. 2000년 9월 28일, 이스라엘 야당 리쿠드당 당수 아리엘 샤론이 무장경찰 수백 명을 대동하고 동예루살렘의 이슬람 성지 알 아크사 사원을 방문했다. 강경파인 샤론은 알 아크사 사원에서 동예루살렘에 대한 이스라엘의 주권을 주장했는데, 이 방문이 팔레스타인인의 반발을 부르면서 충돌이 시작되었다.

그런데 이것은 당시 이스라엘 집권 노동당 에후드 바라크 총리가 예루살렘의 주권을 부분적으로 팔레스타인에 허용하려는 움직임을 보임에 따라 이에 제동을 걸기 위한 일종의 시위 방문이었다. 그리고 이슬람교도들의 입장에서 보면, 샤론의 행동은 불에 기름을 끼얹는 것과 같은 도발 행위였다.

무슬림들은 '아리엘 샤론이 동예루살렘 이슬람교 성지인 알 아크사 모스크에 무장호위병을 대동하고 침입했다'라고 주장하면서 항의 시위를 벌였고, 이스라엘 군대가 이를 진압했다. 그러자 다음 날 금요 집회에 참석했던 무슬림들이 폭동을 일으켰다. 무슬림들은 유대교 성지인 통곡의 벽을 향해 돌을 던졌고, 이스라엘군의 대응 사격으로 팔레스타인인 4명이 죽고 200여 명이 부상을 당했다. 시위대가 요르단 강 서안과 가자 지구 등 전역에서 시위를 벌이면서 폭력 행위가 급증했으며, 닷새 동안 적어도 47명의 팔레스타인인이 사살되고, 1,885명이 부상을 입었다. 결국 치안을 통제하는 것까지 어려운 상황이 되었다.

팔레스타인인들의 시위에 기름을 부은 결정적인 사건은 2000년 9월

30일 가자 지구에서 12세의 팔레스타인 소년이 이스라엘군의 총격에 희생된 일이었다. 시위 군중과 이스라엘 보안군이 충돌하는 현장에서 소년이 살해되는 모습은 TV를 통하여 전 세계에 방영되었고, 아랍인과 전 세계는 이스라엘에 분노하였다. 이로써 팔레스타인 경찰까지 민중봉기에 참여하여 준전쟁 상태로 발전하면서 팔레스타인 전역은 내전 상태에 돌입했다. 이스라엘과 평화 협상을 진행해 오던 아라파트 수반의 지도력도 크게 손상을 입었다.

더구나 이를 진정시킬 수 있는 제3자, 곧 미국의 개입이 절대 부족했다는 점에서 사태는 더욱 심각해졌다. 당시 중동 문제의 중재자였던 미국은 클린턴 대통령이 성추문에 휩싸인 데다 차기 대선을 앞두고 있어 인티파다 2000을 철저히 방관하고 있었다.

또한 유혈 사태가 거듭되며 요르단 강 서안과 가자 지구의 유대인 정착촌을 중심으로 유대인과 팔레스타인인 사이에 충돌이 끊이지 않았다. 당시 양측 분쟁에서 걸림돌이 된 정착촌은 팔레스타인 자치 지역에만 145곳이 섬처럼 존재하고 있었고, 거류민도 1993년 12만 5천 명에서 2001년에는 20만 명으로 늘어났다.

샤론은 폭력 행위가 종식되기 전에는 어떠한 협상도 없다며 못 박았다. 반면 아라파트는 팔레스타인 독립 선포일을 1999년 5월에서 2000년 9월 13일로, 다시 2000년 11월 15일로 계속 미루며 협상의 적기를 기다렸으나, 이 사태로 팔레스타인의 독립 선포는 다시 2000년 12월 3일로 연기되었다가 결국 실행되지 못했다.

2000년 10월, 미국 주도로 구성된 인티파다 2000에 대한 국제진상조사위원회(미첼 위원회)는 2001년 5월 2일 최종 보고서를 통해 양측에 유혈 사태를 끝내고 냉각기를 가질 것을 제안하면서, 특히 이스라엘에게 유대인 정착촌 건설을 중단할 것을 촉구했다. 이는 책임의 일단이 정착촌 건설을 강행한 이스라엘 측에 있다고 인정한 것으로 볼 수 있었다.

2001년 5월 23일, 샤론 수상과 아라파트 수반은 〈미첼 보고서〉를 수용하기로 약속했다. 이에 따라 수많은 사상자를 낸 양측 간의 유혈 폭력 사태가 종식될 수 있는 계기가 마련되었다.[5]

---

5 최성권, 앞의 책, pp.421~428

3

중동 평화 회담

1) 마드리드 평화 회담
(다자 회의 1991. 10. 30∼11. 1, 양자 회의 1991. 12∼1992. 1)

마드리드 평화 회담은 일련의 중동 평화 회담 행진에서 캠프 데이비드 회담 이후 이루어진 두 번째 회담이지만, 팔레스타인과 아랍국들이 공동으로 참여한 포괄적인 다자 협상으로는 최초의 회담으로 간주된다. 캠프 데이비드 회담이 이집트와 이스라엘 사이에 이루어진 양자 회담인 데 반해, 마드리드 회담은 다수의 아랍국들이 이스라엘과 같은 테이블에 앉아 대화함으로써 이스라엘을 대화상대로 인정한 최초의 회담이었다.

마드리드 평화 회담은 1991년 2월 걸프전 이후 미국이 '영토와 평화의 교환(Land for Peace Deal)' 원칙을 내세워 적극적으로 평화에 개입함으로써 이루어졌다. 이 원칙은 이스라엘과 팔레스타인 간 협정의 핵심

요체로, '이스라엘은 1967년 점령한 요르단 강 서안을 단계적으로 팔레스타인 자치정부에 이양하고, 반대급부로 팔레스타인은 이스라엘에 대한 적대 행위를 중단하기로 한다'라는 원칙이다. 즉 팔레스타인에게는 땅, 이스라엘에게는 평화가 요구되는 사항이다.

미국이 서둘러 평화 회담을 주선한 이유가 있다. 소련의 붕괴로 냉전이 종식된 후 세계 질서를 주도하게 된 부시 대통령은 제1차 걸프전에서 이라크를 괴멸에 가깝도록 응징하고, 쿠웨이트에서 평화를 회복시키는 등 성공을 거두었다. 그는 전 세계 슈퍼파워로서의 위상을 과시하긴했지만, 아랍 국가들과 일부 서방권에서 그를 전쟁광이라고 보는 이미지를 지울 수 없었다. 따라서 미국의 평화 이미지를 부각시키고, 아랍 국가들을 고무시킬 필요성이 제기된 것이다.

이에 중동의 최대 현안인 팔레스타인 문제가 지목되었다. 팔레스타인 문제는 이 지역의 정치적 안정을 위협하는 중요한 변수였기 때문이다. 1991년 3월부터 베이커 미 국무장관은 이스라엘과 주변 아랍국을 대상으로 셔틀 외교(Shuttle diplomacy)를 시작했고, 10월 30일에는 이스라엘과 아랍 측 합동 대표단(이집트, 레바논, 시리아, 요르단-팔레스타인)을 마드리드로 초청하여 평화 회담을 개최하는 성과를 이끌어 냈다. 이 회담은 실질적으로 미국과 러시아가 공동 후원하고, EU를 대표한 스페인이 주최함으로써 마드리드에서 개최된 것이다. 스페인은 과거 781년 동안 이슬람 왕국이 통치했던 무슬림의 땅이었다. 711년 우마이야 왕조의 통치를 시작으로 1492년 이슬람의 마지막 보루였던 그라나다가 기독교 군대에 넘어갈 때까지 이슬람 국가였다. 이 점이 아랍 국가들을 마드리드 회담장으로 초청할 때 나타날 거부 반응을 완화시켜 줄 것으로 기대되었다.

회담은 전체 회의, 양자 회의, 다자 회의로 나누어 진행되었다. 개막행사 성격을 가진 전체 회의에 이어, 양자 회의에서는 주로 이스라엘 점령지 문제가 다루어졌고, 다자 회의에서는 군축, 수자원, 환경, 경제 협력 등 중동 지역 전체 현안을 중심으로 논의하였다.

마드리드 회담의 핵심 쟁점은 '이스라엘의 점령지 반환'과 '아랍 국가들의 이스라엘 인정'이었다. 이스라엘은 시리아, 레바논, 요르단과 개별적으로 평화 조약을 체결할 경우 요르단 강 서안과 가자 지구에 거주하는 팔레스타인 아랍인에게 자치를 허용한다는 입장이었다. 그러나 아랍 국가들은 서안과 가자 지구에서 이스라엘군을 철수시키고 그곳에 팔레스타인 독립국가를 세우기를 원했다. 이러한 입장 차이 때문에 마드리드 회담은 아무런 합의도 이끌어 내지 못했다. 하지만 오랫동안 분쟁 관계에 있던 이들이 토의를 위해 만났다는 사실만으로도 역사적 의미가 있었다.

그동안 이집트를 제외한 대부분의 아랍 국가들은 이스라엘의 주권과 독립을 인정하지 않았었다. 마드리드 중동 평화 회담은 그동안 마주 앉기를 거부해 왔던 시리아, 레바논, 요르단-팔레스타인 대표가 이스라엘과 대화를 시작했다는 점에서 좋은 출발이었다.

2) 오슬로 협정(초안 1993. 9. 13, 자치 협정 1994. 5)

오슬로 회담은 노르웨이 외무장관 요르겐 홀스트가 평화 협상의 1차 당사자인 이스라엘, PLO와 비밀리에 접촉해 중재하고, 1992년 말부터 자국의 수도 오슬로를 협상 무대로 제공하면서 성사되었다. 그러한 연유로 '오슬로 협정'으로 명명되었다.

노르웨이 오슬로를 개최 장소로 한 배경은 이스라엘과 팔레스타인 양측이 노르웨이에 별다른 거부 반응이 없었기 때문이다. 이스라엘은 홀스트 외무장관의 친화적인 교섭 능력과 대외 정책을 높이 샀고, 팔레스타인은 노르웨이에 호감을 가졌을 뿐더러 국제 여론의 관심을 불러일으키려면 교섭의 밀실화를 피하고 국제화하는 것이 유리하다는 판단을 내렸다. 개최지를 중동 이외의 중립 장소로 요구한 아랍에서는 오슬로를 적임지로 받아들였다.

그러나 오슬로 협정의 결실은 오슬로가 아닌 워싱턴에서 맺어졌다. 1993년 9월 13일, 클린턴 대통령의 초청하에 워싱턴에서 아라파트 PLO 의장과 라빈 이스라엘 총리 사이에 회담이 이루어졌다.

오슬로 협정은 '영토와 평화의 교환'이라는 협상 모토가 비로소 결실을 맺고 체결된 최초의 중동 평화 협정이다. 주요 합의 내용은 다음과 같다.

첫째, 이스라엘은 처음으로 PLO를 팔레스타인 아랍인을 대표하는 공식 기구로 인정한다. PLO는 이미 1988년에 팔레스타인 독립국가를 선포하면서 이스라엘을 공식 파트너로 인정한 바 있으며, 이 협정을 계기로 이스라엘-팔레스타인 평화 노선을 재확인한 셈이었다.

둘째, 가자 지구와 요르단 강 서안 내 예리코 시에서 팔레스타인 아랍인들이 자치를 시작한다는 것이다. 원래 이스라엘은 가자 지구만 양보할 생각이었으며, 심지어 가자 지구 내 팔레스타인 독립국까지 받아들이겠다고 제시했다. 그 대신 요르단 강 서안은 이스라엘 영토로 편입할 생각이었다. 그러나 PLO는 서안을 포기하지 않았다. 결국 타협안으로 요르단 강 서안에서는 예리코를 잠정 자치 대상으로 포함시키게 되었다.

셋째, 둘째의 합의에 따라 팔레스타인 아랍인은 보건, 교육, 복지, 관광 및 문화 등 5개 행정 분야에서 자치권을 갖고, 자치정부는 지역 내 치안을 담당하게 되었다. 반면 외교 및 포괄적인 국방권은 이스라엘에 주어졌다. 팔레스타인은 최초로 경찰을 조직하고 운영할 수 있는 공권력을 가지게 되었지만, 외교 정책을 수행할 수 있는 어떠한 권한도 부여받지 못했다. 그러나 이미 PLO는 100여 개국과 준외교 관계를 형성하고 있었다. 즉 PLO는 이들 국가에 파견된 외교관들을 통해 상호 외교적 견해를 교환할 수 있는 통로는 유지하고 있었던 것이다.

넷째, 점령지에 대한 영구 지위는 1995년 12월까지 새로운 협상을 시작해서 결정하기로 하고, 이스라엘은 그 이전에 서안의 인구 밀집 지역에서 철수하기로 합의했다. 그러나 예루살렘은 여기서 제외되어 이스라엘이 계속 장악하게 되었다. 시리아, 요르단 등 인접국과의 평화 협정 문제도 이후로 미루어졌다.

다섯째, 팔레스타인 자치는 이스라엘군이 철수하는 1993년 12월 13일부터 5년 동안 시행하기로 하였다. 그러나 이 합의 사항은 이행이 늦추어져 1994년 5월 4일부터 1999년 5월 4일까지로 바뀌었다. 협정에 의하면 이 합의는 5년간 3단계로 진행하게 되어 있었다. 1단계는 가자와 예리코에서 팔레스타인 국가 건설을 제한적으로 실시하는 것이고, 2단계는 서안의 라말라, 제닌, 툴카름, 나블루스, 예리코, 베들레헴, 헤브론 등 7개 도시에서 이스라엘군이 철수하고 자치의회 총선을 실시하는 것이었다. 1, 2단계는 몇 차례 연기되긴 했으나 결국 집행에 성공하였다.

오슬로 협정의 의의는 이스라엘과 관련 국가들이 팔레스타인 국가를 형성하기 위한 민족적 정체성을 인정했다는 데 있다. 이로써 세계의 화약고로 불리던 중동 지역에 평화가 구축될 수 있는 발판이 마련되었다. 이 협정은 독립국을 추구하는 팔레스타인의 목표를 재규정하는 것이었다. 세계 언론은 오슬로 협정을 계기로 중동 평화의 시대가 시작되었다고 전망했다.

오슬로 협정 이후 이스라엘과 PLO는 1994년 5월 카이로에서 자치 협정을 조인하는 등 오슬로 평화 협정을 이행하기 위한 세부 협정에 합의했다. 이에 따라 5월 말에는 서안과 가자 지구에 이스라엘군이 재배치되었고, 7월에는 그동안 튀니지에 있던 PLO 지도부가 가자 시로 귀환하였다. 27년간의 망명 생활에 종지부를 찍고, 가자 지구 아랍 주민들의 열렬한 환영을 받으며 귀환한 아라파트는 역사적인 팔레스타인 잠정 자치 정부(The Palestine National Authority, PNA)를 구성하였다. 가자 지구와 서안의 예리코 시를 대상으로 선행적인 자치 지역의 통치가 시작된 것이다.

한편 라빈은 두 차례에 걸쳐 이스라엘 총리를 하면서, 마드리드 회담과 오슬로 회담을 이끌었다. 그리고 중동 평화 회담을 성공적으로 이끈 공로로 PLO 의장 야세르 아라파트, 이스라엘 외무장관 시몬 페레스와 함께 1995년 노벨 평화상을 공동 수상했다.

3) 이스라엘-요르단 평화 협정(1994. 10)

마드리드, 오슬로 두 평화 회담 이후 아랍국들과 이스라엘 사이에 해 빙 무드가 가시화되었다. 회담에 직접 참여한 시리아, 레바논 외에 여타 아랍 국가들도 대이스라엘 평화 협상을 본격적으로 추진하기 시작했다. 모로코와 튀니지가 이스라엘과 상호 간에 이익 대표부를 설치하는 데 합의함으로써 사실상 국교 정상화 준비에 들어갔다. 또한 사우디 등 걸 프 만 협력협의회(Gulf Cooperation Council, GCC) 회원국들은 이스라엘 에 대한 경제 제재를 일부 해제하기로 합의했다.

이러한 분위기에 편승하여 요르단의 대이스라엘 평화 협정이 진행되 었다. 실무진 대화는 마드리드 회담과 같은 시기인 1991년에 시작되었 고, 1993년 9월 14일 양국이 공동 합의문에 조인하기까지 2년 가까이 워싱턴에서 비밀리에 진행되었다. 후세인 국왕은 이집트-이스라엘 평 화 협정을 통해 학습했듯이, PLO보다 먼저 이스라엘과 평화 협정을 체 결할 경우 아랍권으로부터 손가락질받을 것을 우려하여 이스라엘-PLO 자치 협정 직후에 본격적으로 협정 체결을 준비한 것으로 알려졌다.

1994년 7월, 워싱턴에서 클린턴 대통령이 증인으로 참석한 가운데 라 빈 이스라엘 총리와 요르단 후세인 국왕 간에 최초로 정상회담이 이루 어졌다. 10월 26일에는 홍해 북부 국경 지역에 위치한 사막 도시 에인 아브로나에서 두 나라 간 평화 협정이 체결되었다. 평화 조약의 비준으 로 양국은 1994년 11월 27일 완전한 외교 관계를 수립했다. 이후 이스 라엘과 요르단의 관계는 자국민과 관광객의 자유로운 국경 통과, 물적 교류 등으로 꾸준히 발전해 왔다. 1995년 8월, 요르단은 아랍권이 이스라엘에 대해 견지해 온 보이콧 정책에 대해 지지를 철회하기로 결정했다. 이 결정은 향후 양국 관계 발전에 중요한 신호가 되었다.

요르단은 아랍 국가 중에는 이집트에 이어 두 번째로 이스라엘과 국교 정상화를 이룬 국가가 되었다. 이 협정으로 요르단은 이스라엘의 주권을 인정하고, 1948년 이후 46년간 지속하여 온 적대 관계를 청산했다. 수자원과 석유 등 천연자원이 전무한 요르단으로서는 이스라엘과의 관계 정상화가 경제 발전의 추진력이 되었다. 양국 평화 조약에는 적대 관계 청산, 영토 반환, 동예루살렘 발언권 인정, 수자원 공유 등 기본 조항과 더불어 15개의 협력 조항이 포함되었다. 환경 보호, 상업 및 무역 교류, 항로 개방, 수자원 개발 및 공유, 농업, 범죄 및 마약 퇴치, 통신 및 우편, 과학 및 문화 교류, 교육, 보건, 국경 개방, 에일랏-아카바 개발, 관광 및 에너지 공유 등이 그 조항이다.

요르단으로서는 평화 협정의 대가로 이스라엘이 점령해 온 국경 지대 영토를 반환받은 것이 무엇보다 큰 수확이었다. 1967년 제3차 중동 전쟁에서 이스라엘은 요르단 영토이던 사해와 남쪽 사막 지대 일부 350 km^2를 점령했다. 이스라엘은 이곳에 자국민을 이주시켜 정착촌과 농장을 건설했는데, 이 영토 대부분을 요르단에게 돌려주기로 했다. 이에 대해 요르단 역시 이스라엘 정착민들이 개간한 농지에 대해서는 다른 토지로 보상해 주기로 했다.

요르단은 이슬람 성지인 동예루살렘에 대한 정치적 발언권도 보장받았다. 이로써 현재 요르단 압둘라 국왕은 이슬람교 창시자 무함마드의 43대 종손으로서, 동예루살렘에 소재한 이슬람 사원들을 주인 자격으로 관리하고 있다. 이는 장차 동예루살렘의 지위를 결정하는 데 정치적 영향력을 행사할 수 있는 발판을 확보한 것이다. 그러나 요르단의 동예루살렘 관리권 보장은 이곳을 팔레스타인의 수도로 삼으려는 PLO와 여타 팔레스타인 강경 세력의 강력한 반발을 초래했다.

또한 이스라엘은 만성적인 물 부족을 겪고 있던 요르단에게 수자원 개발을 통해 매년 1억m^3의 물을 공급하기로 약속했으며, 미국은 외채를 탕감해 주고 군사 원조까지 약속했다.

4) 오슬로 협정 II (1995. 9. 28)

오슬로 협정 II 는 1995년 가을에 체결되었다. 이는 1993년 오슬로 협정에서 시작된 팔레스타인 자치를 확대하고 자치정부를 수립하는 문제에 대해 이스라엘과 PLO가 합의한 후속 조약이었다. 이 사안은 오슬로 협정에서 정한 바에 따르면 1994년 7월까지 끝내기로 되어 있었다. 그러나 양쪽 모두 내부적으로 강력한 반대에 부딪쳐 합의 사항을 이행할 수가 없었다. 협정을 위협하는 가장 큰 요소는 내부의 강경파였다. 팔레스타인에서는 협정 반대 폭력 시위와 테러가 연일 속발했다. 이스라엘에서는 보수 야당 리쿠드당과 정착촌 지역의 중무장 민간 단체가 크게 반발했다. 유대인 정착민을 체포할 권리가 없는 팔레스타인 자치정부 경찰은 유대인 과격파 난동에 속수무책일 수밖에 없었다.

결국 예정 시한보다 14개월 지연된 1995년 9월 28일 오슬로 협정 II 가 워싱턴 백악관에서 체결되었다. 이 협정에서 양측이 합의한 주요 내용은 다음과 같다.

- 팔레스타인 자치 지역을 요르단 강 서안의 7개 도시(헤브론, 나블루스, 라말라, 제닌, 툴카름, 칼킬야, 베들레헴)와 그 인근 마을로 확대한다.
- 이스라엘군은 이 지역에서 6개월 내에 완전히 철수한다. 단 헤브론에는 이스라엘군 일부를 잔류시킨다.
- 팔레스타인 아랍 측은 이스라엘군의 철수가 끝나는 1995년 3~4월경에 자유총선을 실시해 의회를 구성하고 의장을 선출하여 자치 정부를 조직한다.
- 이스라엘은 자치 지역의 교통, 관세, 체신 분야에 대한 권한을 자치정부에 이양한다.
- 이스라엘은 3회에 걸쳐 팔레스타인 죄수 5,300명을 석방한다.

따라서 이 협정은 제2단계 자치 협정에 해당하며 공식 명칭도 '서안과 가자 지구에 관한 이스라엘-팔레스타인 잠정 협정(Isreali Palestinian Interim Agreement on the West Bank and the Gaza Strip)'이다. 이로써 팔레스타인 아랍인들은 독립국가 건설에 한 발짝 다가서게 되었다.

그러나 중동 평화 정착을 진척시키기 위해 양측이 해결해야 할 많은 문제는 또다시 다음 협상으로 미루어졌다. 가령 당시 서안과 가자 지구에 흩어져 있던 정착촌 120개와 그곳에 살던 유대인 정착민 14만 명을 처리하는 문제는 두 차례의 오슬로 협정에서 전혀 다루어지지 않았다. 이에 관한 협상은 1996년 5월부터 시작하기로 했다.

오슬로 협정Ⅱ는 국제사회가 인정하는 팔레스타인 자치정부가 세워지고, 독립국가 수립을 향한 첫걸음이 시작되었다는 점에서 의의가 크다. 그러나 팔레스타인 내부에서는 PLO 내의 팔레스타인 해방인민전선

(PFLP)이 반발한 것은 물론, 하마스나 이슬람 지하드 등 협정에 반대하는 테러 조직 역시 이스라엘과의 공존을 전제로 한 협정을 비난하면서 자살 폭탄 테러를 감행했다. 따라서 이들 강경파의 목소리를 어떻게 잠재우느냐가 오슬로 협정이 결실을 맺는 데 있어서 가장 중요한 과제로 남았다.

이스라엘에서도 정착촌 유대인들을 중심으로 요르단 강 서안이 팔레스타인 자치정부에 넘어가는 데 대한 반대 투쟁이 일어나고 있었다. 또한 1995년 11월 4일, 이츠하크 라빈 총리가 중동 평화 지지 연설 도중 유대인 극우파 청년이 쏜 총에 암살당하면서 이후 오슬로 협정의 이행에 난항을 겪게 되었다. 더구나 1996년 이스라엘 총선에서 극우 강경파 베냐민 네타냐후가 총리로 당선되면서 이스라엘-팔레스타인 관계는 경색 단계로 접어들었다.

5) 와이리버 협정(1998. 10. 23)

오슬로 협정 이행은 1997년 이후 교착 상태에 들어갔다. 팔레스타인에서는 자치정부가 순조롭게 안착하고 있었으나, 극우 세력이 집권하게 된 이스라엘은 테러의 표적이 되고 아랍에 대해 강경 정책을 추진하면서 양자 간 후속 협상 진행이 불가능해진 것이다.

먼저 팔레스타인에서는 1996년 총선거가 성공적으로 치러졌다. 자치정부 수반 선거에서는 유권자 85%가 투표한 가운데 88.2%의 압도적 득표율로 야세르 아라파트가 당선되었고, 팔레스타인 입법의회 의원 선거 역시 무사히 실시되었다. 또한 1997년 1월 17일 서명된 헤브론 합의로 헤브론에 이스라엘군을 재배치하는 문제를 합의했고, 기타 자치 도시들에서 이스라엘군의 철수를 재확인하는 등 진전을 보았다. 이처럼 팔레스타인 주민들이 민주주의의 자유선거를 경험하는 등 팔레스타인 자치 정부의 순조로운 행진이 기대되었다.

그러나 이스라엘에서는 라빈 총리가 암살당한 데 이어, 1996년 2월 하마스가 폭탄 테러를 감행하면서 협상 추진이 난관에 부딪치기 시작했다. 더욱이 6월 이스라엘 총선에서 보수 강경 세력인 베냐민 네타냐후가 총리에 당선되면서 팔레스타인 독립국가 불인정, 동예루살렘에 관한 협상 불응, 골란 고원 반환 불가 등 대아랍 강경 정책을 표방했다.

이런 가운데 미국은 중동 평화 협상을 재개하고자 다시 중재에 나섰다. 1998년 10월 15일, 클린턴 대통령은 네타냐후 이스라엘 총리와 아라파트 PLO 수반을 워싱턴 근교에 위치한 휴양지 와이 밀스로 초청했다. 9일간 합숙을 하며 협상이 진행되었으며, 마지막 25시간 동안 이루어진 마라톤협상에서는 미국에서 암 투병 중인 후세인 요르단 국왕까지 들러서 중재에 가담했다.

이렇게 하여 미국의 주도하에 1998년 10월 23일 이스라엘과 팔레스타인 간에 평화 협정이 체결되었으며, 이는 '와이 리버 협정(Wye River Memorandum)'으로 명명되었다. 조인식에는 클린턴, 네타냐후, 아라파트, 고 후세인 요르단 국왕이 참석했다. 협정의 주요 내용은 다음과 같다.

- 이스라엘은 서안 13% 지역에서 향후 3개월에 걸쳐 단계적으로 철군한다.
- 이스라엘–팔레스타인 공동위원회를 구성해 양측의 협정 이행 수

준에 따라 추가로 철군 문제를 논의한다.

- 이스라엘은 팔레스타인 정치범 3,500명 중 750명을 한 달에 250명씩 세 차례에 걸쳐 석방한다.
- 팔레스타인 자치정부는 〈PLO 헌장〉에 명문화된 '이스라엘 전복' 규정을 삭제한다.
- 팔레스타인 자치정부는 미국 중앙정보국(CIA) 감독 아래 테러 용의자를 검거하고 무기를 회수한다.
- 가자 지구 내 팔레스타인 공항을 개항한다.

이 협정으로 팔레스타인 자치정부는 요르단 강 서안의 40%를 자치영역으로 확보했으며, 서안에 거주하는 팔레스타인 아랍인의 99%가 자치정부하에 들어오게 되었다. 대신 〈PLO 헌장〉에서 '이스라엘 파괴' 조항을 폐기하고, 테러리스트들로부터 불법 무기를 회수함으로써 평화를 진작시켰다. 이스라엘로서는 그야말로 '땅을 주고 평화를 얻는' 셈이었다.

이 협정은 두 가지 점에서 새로운 관례를 낳았다. 첫째, 이스라엘이 서안에서 단계적으로 철수하는 것을 팔레스타인 자치정부의 성실한 약속 이행과 결부시켰다는 것이다. 둘째, 미국이 중동 문제에 훨씬 폭넓게 개입하게 되었다는 것이다. 즉 미국이 평화 협정 중재와 체결 단계뿐만 아니라 양측의 협정 이행을 감독하고 평가하는 역할까지 맡는 관례를 만들었다.[6]

---

6 전홍찬, 앞의 책, pp.91~105

6) 와이리버 협정II(1999. 9)

이 협정은 이집트 동부 홍해 인근 휴양지 샤름 엘 셰이크에서 개최하였다 하여, '샤름 엘 셰이크 협정(The Sharm el-Sheik Memorandum)'이라고도 부른다.

와이리버 협정 이후 이스라엘과 팔레스타인 내부에서는 각기 지나친 양보를 비판하는 여론이 형성되었다. 특히 하마스는 와이리버 협정이 그들의 입지를 약화시킬 것으로 판단하고 폭력 투쟁을 고조시켰다. 이에 네타냐후 정부도 강경 진압 정책을 취했고, 결국 분쟁은 다시 격화되었다. 이에 따라 협정 이행 역시 1년 동안 교착상태에 빠졌다. 그러나 1999년 5월 이스라엘 총선에서 노동당의 에후드 바라크 총리가 압승함으로써 중동 평화 협정의 이행 문제는 전기를 맞이했다. 평화주의자 바라크 이스라엘 총리는 중동 평화 협상에 심혈을 기울인 클린턴 대통령의 동반자로 기대되었다. 7월에 취임한 바라크 총리는 향후 1~2년 내 포괄적인 평화 협상을 달성하겠다는 취지를 대내외에 표명함으로써 평화를 실현하려는 이스라엘 신내각의 강력한 의지를 시사했다.

이러한 분위기에 힘입어 이집트 무바라크 대통령이 중재에 나섰다. 그는 아라파트 수반과 바라크 총리를 1999년 9월 5일 샤름 엘 셰이크로 초청하여, 와이리버 협정 이행을 위한 후속 조치로 샤름 엘 셰이크 협정을 타결시켰다. 샤름 엘 셰이크 협정은 요르단 강 서안과 가자 지구에 대한 잠정 협정, 즉 오슬로 협정II의 구체적인 실행 방안을 담고 있다. 이 협정 조인식에는 이집트 무바라크 대통령, 매들린 올브라이트 미 국무장관, 요르단의 압둘라 2세 국왕이 동석해 협정 조인의 증인 역할을 했다. 주요 내용은 다음과 같다.

- 이스라엘은 철군을 약속한 서안의 13% 영토 가운데 이미 시행한 2% 이외에 나머지 11% 지역에서 2000년 1월까지 철수를 완료한다.
- 이스라엘 내 팔레스타인 정치범 350명을 석방한다.
- 이스라엘은 서안과 가자 지구의 완전한 자유 통행을 보장한다.
- 팔레스타인 자치정부는 불법무기를 수거하고 테러리스트들을 체포하여 안전을 보장한다.
- 양측은 팔레스타인 최종 지위 협상을 2000년 9월까지 완료하여 합의안을 마련한다.

이 협정으로 세계는 중동 지역에 평화가 도래할 것을 다시 한 번 기대하였다. 하지만 이 협정에서 2000년 9월로 설정된 최종 협상은 결국 타결되지 못했다. 최종 협상은 그해 7월 캠프 데이비드 별장에서 클린턴 대통령이 중재하고 바라크 총리와 아라파트 수반 사이에 15일간 진행되었다. 그러나 동예루살렘 문제 등 핵심 쟁점에서 합의점을 찾지 못한 채 결국 결렬되었다. 이어서 9월 말 예루살렘에서 제2차 인티파다가 발생한 후 사태는 다시 악화되었다. 양측에서 모두 강경파가 득세하면서 중동 평화 협정 이행은 또 다시 교착상태에 빠지게 되었다.[7]

7 최성권, 앞의 책, pp.398~420

4

팔레스타인
독립국가 수립

1948년 이스라엘의 건국으로 팔레스타인 지역 아랍인들은 수천 년을 살아온 삶의 터전을 빼앗기고 정체성을 상실한 채 70여 년간 고난의 역사를 걸어 왔다. 수많은 전쟁, 테러와 역테러, 평화 협상과 인티파다 등 수난을 겪으면서 팔레스타인인들은 이제 독립국가 수립을 위한 체제를 갖추어 가고 있다. 그러나 이스라엘과의 평화 협정에서 합의된 수많은 사항 중 예루살렘 지위, 팔레스타인 난민, 팔레스타인 정치범 석방 등 아직까지도 해결되지 않은 문제들이 산적해 있지만, 부분적 타결의 희망이 보이기도 한다. 중동 평화에 있어 적어도 이스라엘과 팔레스타인 분쟁만이라도 해결되면 중동에서 전쟁과 테러의 절반은 줄일 수 있다. 결국 팔레스타인 문제 해결은 중동에서의 또 다른 분쟁 원인인 이슬람 국가(IS)의 테러 정국을 잠재울 수 있는 요인을 제공할 것으로 기대된다. 이러한 맥락에서 팔레스타인 독립국가의 완성에 전 세계는 주목하고 있다.

그러나 아직까지도 팔레스타인 문제에 분쟁의 요인은 남아 있다. 하마스, 헤즈볼라 등 팔레스타인 강경 집단이 이스라엘의 1967년 점령지에서 완전 철수를 주장하며, 이제까지 이루어진 평화 협정을 수용하지 않고 있다는 점이다. 그러나 이스라엘에서는 안보상 이유로 요르단 강 서안을 팔레스타인에게 영도할 의사가 없음을 분명히 밝히고 있다. 결국 팔레스타인 지역 정세를 결정하는 가장 중요한 행위자인 미국과 UN이 균형적인 감각을 가지고, 보다 적극적으로 개입할 필요성이 있다.

1) 팔레스타인 국가 개괄

(1) 영토와 수도

국명은 팔레스타인국(State of Palestine)이며, 아라비아 반도의 북부, 지중해의 오른편에 위치한다. 팔레스타인 땅을 기준으로는 서쪽으로 지중해, 남쪽으로 아카바 만과 이집트 시나이 반도, 동쪽으로 요르단, 북쪽으로 멀리 레바논 및 시리아와 접하고 있다.

고대부터 현대까지 팔레스타인이라는 단어는 지중해와 요르단 강 사이에 있는 지역을 뜻하는 말이었으나 이제는 국가 명칭이 되었으며, 요르단 강 서안과 가자 지구 등 2개 지역만을 포함한다. 팔레스타인 지역의 나머지는 이스라엘이라고 부른다. 즉 과거의 팔레스타인 지역에 이스라엘과 팔레스타인 2개 국가가 설립된 것이다. 따라서 팔레스타인 국가의 주요 도시들은 모두 요르단 강 서안에 위치하며, 라말라, 제닌, 툴카름, 나블루스, 예리코, 베들레헴, 헤브론 등 7개 대도시와 16개 자치주, 521개 지역 행정 조직으로 나누어져 있다.

국가의 총면적은 6,020㎢이며, 요르단 강 서안은 5,655㎢, 가자 지구는

365㎢이다. 한반도 영토의 35분의 1에 해당하는 소국이다. 이스라엘을 포함한 팔레스타인 지역의 전체 면적은 26,790㎢인데, 그중 팔레스타인 국가의 영토 면적은 23%에 해당하며, 이스라엘은 20,770㎢로 77%에 달한다. UN은 1947년 팔레스타인 지역을 분할하면서 이스라엘에 56%를, 팔레스타인에 44%을 할애하는 계획안을 제시했다. 유대인은 계획안을 즉각 수락하여 이스라엘을 건국하였으나 팔레스타인 측 아랍 국가들은 UN 분할안을 수용하지 않고 이스라엘 제거를 목표로 전쟁에 돌입하였다. 이후 전쟁과 테러로 점철된 역사가 오늘에 이르면서 팔레스타인은 당초 영토의 20%를 추가로 이스라엘에게 빼앗긴 것이다. 지난 2011년 10월 29일 마흐무드 압바스 팔레스타인 자치정부 수반은 "1947년 팔레스타인 영토를 분할해 이스라엘과 팔레스타인 두 국가를 건설하려는 UN의 분할 계획안을 팔레스타인과 아랍 국가들이 거부한 것은 실수였다."라고 했으며, 이 실수를 빌미로 이스라엘은 64년 동안 팔레스타인을 징벌했다고 불만을 토로했다.

한편 팔레스타인 기본법에서는 예루살렘을 수도로 규정했지만, 임시 행정수도는 라말라이다. 이스라엘 역시 헌법상 예루살렘을 수도로 명시하고 실효 점령하고 있으나, 행정수도는 텔아비브이다. 이는 UN이 예의 〈결의안 181호〉를 통해 예루살렘을 국제 관할하에 두었기 때문이다. 이스라엘은 제1차 중동 전쟁에서 서예루살렘을 점령했고, 제3차 중동 전쟁에서 동예루살렘을 점령하여 현재 예루살렘 전체를 독점적 실효 지배하고 있다. 또한 이스라엘 국회는 1980년 7월 예루살렘 전체를 '분리될 수 없는 이스라엘의 영원한 수도'라고 규정한 예루살렘 기본법을 통과시켰다. UN 안보리는 1980년 8월 〈결의안 478호〉를 채택해 국제법 위

팔레스타인 지역 영토 변화

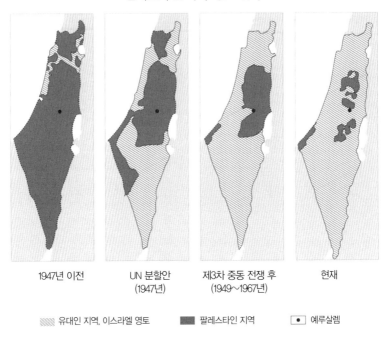

| 1947년 이전 | UN 분할안
(1947년) | 제3차 중동 전쟁 후
(1949~1967년) | 현재 |

▨ 유대인 지역, 이스라엘 영토   ■ 팔레스타인 지역   [•] 예루살렘

반으로 선언하고, 모든 UN 회원국들의 상주 외교관들이 예루살렘에서 철수할 것을 촉구하고 있다. 이에 따라 우리나라 주팔레스타인 대표사무소는 라말라에 소재하며, 주이스라엘 대사관은 텔아비브에 상주한다.

(2) 역사

팔레스타인 지역은 유럽, 아시아, 아프리카 3대륙의 연결고리에 위치하고 있어 고대로부터 인간 활동의 중심지였으며, 기독교와 이슬람교 등 두 유일신교의 성지 예루살렘이 소재한다. 이러한 지정학적 위치 때문에 기원전 3천 년 전부터 강대국 세력들의 각축장이 되었고, 로마, 비

중동 테러리즘

잔틴, 이슬람, 십자군, 오스만, 영국 등 강대국들의 침입이 이어져 지역적 헤게모니를 놓고 갈등을 벌이면서 토착적 지역 강자는 사라졌다.

이와 함께 팔레스타인 지역에서는 네 차례에 걸쳐 거류민의 이동이 일어났다. 먼저 유대인이 기원전 13세기에 이집트의 지배에서 벗어나 팔레스타인으로 이주했으나, 기원전 7세기와 기원전 5세기 두 번에 걸친 디아스포라를 통해 팔레스타인을 떠났다. 유대 민족이 떠난 자리는 페르시아 민족들이 메웠으며, 기원후 6세기에 이슬람교가 창시되면서 아랍 민족이 팔레스타인을 정복하고 정착한 것이 현대까지 이어졌다. 그런데 오스만 제국 말기에 제1차 세계대전을 거치면서 전 세계 유대인들이 팔레스타인으로 회귀했고, 이스라엘 독립국가 건설을 위한 시오니즘 운동이 시작되었다.

이와 같은 움직임 속에 이스라엘이 1948년 독립을 선언하고 아랍인을 강제 추방하자 중동 국가들이 저항하면서 제1차 중동 전쟁이 발발하였다. 이스라엘은 이 전쟁에서 서예루살렘을 차지했고, 1967년 제3차 중동 전쟁에서는 동예루살렘 지역과 가자 지구, 요르단의 서안 지구, 이집트 시나이 반도, 시리아의 골란 고원까지 점령하였다. 팔레스타인은 현재까지 수차례의 평화 협상을 통해 점령지 반환을 지속적으로 요구하고 있다.

2) 국가 수립 과정

이스라엘과 PLO는 1993년 오슬로 협정을 체결하고, 팔레스타인 독립국가 수립을 위해 협의하기로 합의했다. 향후 5년간 평화 확보를 위한 가시적인 성과를 도출할 것을 약속하였으나, 상호 불신으로 이행 단계로 진입하지는 못하였다. 이 와중에 1995년 이스라엘 라빈 총리가 자국의 극우파에 의해 암살당했다.

2002년, 부시 대통령은 2005년까지 이스라엘과 팔레스타인 2개의 독립국가를 수립하고, 항구적인 중동 평화를 정착시킨다는 로드맵을 제시하였으나, 입장차로 진전을 보지는 못했다.

2004년 11월에 팔레스타인의 국부라 할 수 있는 아라파트 수반이 지병으로 사망하자 이듬해 1월 무함마드 압바스가 국민 직접선거를 통해 유효표의 62.5%를 얻어 차기 수반으로 당선되었다. 압바스는 팔레스타인의 대표적인 온건파 지도자로 향후 이스라엘과의 평화 협상에 대한 기대를 높였다. 2006년 1월에는 팔레스타인 의회 선거가 실시되었고, 강경파 하마스가 전체 132석 중 74석을 확보하여, 집권 세력인 파타를 제치고 다수당이 되었다. 파타의 패배는 부패와 무능에 대한 분노가 폭발했기 때문으로 분석된다. 그러나 이스라엘과 미국의 반대로 하마스는 1년간의 단기 집권으로 그치고, 파타의 압바스 정부와 연정하는 것으로 국정에 참여하였다.

2007년에는 하마스가 가자 지구를 무력 접수하면서 압바스 정부는 하마스와의 공동 내각을 해산하였다. 이를 계기로 파타의 자치정부는 서안 지역을, 하마스는 가자 지구를 각각 통치하는 2개 지역 정부가 출범하게 되었다.

2011년 9월, 압바스 수반은 제66차 UN 총회에 팔레스타인의 UN 가입 신청서를 제출하였다. UN 총회는 2012년 11월 팔레스타인의 지위를 표결권 없는 단체(Eentity)에서 옵서버 국가(Observer State)로 격상하는 결의안을 표결에 부쳤다. 총 193개 회원국 가운데 찬성 138, 반대 9, 기권 41표로 통과되었으며, 팔레스타인은 국제법상 국가 자격으로 UN 회원국이 되었다. 물론 옵서버 국가도 표결권만 없을 뿐 엄연한 '주권국가'로 인정받는다. 이를 계기로 각종 UN 산하기구 및 국제협약에 가입할 수 있는 자격을 얻었으며, 특히 이스라엘에 대해 ICC 제소 가능성을 거론하면서 정착촌 건설 동결 등 압력을 가할 수 있게 되었다.

3) 국내 정치

팔레스타인 내부적으로는 PLO의 후신으로 팔레스타인 자치정부(PA)를 구성하고 있는 파타와 강경파 하마스 사이에 강온 다툼이 심각하다. 각각 서안 지역과 가자 지구를 통치하는 지방 정부로 대립하고 있는 것이다. 파타는 대이스라엘 협상에서 현실적이고 온건한 입장을 취한 팔레스타인 국가 건설의 주역이다. 반면 하마스는 PLO 산하 기관이었으나 노선의 차이로 분리하여 별개의 정치 단체가 된 이래, 이스라엘을 인정하지 않는 강경한 입장을 견지하며 아직까지 테러를 자행하는 것으로 알려져 있다. 2006년 총선거에서 하마스는 80%의 압도적 지지를 획득했음에도 미국과 이스라엘의 적극적인 거부로 집권을 이어 가지 못했다. 서방에서 하마스를 국가를 통치할 수 있는 수권 기관으로 보지 않고 일개 테러 단체로 간주했기 때문이다.

파타와 하마스는 국내 현안에 대해 대립각을 세워 투쟁하면서도, 2010년대에 튀니지발 '아랍의 봄'의 영향으로 화해한 바 있다. 그렇다고 내부 권력다툼이나 갈등이 완전히 해결된 건 아니다.

팔레스타인이 2012년 UN으로부터 국가 승인을 받은 것은 파타의 온건한 외교와 하마스의 성공적인 저항을 바탕으로 결실을 본 것이다. 이로써 파타와 하마스는 2014년 4월 22일 통합정부 구성을 위한 협상을 시작했으며, 2014년 6월 2일에는 라말라에서 팔레스타인 거국 통합정부가 다시 구성되기에 이르렀다. 물론 하마스와 파타의 분열을 조장하고 이를 적극 이용해 온 이스라엘에는 위협적인 일이었으므로, 이스라엘은 당연히 적대적인 반응을 보였다.

제3장

중동의
새로운 질서 모색

20세기 중후반 중동에서는 새로운 역내 질서 모색이 이루어지고 있었다. 팔레스타인을 둘러싸고 30여 년간 지속된 이스라엘과 아랍 전쟁에서 처음으로 평화의 기운이 싹튼 것이다. 1978년, 미국의 중재로 캠프 데이비드 협정이 체결되었다. 이 협정은 오랜 적대 관계에 있던 이스라엘에게 이집트가 아랍 최초로 평화적 접근을 시도했다는 점에서 역사적 의의가 크다.

1979년에 발생한 이란의 이슬람 혁명은 팔레비의 보수 왕정 체제를 무너뜨리고 신정(神政) 체제를 등장시켰다. 최고 종교지도자 호메이니는 정치, 종교의 양대 권력을 장악하고, 시아파 이슬람 복고주의 개혁을 단행했다. 대외적으로도 주변 보수 왕정 국가들에게 이슬람 혁명 사상을 전파하여 역내 정세 불안을 고조시켰다.

이란-이라크 전쟁은 1979년 이라크의 사담 후세인이 이란의 이슬람 혁명 정부를 선제공격함으로써 발발했다. 후세인은 지역 패권을 노리는 동시에 이란 시아파 혁명이 퍼지는 것을 막고자 전쟁을 시작했으나, 그간 양국 간에 쌓인 아랍 민족 대 페르시아 민족, 수니파 대 시아파 등 해묵은 갈등이 작용하여 장기화되었다.

걸프 협력회의(GCC) 결성은 이란의 혁명 수출 및 이란-이라크 전쟁이 주변에 끼친 영향의 산물이다. 걸프 만 연안의 보수 왕정 6개국은 1981년 5월 아랍 최초로 역내 안전 보장과 경제 협력을 목적으로 한 지역방위 경제 협력 공동체를 발족했다.

한편 레바논 내전은 그리스도교 정부의 친서방 정책에 반대하여 이슬람 세력이 반란을 일으킨 후, 게릴라전 및 국지전의 형태로 계속된 전쟁이다. 정치, 종교 등 이해를 달리하는 파벌들의 난립에 팔레스타인 게릴라의 대량 이주와 이스라엘 공격이 가세하여 전쟁이 확대됐으며, 시리아, 미국과 프랑스 등이 개입하여 15년간 지속되었다.

이집트-이스라엘 평화 협정

이집트와 이스라엘 간 평화 협정은 일명 '캠프 데이비드 협정(Camp David Agreement)'이라고도 부른다. 미국 워싱턴 DC 인근의 대통령 별장인 캠프 데이비드에서 체결하였다고 하여 붙여진 이름이다.

미국 지미 카터 대통령은 1978년 9월 5일부터 9월 17일까지 안와르 사다트 이집트 대통령과 메나헴 베긴 이스라엘 총리를 캠프 데이비드에 초청했다. 3개국 정상은 13일간 마라톤 형식으로 중동 평화 문제에 대한 협의를 계속했다. 그로부터 6개월간 3개국 대표들은 셔틀 외교를 통해 협의를 지속한 끝에 1979년 3월 26일 평화 조약을 체결했다.

이 협정은 이스라엘이 아랍 국가와 맺은 최초의 평화 협정이고, 이집트는 아랍 국가 중 최초로 이스라엘을 인정하고 평화 협정을 맺은 유일한 국가가 되었다. 그리고 이 평화 협정을 체결하는 데 주도적인 역할을 수행하였던 사다트와 베긴은 1978년 국제평화에 기여한 공로가 인정되어 노벨 평화상을 공동 수상하기도 했다.

1) 각국의 입장

협상을 시작하기 전 중동은 1948년 이스라엘 국가가 건설된 이래 이집트와 이스라엘은 4차례에 걸친 전쟁을 치렀으며, 교전상태가 30여 년간 지속되고 있었다. 이스라엘은 전쟁을 치르면서 독립할 당시 UN에서 할당한 영토의 4배에 달하는 면적을 추가로 점령하였다. 특히 1967년 6월 제3차 중동 전쟁에서는 이집트로부터 시나이 반도와 가자 지구를, 요르단으로부터 요르단 강 서안을, 시리아로부터 골란 고원 등 핵심 지역을 탈취한 후 계속 이 지역을 점령하고 있었다. 한편 1973년 제4차 중동 전쟁 이후 중동발 석유 파동으로 국제 유가가 급등하자 국제사회에서는 중동 평화 문제가 초미의 관심사가 되었다.

당시 이스라엘은 팔레스타인 영토의 대부분을 전쟁을 통해 무력 탈취하여 실효 점령하고 있는데다, 아랍권 자체가 분열된 상황을 보이고 있어 협상이 성사될 수 없다고 판단하고 있었다. 따라서 미국의 강요에도 이집트와의 단독 협상을 거부하고 있었다. 그러나 카터 대통령의 끈질 긴 설득에 마지못해 참여하는 태도를 보였을 뿐, 이스라엘은 이집트와 무엇을 논의하여야 하는가에 대해서조차 서로 다른 견해를 갖고 있었다. 사다트는 중동 평화를 위한 포괄적인 계획에 대해 합의하기를 원했지만, 베긴은 이에 대해 제대로 논의할 생각이 없었다.

한편 이집트 사다트 대통령은 이집트가 더 이상 이스라엘과 전쟁을 계속하기 힘들며, 시나이의 이스라엘 점령군을 축출하기 힘들다는 것을 인정했다. 이에 따라 미국이 제안한 '영토와 평화의 교환' 원칙을 수용할 것을 결심했다. 사다트는 1977년 11월 19~21일 예루살렘을 전격 방문

중동 테러리즘

했다. 암살 위험 및 아랍국의 비난을 감수한 이 방문에서 사다트는 이스라엘을 공식적으로 인정했고, 양국 사이의 화해 무드를 만들었다. 이로써 이듬해 미국 지미 카터 대통령의 중재로 캠프 데이비드 협정을 이끌어 내는 계기를 만들었다.

지미 카터 대통령은 재임 초부터 중동 의제에 역점을 두었고, 그의 기본 구상은 팔레스타인과 이스라엘 양측의 입장을 신중하게 고려하는 균형 있는 평화를 달성하는 것이 목표였다. 그러려면 이스라엘이 점령지에서 철수하고 아랍 측은 이스라엘을 승인하는 형식의 평화안으로 합의를 도출해야 했다. 이것이 소위 말하는 '영토와 평화의 교환' 원칙이다. 그러나 팔레스타인 자치를 둘러싼 의견 불일치로 미국의 왕복 협상이 위협을 받자, 카터는 직접 대면 협상을 위해 사다트와 베긴을 캠프 데이비드로 초청했다. 카터 입장에서 회담의 주요 목적은 팔레스타인 문제의 돌파구를 마련하는 것이었으나 회담은 결국 교착상태에 빠졌다. 아무리 해도 베긴을 설득할 수 없었던 카터는 총체적 실패라는 인상을 남기지 않기 위해 이집트-이스라엘 양국 간 협정을 받아들였다.

2) 주요 합의 사항

캠프 데이비드 협정의 주요 합의 내용은 다음과 같다.

이집트-이스라엘 양자 간 평화 조약 체결을 위한 기본안
- 이스라엘은 3년 이내에 시나이 반도 전역에서 철수한다.
- 이집트는 시나이 반도에 군대 배치를 제한한다.

- 이스라엘 선박이 수에즈 운하와 아카바 해협을 자유롭게 통과할 수 있게 허용한다.
- 양국은 3개월 이내에 평화 조약을 체결하여 경제, 외교, 문화 관계를 정상화한다.

중동 평화를 위한 기본안
- 요르단 강 서안과 가자 지구에 대한 자치 계획을 수립하고 이를 5년 이내 과도 기간 동안 시행한다.
- 3년째 되는 해부터 점령지 최종 지위 확정을 위한 협상을 시작한다.
- 이를 위해 이스라엘, 이집트, 요르단 사이에 교섭을 시작한다.

첫 번째 합의 사항은 이집트-이스라엘 양국과 관련된 사항으로, 이스라엘군이 시나이 반도에서 단계적으로 철수할 것과 양국 간의 평화 조약이 조인된 후 3년 이내에 시나이 반도를 이집트에 완전 반환할 것을 규정했다. 이스라엘군 철수 후 이집트는 시나이 반도에 자국 군대를 전면 재배치하지 않고, 필수 인원만 제한적으로 배치한다고 규정했다. 동시에 이집트는 수에즈 운하와 아카바 항에 대한 이스라엘 선박의 자유로운 통행권을 보장했다. 또한 '경제, 외교, 문화 관계를 정상화한다'라는 규정에는 세부적으로 '양국은 외교 관계를 수립하고 적대 관계를 청산한다'라고 규정하여 평화를 약속하였고, '이스라엘은 시나이 반도에서 개발한 유전을 이집트에 이양하고, 이집트는 시나이 유전에서 생산한 원유를 이스라엘에 공급한다'라고 규정하여 석유 자원의 공유를 약속하였다.

실제로 이집트와 이스라엘 양국은 이 합의 사항을 실현하고자 1979년 3월 26일 평화 조약을 체결하였으며, 이로써 양국 사이에 교전상태가 공식적으로 종식되었다. 이스라엘은 1982년 4월 이후 시나이 반도 점령지의 군대를 철수시켰고, 시나이 반도의 이집트 반환이 완료되어 합의 사항이 실현되었다.

두 번째 합의 사항은 중동 전체 평화를 위한 것인데, 다소 불명확하게 기술되어 있다. 이 합의 내용은 이스라엘이 요르단 강 서안과 가자 지구에 거주하고 있는 팔레스타인인에게 점차 자치권을 부여할 것과 이 지역에서 이스라엘군을 부분적으로 철수시켜 3년 후에 다시 팔레스타인 거주민들의 지위를 협상하도록 규정했다.

이 합의 사항과 관련하여 이스라엘은 팔레스타인인에게 자치권을 부여한다는 사항을 이행하지 않다가, 1994년 오슬로 회담을 추가로 개최한 뒤, 이스라엘-PLO 간 협정에 따라 점차적으로 자치권을 이양하기 시작했다.

3) 아랍권의 반발

이 협정에서 카터는 부분적 해결 방식을 택하여 외교적 승리를 거둔 것으로 볼 수 있지만, 포괄적인 중동 평화를 모색하는 데 실패했다는 것이 중론이다. 협정이 체결된 후 카터 행정부는 평화 정착을 위해 지속적으로 노력하는 대신 이 지역의 다른 문제, 특히 이란에서 전개되는 이슬람 혁명의 미묘한 상황에 집중했다.

또한 협정의 파장으로 나타난 아랍의 분열에는 사다트의 책임이 더 크다는 주장이 나왔다. 사다트는 1948년 이스라엘이 건국된 이래 이집트를 비롯한 아랍 여러 나라가 동시에 이스라엘과의 분쟁을 해결해야 한다고 주장했으면서도, 마지막 단계에서는 범아랍주의의 대의보다는 이집트의 국익만을 추구했다. 즉 아랍 세계 최대 군사 강국 이집트가 아무런 보상 없이 이스라엘을 하나의 국가 실체로 승인했던 것이다. 사다트는 중동의 평화 회복을 강력히 주장하면서도, 팔레스타인 민족 자결의 전제가 되어야 할 팔레스타인 영토 문제에 대해서는 한마디도 하지 않았다. 더구나 팔레스타인 민족의 대표권을 행사해야 할 PLO의 존재를 완전히 묵살했다. 이에 대한 아랍 형제국들의 반발은 사다트가 예상했던 이상으로 강력했으며, 새로운 갈등을 예고했다.

아랍 연맹(AL)은 이집트를 배신자로 낙인찍어 축출하고 본부를 튀니지로 옮겼으며, 회원 자격과 경제 원조도 정지했다. 아랍 연맹 이외에도 아랍 석유수출국기구(OAPEC), 아랍 경제이사회(Arab Economic Council) 등 다른 아랍 국제기구들도 이집트에 대해 제재 조치를 취했다. 오만과 수단을 제외한 모든 아랍 국가가 이집트와 단교를 선언했다. 나세르 시절에 중동 지역 맹주를 자처했던 이집트의 지위는 하락하고, 아랍 국가 대부분은 이집트를 불신하게 되었다. 심지어 일부에서는 이집트보다 시리아가 중동 분쟁을 해결하는 데 좀 더 영향력이 있다고 여기기 시작했다.

또한 1974년부터 캠프 데이비드에 이르기까지 아랍 지위의 약화를 절감한 사우디는 이집트에 공격적인 자세를 취하였으며, 이집트에 대한 보조금 지급을 즉시 중단했다.

아랍 세계의 반이집트 분위기 속에서 1981년 10월 사다트는 제4차 중동 전쟁 기념 퍼레이드에서 차량 탑승 사열 도중 이슬람 극단주의자의 총을 맞고 사망했다.

4) 의의와 한계

이 협정은 팔레스타인 분쟁 해결을 위해 이스라엘과 아랍 국가들이 처음으로 같은 테이블에 앉아 협상을 하고, 합의를 이루어 냈다는 점에서 역사적 의미가 있다. 1979년 3월에 이집트와 이스라엘 간에 평화 조약이 체결되었고, 양국 간 교전이 중지되었으며, 외교 관계가 정상화되었다. 1982년 4월에는 이스라엘이 시나이 반도를 이집트에 반환했고, 이스라엘 선박은 수에즈 운하와 아카바 항구를 통행할 수 있게 되었다. 이 협정은 최초라는 수식어가 수없이 따라 붙는 역사적 사건이자 중동 평화의 물꼬를 트는 중요한 협정이었다.

그러나 이스라엘과의 전쟁에서 아랍 동맹국으로 참전했던 시리아, 요르단 등의 실지 회복 문제가 방치되었고, 중동 평화의 본질인 팔레스타인 영토 문제는 전혀 협의하지 못했다는 점에서 한계가 있다. 특히 요르단 강 서안, 가자 지구, 동예루살렘, 골란 고원 등 팔레스타인 국가의 자치 문제는 추후 교섭하자는 규정만 있고, 교섭 자체가 이루어지지 못했다. 1979년 5월부터 이집트, 이스라엘, 미국 등 3국이 캠프 데이비드 협정에 따라 팔레스타인 자치 문제 협의를 시작했으나, 협정 자체를 인정하지 않았던 팔레스타인 점령지 주민들이 참여를 거부하였고, 1980년대 중반까지 10여 차례 더 시도된 자치 협의는 아무런 진전을 보지 못했다.

이들 점령지들은 계속 이스라엘의 강점하에 있었고, 이스라엘은 동예루살렘을 1980년에, 골란 고원을 1981년에 각각 자국 영토로 공식 합병하였다. 결과적으로 캠프 데이비드 협정은 팔레스타인 문제에 있어서는 아무런 성과를 이루지 못했다.

결국 포괄적인 중동 평화의 그림이 그려지지 못했고, 이집트 한 나라의 이해관계만을 챙긴 협정이었다는 비난이 거세게 일어났다. 이집트는 이 협정으로 아랍 형제 국가들로부터 외교 단절을 당하는 등 철저히 고립되고, 아랍 연맹에서 제명당했다.[1]

1 최성권, 《중동의 재조명─국제정치》, 한울, 2011, pp.250~254

중동 테러리즘

이란의 이슬람 혁명

1979년 2월 11일, 이란에서 혁명 세력이 팔레비 왕조를 무너뜨리고, 아야톨라 루홀라 호메이니를 지도자로 하여 이슬람 정치 체제를 수립하였으며, 혁명의 구호와 목표도 이슬람 개혁으로 표명하였다. 이란 혁명은 이슬람 종교지도자들이 혁명 주체 세력으로 가세하고, 집권하였다고 하여 이슬람 혁명이라고 부르기도 한다.

이란 혁명은 발생 배경과 전개 과정이 여타 중동 아랍 국가에서 일관되게 일어난 군사 쿠데타와는 성격이 전혀 다르다. 영국과 프랑스에서 일어난 서구식 시민혁명과 같은 양상으로 발생하였다 하여 국제적이라는 평가를 받는다.

1) 발생 과정

당시 이란 국왕 무하마드 레자 팔레비는 국내 정치에서 시민을 억압하는 독재 체제를 유지하면서, 대외적으로는 제2차 세계대전 후 냉전 구도 아래 남하 정책으로 괴롭혀 온 소련을 멀리하고, 친미 정책을 추진했다. 팔레비 국왕이 진행한 1962년 서구화를 목표로 한 백색 혁명이나, 1970년대 막대한 석유 이윤으로 추진한 근대화는 이슬람 원리주의의 전통을 붕괴시키고 농촌과 도시의 상공업을 몰락시켰다. 이러한 경제적 붕괴로 시민들의 불만이 급증하였으며, 국민들은 사바크(Savak, 비밀경찰)가 지배하는 암흑 정치 아래 소외와 억압을 당하게 되었다. 국정 운영의 비민주성, 급속한 경제 성장에 따른 빈부 격차 심화, 서구화 과정에서 성직자들의 불만 고조 등으로 아래로부터의 혁명 분위기가 무르익고 있었다. 그리고 위정자의 입장에서 이는 왕정 체제의 위기가 가중되는 상황이었다.

1978년 1월, 성지(聖地) 콤에서 종교 학생 시위가 일어났는데 경찰이 진압하는 과정에서 희생자가 생겼다. 이 사건이 혁명의 발화점으로, 추도 시위가 다른 도시로 파급되면서 반국왕 시위가 전국으로 확대되었다. 그해 9월에는 '검은 금요일(Black Friday)' 사건이 발생했다. 테헤란 광장에서 벌어진 시위에 발포하여 수천 명의 순교자가 생긴 사건이다.

결국 1979년 1월 16일에 팔레비는 이집트로 망명했고, 2월 1일 호메이니가 열렬한 환영을 받으며 귀국하여 이슬람 혁명정부가 모든 권력을 장악하였다. 1979년 4월 1일 국민투표를 통해 이란 이슬람 공화국이 선포되었으며, 호메이니는 이란의 종신 정치, 종교지도자가 되었다. 사실상의 신정(神政) 체제가 구축된 것이다.

혁명에 공헌한 종교지도자들이 이슬람 국회에 진출하여 이슬람 공화국헌법을 채택했다. 이 헌법에서는 이슬람 법학자에 의한 권력행사를 구체적으로 명시하였고, 최고 지도자에게 삼권 분립을 능가하는 지위를 부여했다. 이로써 시아파 최고 성직자 아야톨라의 지위는 대통령보다 더 높아졌다. 또한 종교지도자들에게 초의회적인 헌법수호위원회를 구성하도록 했고, 이 위원회는 아야톨라의 영향력 아래 두었다.

2) 이란 혁명의 특징

중동에서의 혁명은 16~18세기에 일어난 서구의 혁명, 즉 네덜란드, 영국, 프랑스에서 발생한 혁명의 개념과는 다른 새로운 것이었다. 중동에서 일어난 최초의 중동식 혁명은 1905년 이란의 헌법주의자 혁명과 1908년 오스만 제국의 청년 튀르크당에 의한 혁명이었다. 그 후 많은 혁명이 일어났고, 20세기 마지막 10년까지 중동 국가의 과반수 이상이 무력으로 세워진 정권들에 의해 통치되고 있었다. 초기에 이러한 정권들은 외국 제국주의 지배자들에 대항한 민족주의 투쟁에 의해서 세워지기도 했다. 1953년 이집트 나세르가 제국주의 영국을 몰아내고, 파루크 왕정을 타도하면서 공화정을 선언한 혁명이 그 예이다. 나세르는 범아랍주의를 주창하며 시리아와 통일 아랍 공화국(UAR)을 건설하기도 했으나 오래가지는 못했다. 또한 그 뒤에는 군 장교들이 통치자를 몰아내고 정권을 수립했다. 1969년 국왕의 외유 도중 일으킨 무아마르 카다피 대령의 군사 쿠데타가 그 예이며, 카다피는 이때 아랍 민족주의와 사회주의화 정책을 혁명 이념으로 내세웠다.

이들 정권 모두는 '혁명적'이라는 용어를 내세웠는데, 언제부터인가 혁명은 중동에서 정권의 정통성을 주장하는 용어로 가장 광범위하게 받아들여졌다. 그러나 이란의 이슬람 혁명은 중동에서 발생한 여타 혁명들과는 성격을 달리한다. 정권의 변화는 최고 지도자의 단순한 교체가 아니라 사회의 근원적인 운동에 연유한다.

따라서 이란 혁명의 특징 역시 몇 가지로 정리할 수 있다. 우선 혁명이 일어난 것은 근본적으로 팔레비 왕정의 과도한 근대화 개혁에 기초했다. 근대화 과정에서 국민들의 빈부 격차가 벌어지고, 소외된 대중의 불만이 점차 커졌다. 이러한 불만을 저지하고자 팔레비 왕정은 오히려 강압 통치로 국민을 탄압했다. 여기에 이슬람의 성직자 세력이 가세하여 국민을 선동하였고, 근대 문명의 이기를 통해 전국적인 규모로 확대되었다.

이란 혁명은 혁명 후에도 주변국에 혁명의 수출을 기도하여 중동 정세를 불안하게 하였으며, 이라크와의 전쟁을 유발하기도 했다.

(1) 경제적, 사회적 변혁을 가져온 대중 혁명

이란 혁명은 정치권력뿐만 아니라 경제면에도 주요한 변화를 가져다준 혁명이었으며, 대다수 국민의 참여에 의한 대중운동이었다. 그리고 그 혁명은 거대한 사회 변혁을 시작하는 것이었다고 할 수 있다.

이란에서는 일찍이 1905년 상인과 성직자들을 중심으로 반식민주의, 반전제주의 투쟁을 목표로 입헌 혁명이 발생했다. 입헌 혁명은 정치 체제를 절대군주제에서 입헌군주제로 바꾸는 등 근대화 추진의 법적 토대를 마련한 것이다. 입헌군주제하에서 정치적 실권을 장악한 민족주의자 모하마드 모사데크 수상은 1951년 국왕이 영국, 미국 등의 석유 이권을 보호하는 데 반발하여 5월 1일 모든 석유 산업을 국유화했다. 국유화는 사회주의화의 가장 기본적인 수단이었기 때문에 미국은 강한 불만을 표시했다.

그리고 1953년, 팔레비 왕이 미국의 지원으로 샤(Shah, 왕)에 등극한 뒤 모사데크 수상을 축출하였다. 팔레비 국왕은 1963년에는 농지 개혁, 국영 공장의 민영화, 참정권 등의 목표를 내세운 이른바 '백색 혁명(White Revolution)'을 추진하였다. 이는 위로부터의 개혁으로, 서구 백인 사회의 문화를 따라하는 개혁이라 하여 백색 혁명이라 부른다.

이 개혁은 서구 문물의 유입으로 인한 이슬람 사회의 변질을 우려하던 종교지도자들의 반정부 운동을 부추겼다. 따라서 미국의 제국주의와 팔레비의 전제주의 정책을 반대하는 성직자와 지식인들을 중심으로 반정부 세력이 급속히 확산되었다. 팔레비 왕정의 급격한 서구화가 이란 혁명의 배경이 된 것이다.

1963년 6월, 호메이니의 주도로 '반백색 혁명'이 일어나 수백 명의 사망자가 발생하였다. 호메이니는 이라크 바그다드로 망명하였으나 그의 정신적 지도력은 이란 내 학생과 농민들에게 계속 영향을 미쳤다.

1970년대에 들어 이란에서는 석유 수출이 급증했는데, 이때 일부 국왕 측근만이 경제 붐에 편승하여 부를 누렸다. 시장 상인 대부분은 파산했으며, 농민은 농업을 포기하고 건설노동자가 되어 도시로 내몰렸다. 경제적 성장에도 샤에 대한 민중의 불만이 높아져 갔고, 샤는 국가를 통제하고자 불만 세력에 강경하게 대응하였다. 이로써 일반 대중이 혁명 세력으로 결집되었다.

(2) 이슬람의 원리주의를 구현한 종교적 혁명

혁명의 슬로건은 이슬람적이었다. 왜냐하면 이런 종교적 상징과 표어만이 혁명 투쟁을 위해서 대중을 움직일 수 있는 힘을 가지고 있기 때문이었다. 이슬람 혁명은 가담한 이들에게 분명한 목표를 제시했고, 그들이 맞서야 할 적(敵)이 누군지 구체적으로 적시해 주었다. 이 적들은 역사와 법과 전통을 통해서 매우 익숙하게 잘 알고 있었으니, 대외적으로는 이교도들이며, 국내에서는 배교자들이었다. 물론 혁명에 있어서 배교자란 이슬람에 대한 그들의 해석을 공유하려고 하지 않고, 이교도적인 방식을 들여와서 이슬람 공동체에 살고 있는 신앙과 법을 전복시키려는 세력들을 의미했다. 원칙적으로 이슬람 혁명의 목적은 외세의 지배와 영향을 받던 시기에 이슬람 영토와 국민들에게 강요되었던 모든 이질적이고 이교도적인 불순물들을 제거하고, 알라가 만든 진정한 이슬람 질서를 회복하는 것이었다.

혁명 후 호메이니는 이란을 신권(神權)이 지배하는 이슬람 국가로 확고히 변형시켰다. 이란에서 이슬람 시아파 성직자들이 주로 정부의 정책 결정을 담당했고, 호메이니는 다양한 혁명분파들을 중재하면서 주요 사안에 관해서 최종 결정을 내렸다. 호메이니 정권은 우선 팔레비 정권을 위해 일했던 공직자 수백 명을 처형하는 정치 보복을 가했다. 다음에는 나머지 국내 반대 세력을 억압해 조직적으로 투옥하거나 살해했다. 호메이니의 명령에 따라 이란의 여성은 베일로 얼굴을 가려야 했으며, 서양 음악과 음주가 금지되었고, 이슬람 법률로 규정된 샤리아 법의 형벌이 다시 효력을 발휘했다.

이러한 혁명의 스타일과 방법상의 모델은 이슬람적이라기보다는 유

중동 테러리즘

럽적이었다. 사상적인 면에서 적으로 규정된 수많은 사람들의 즉결 재판과 처형, 수십만에 달하는 남녀의 추방, 대규모로 이루어진 개인 재산의 몰수, 권력의 통합 과정에서 수반되는 억압과 전복, 폭력과 사상의 강요 등이 뒤섞여 있는 이 모든 것은 분명 프랑스(로베스피에르)와 소련(스탈린) 등 유럽의 혁명 방식에서 수입해 온 것이었다.

(3) 문명의 이기를 활용한 근대적 혁명

이란의 이슬람 혁명은 전자 시대 최초의 근대 혁명이었다. 호메이니는 그의 연설을 카세트테이프에 담아 외국에서 조국에 있는 수백만의 동포들에게 보낸 첫 번째 연설가였다. 또한 망명 중에는 조국에 있는 그의 추종자들에게 전화로 지시했다. 이란 혁명 지도자들은 공식, 비공식 전쟁에서 서구가 그들에게 팔았던 첨단 무기들을 최대한 활용했으며, 팩스, 인터넷, 위성 전파수신기 같은 장비를 유용하게 사용했다.

(4) 시아파 이슬람 이념을 전파하는 수출용 혁명

이란의 혁명 세력은 국내뿐만 아니라 외국에도 파급력을 발휘했으니, 같은 이슬람 문화권 중에서도 특히 시아파 무슬림들에게 많은 영향을 끼쳤다. 특히 가장 큰 영향을 받은 곳은 레바논 남부, 이라크 남부, 바레인, 카타르, 아랍에미리트 등 걸프 국가에 사는 시아파 주민들이었다. 그런데 시아파가 잘 알려져 있지 않은 다른 이슬람 지역에서도 이란 혁명의 영향은 매우 컸다. 종파적인 차이는 크게 중요하지 않았다. 호메이니는 시아파나 이란인이 아니라 한 사람의 이슬람 혁명 지도자로 받아들여졌다. 실제로 호메이니 정권은 주변 걸프 국가의 시아파 무슬림들에게 혁명을 사주하는가 하면, 시리아, 레바논, 팔레스타인 등지의 이슬람 테러조직을 배후 지원하여 대이스라엘 투쟁을 격화시키는 활동을 했다. 그 여파로 수니파 정권인 이라크 사담 후세인은 대이란 전쟁을 유발하여 8년간 지속했고, 사우디 등 걸프 왕정 6개국은 안보와 경제 통합기구인 걸프 협력기구(GCC)를 구성하여 이란을 경계하고 있다.

이후 이란은 대내적으로 매우 힘든 시기를 보냈다. 국민들은 이라크와의 전쟁, 국내에서의 분쟁과 억압, 지속적으로 악화되고 있는 경제적 위기 때문에 고통받았다. 또한 다른 혁명과 마찬가지로 급진주의자와 온건주의자, 관념론자와 실용론자 사이에 거듭되는 충돌이 있었다.

이런저런 변화 때문에 이슬람 혁명의 이상과 이란식 스타일은 호소력을 잃기도 했다. 그러나 이란 혁명에서 유래되고, 영감을 얻고, 맥락을 같이하는 이슬람 혁명운동들은 다른 아랍 국가들에도 전파되었고, 그곳에서 혁명론자들은 권력 쟁취를 위해서 싸우는 경쟁자가 되기도 했다.[2]

3) 미국의 대응

이란과 미국의 관계는 제2차 세계대전으로 거슬러 올라간다. 전후 중동 전역을 식민 지배하던 영국과 프랑스 세력이 퇴조하고, 미국과 소련이 이를 대체했다. 특히 미국은 영국을 대신해 중동의 강자로 부상했다. 당시 미국은 이란의 석유에 매료되어 영국이 장악하고 있던 석유 이권에 동참했다. 이때 이란의 모하마드 레자 팔레비 국왕도 미-소 냉전 체제하에서 미국의 위력을 선호하여 친미 정책으로 왕조 체제를 유지했다.

2 버나드 루이스, 이희수 역, 《중동의 역사》, 까치, 2009, pp.403~407

중동 테러리즘

1951년, 이란의 민족주의자 모사데크 수상이 이란 내 모든 석유 자산을 국유화했고, 미국과 영국에 대해 반제국주의 정책을 추진하면서 영국이 지분을 가지고 있던 영국-이란 석유회사(현 브리튼 석유회사)가 이란 정부의 소유로 넘어갔다. 그리고 모사데크 수상과 갈등을 빚던 팔레비 왕은 1953년 로마로 망명하였다. 그러나 망명 사흘 뒤에 자헤디 장군의 군사 쿠데타로 모사데크 수상은 축출되고 다시 팔레비 왕이 복귀하였다. 미국의 CIA가 군사 쿠데타를 배후 조종하여 모사데크 정권을 없애고 팔레비 국왕에게 실권을 쥐어 준 것이다. 이렇게 이란에서 친위 쿠데타가 성공하면서 미국과 이란의 관계는 밀접해졌고, 팔레비 정권은 중동 지역에서 미국의 중요한 동맹 국가가 되었다.

팔레비 국왕은 미국을 등에 업고 전제 정치를 자행했으며, 이란은 이스라엘과 함께 중동에서 미국의 이익을 대변하는 충실한 동맹 노릇을 했다. 이러한 미국-이란 동반국 정책은 대리국가 정책의 전형적 사례였다. 그러나 이 정책은 궁극적으로 실패라는 것이 증명되었다.

그 실패의 징조는 1979년 2월 이슬람 혁명이 발발하면서 나타났다. 혁명 때문에 미국과 이란은 격변을 맞게 되었다. 미국은 이란의 민족적, 종교적 역동성을 이해하지 못했기 때문에 혁명을 사전에 예측하지 못했다. 당시 이란 정권은 팔레비의 급격한 근대화 추진과 경찰 및 정보기관을 활용한 독재 체제로 국민과 종교인들의 저항에 맞부딪혔다. 그리고 카터와 CIA는 팔레비 왕정이 이슬람 성직자단이 주도하는 군중에 의해 전복될 것이라고는 상상하지 못했다. 그러나 그것은 중대한 오산이었다.

미국은 1979년 2월 혁명이 발발한 직후 곧바로 이슬람 정부를 승인하였다. 이는 미국이 팔레비 왕정을 구제하고자 노력할 의사가 없음을 의

미했다. 카터는 지도자가 누가 되던 상관없이 이란과 정상적인 관계를 회복하고자 했다. 그러나 미국의 이런 희망은 헛된 망상에 불과했다. 이란 혁명 세력들은 미국에 기대어 독재를 휘두른 팔레비를 몰아냈지만, 팔레비를 사주하고 이용하여 이란의 석유 이권을 챙겨 가는 미 제국주의를 더 증오했기 때문이다.

그러다 뜻밖의 사건이 발생했다. 1979년 11월 4일, 이란 혁명에 동참한 학생들이 테헤란의 미국 대사관을 점거하고 대사관 직원들과 가족 등 미국인 90명을 인질로 삼았다. 인질 중 여성과 흑인은 차례대로 풀려났지만 52명은 계속 억류되었다. 이들은 미국에 있던 팔레비의 신병 인도를 요구했다. 미국은 학생들의 요구를 철없는 시위대의 명분 없는 요구로 치부하고 묵살했다. 학생들의 국제법을 위반한 대사관 점거에 대해 호메이니는 반응을 보이지 않고 침묵으로 일관했다.

이런 상황에서 미국은 인질 문제를 협상할 상대를 찾지 못했다. 따라서 카터 대통령은 인질을 구출하기 위해 비밀리에 군사 작전을 준비시키는 한편, 미국 내 이란 학생 5만여 명에게 이민국에 신고하도록 하고, 미국 내 이란 자산을 동결했다. 또한 이란에 대한 무기 판매를 중단하고, 석유 수입을 금지했다. 이렇게 압력을 가했으나 효과는 없었다.

해를 넘긴 1980년 2월, 이란은 드디어 요구사항들을 제시했다. 팔레비의 이란 송환, 미국 내 팔레비 재산의 이란 귀속, 미국 정부의 사과 등 미국이 받아들일 수 없는 사항들이었다. 이에 대한 대응으로 카터는 4월 7일 외교 관계 단절, 전면적 경제 금수를 단행하고, 이란 외교관들에게 24시간 내에 미국을 떠나라고 통고했다.

그러나 카터가 마지막 카드로 기대했던 1980년 4월 24일 미국의 인질 구출을 위한 군사작전(Operation Eagle Claw)이 실패로 끝났다. 인질 석방 문제가 장기화되면서, 카터에게 모든 책임이 돌아갔다. 7월 27일 팔레비가 암으로 사망했지만 9월에 호메이니는 인질 석방을 위한 조건들을 미국에 반복적으로 제시했다.

1980년 10월, 카터는 이란이 인질을 석방한다면 이란 자산의 동결을 해제하고 경제 제재를 종식시키며 이란과의 관계를 정상화하겠다고 발표했다. 당시 이란 인질 사태가 미국 대통령 선거의 주요 쟁점으로 부각되었고, 결국 카터는 미국인 인질 52명을 이란에 남겨 둔 채 대통령 선거를 맞이했고 레이건 후보에게 패했다. 1981년 1월 19일 아침, 이란은 인질을 석방하는 대가로 동결된 이란 자산을 80억 달러로 평가하는 합의서에 동의했다. 그날은 사태가 발생한 지 444일째로, 레이건 대통령 취임식 날이었다. 인질들은 무사히 테헤란을 출발했다.[3]

---

3 최성권, 앞의 책, pp.263~266

3

이란-이라크 전쟁

1980년 9월 22일, 이라크 사담 후세인은 알제리 협정의 철폐를 선언하고 샤트 알 아랍 수로(水路)에 대한 영유권을 주장하면서, 대이란 선제공격을 감행했다. 더욱 놀라운 사실은 전쟁을 시작한 지 불과 닷새 만인 9월 28일에 돌연 휴전 협정을 제의했지만, 이란은 일언지하에 거부하고 오히려 대이라크 전면전을 선언했다.

이라크 군사 행동의 주목표는 샤트 알 아랍 수로를 중심으로 한 영토 획득과 이란의 시아파 이슬람 혁명 정권의 타도였다. 대부분의 서구 군사 전문가들은 단기전을 예상했으나, 전쟁은 예상을 완전히 빗나가 장기화되었다. 이 전쟁은 제2차 세계대전 이후 제3세계에서 일어난 가장 치열한 전쟁 중의 하나로 기록되었다. 1988년 8월 20일에 종전되기까지 8년간 지속되면서 양측에는 각각 수십만 명의 사상자가 발생했고, 3천억 달러 이상의 전비가 소모된 것으로 추산된다. 결국 이 전쟁은 승자도, 패자도 없이, 모두에게 치유할 수 없는 상처만을 남긴 채 종료되었다.

1) 개전 요인

　역내 패권을 장악하겠다는 이라크 사담 후세인 대통령의 개인적 야망이 전쟁 발발의 중심 배경이었다. 이 전쟁은 개전 당시인 1980년대 초 경제 불황과 더불어 중동 안보에 큰 위협이 되었다.

　이란은 이슬람 혁명 이전까지 미국의 군사적 지원을 받아 막강한 군사력을 갖추고 중동 지역 내 경찰국가 역할을 자처했다. 뿐만 아니라 미국의 입장을 대변하고 소련의 남하 정책 및 중동 지역 진출을 저지하기 위한 중앙조약기구(CENTO)의 가장 강력한 동맹국 역할을 담당해 왔다. 따라서 1979년 2월 반미를 표방한 이슬람 혁명은 중동 지역에 새로운 정치 질서를 예고하는 것이었다.

　게다가 이집트 사다트가 1979년 3월 대이스라엘 평화 회담을 조인함에 따라 전 아랍 국가들은 이집트와의 단교를 선언했고, 이로써 이집트의 아랍 내 패권은 사라졌다. 이집트의 추락과 이란의 배신으로 기존의 미국 주도 안보 벨트인 테헤란-리야드-카이로의 축이 붕괴됨으로써 중동에서 미국 등 서방 국가의 위상이 불안해지는 상황에 직면했다.

　또한 보수 왕정 국가들에서는 이란의 이슬람 혁명으로 왕정 붕괴가 도미노처럼 발생할 것을 우려했고, 특히 사우디를 비롯한 걸프 연안 국가들은 자국으로 혁명이 확산될 것을 경계했다. 이러한 분위기는 국민 60%가 시아파인 이라크에도 중대한 위협이 되었다.

　1979년 7월 이후 정권을 잡은 사담 후세인은 혁명으로 인한 이란의 군사력 약화와 사다트의 대이스라엘 평화 회담이 남긴 아랍 지도력의 공백이야말로 중동 지역에서 이라크의 영향력을 확대할 기회라고 생각했다. 또한 전쟁은 이라크 국내의 소요를 제거하는 호기가 될 수 있으며, 역내 국가나 외부 강대국 모두가 이란의 혁명을 반대하고 위기를 느끼고 있기 때문에 결코 이란을 지원하지 않을 것이라고 판단했다.

그는 이라크가 패권 국가로 부상함으로써 이란 혁명의 역내 팽창을 우려하는 걸프 만 왕정 국가들과 이집트의 배신으로 분열된 아랍 공화정 국가들을 아우를 수 있다고 생각했다. 그리고 이를 통해 사담 후세인 자신은 미국과 서방의 지원을 받아 중동 전역에 영향력을 행사하는 광대역 지도자로 부상할 수 있을 거라 예상했다.

실제로 바그다드는 1982년 비동맹회의의 개최지로 지정되었고, 후세인은 당대 세계적 지도자가 되려는 야망에 도취해 있었다. 그는 1980년대에 아시아, 아프리카 제국에 약 5억 달러의 경제 원조를 제공했으며, 막대한 석유 달러를 배경으로 유럽공동체(EC) 국가와의 교역관계를 확대하는 등 세계적 차원의 정치 지도자로 부각되었다.

후세인에게 개전을 부추긴 것은 역내 패권 욕심이었지만, 이 외에도 이 두 나라가 충돌할 수밖에 없는 국가적 요인들이 있다. 이번 전쟁의 배경을 크게 세 가지로 분류하면 다음과 같다.

첫째, 국경선 획정을 둘러싼 영토 문제이다. 이 문제는 전쟁의 명분상 원인이 되었다. 양국 국경에 존재하는 샤트 알 아랍 수로를 둘러싼 영유권 확보와 경계선 설정 문제였다. 이 수로는 걸프 만과 연결되어 있어 경제적, 전략적으로 이란과 이라크 양국 모두에게 매우 중요했다. 1975년 3월 알제리 협정(Algiers Agreement)에서 이라크는 이란이 이라크 내 쿠르드족의 반란을 지원하지 않는다는 조건으로 이 수로의 이란 측 주장인 계곡선(강의 가장 깊은 곳)을 양국 간 경계선으로 정한다는 원칙에 합의하였다. 그러나 이 결정은 이라크의 자발적 동의보다는 어쩔 수 없는 다급한 현실 때문에 이루어진 것으로, 이라크는 이 협정에 불만을 갖고 있었다. 따라서 이 문제가 이라크 선제공격의 일성(一聲)이 되었다.

둘째, 아랍인과 페르시아인의 민족적 문제를 들 수 있다. 이라크는 셈족 계통의 아랍인이지만, 이란은 인도-유럽어족 계통의 페르시아인이다. 아랍인과 이란인의 뿌리 깊은 대립의 역사는 예언자 무함마드가 아라비아 반도를 통일한 후 그의 후계자들이 정복 사업을 하는 과정에서부터 시작되었다. 아랍인은 637년 페르시아의 사산조를 멸망시키고 아랍인을 중심으로 이슬람 제국을 건설하였다. 페르시아가 이슬람 제국의 일부로 병합되면서부터 이란인은 정치적, 종교적으로 아랍인들의 지배를 받게 되었다. 이란인은 다수파인 수니파를 버리고 소수파인 시아파를 선택하여 민족적 정체성을 지키고자 했다. 16세기 초에 등장한 사파비조는 이슬람 세계에서 최초로 시아파를 국교로 한 페르시아 민족국가였다. 이때부터 아랍인과 이란인은 이슬람 세계에서 반목과 대립 관계를 유지해 왔다.

셋째, 수니파와 시아파의 이슬람 종파 문제를 들 수 있다. 이란은 인구의 90% 이상이 시아파인데 반해, 이라크는 북부에서는 수니파, 남부에서는 시아파가 주류 세력으로 존재했다. 시아파는 이라크 인구 중 60%를 차지하나 경제적, 사회적 지위에서 수니파보다 열악한 생활을 하고 있다. 이에 비해 전체 인구의 40%인 수니파는 수적인 면에서 열세였음에도 16세기 이래 정치적으로 집권 세력이었다. 이러한 상황에서 시아파는 항상 수니파의 억압과 박해의 희생물이 되어 왔다. 1979년 이란에서 이슬람 혁명이 성공하자 이라크 내 시아파는 크게 고무되었다.

더욱이 호메이니는 15년 동안 이라크에서 망명 생활을 했으며, 그곳의 시아파 지도자들과 밀접한 유대 관계를 갖고 있었다.

또한 이란의 혁명 정권은 정권 수립 초기부터 이라크에 이슬람 혁명 이데올로기를 수출하고자 했다. 호메이니는 이라크 시아파에게 이라크 정권에 항거할 것을 촉구하기도 했다. 이란의 이슬람 혁명을 계기로 사우디아라비아, 바레인, 쿠웨이트에서 시아파의 폭동이 일어나는 등 이란의 혁명이 주변 보수 왕정국가들로 확산되는 양상을 보였다. 걸프 만 6개국 보수 왕정이 안보기구 GCC를 결성하여 이란의 영향력 확대에 대비한 원인이 여기에 있다.

2) 전쟁 양상

이란의 팔레비 국왕은 1975년 3월 이라크를 압박해 알제리 협정을 체결하여 기존 이라크-이란 국경선을 폐기하고 샤트 알 아랍 수로를 양국이 공동으로 관리하는 데 합의한 바 있었다. 그러나 이 협정에 불만이 있었던 이라크 사담 후세인 신정부에서는 이란이 이슬람 혁명으로 불안한 정국을 틈타 이를 바로잡고자 하였다. 이란에서는 사회질서가 혼란하고 친미 보수파 군인들을 대거 숙청하여 국력이 저하했다. 이는 이라크에게 좋은 기회가 되었다.

후세인의 이라크군은 테헤란 교외의 메라바드 공항을 기습하는 동시에 지상군을 동원해 이란 석유의 수출항인 호람샤르와 아바단 석유정유센터를 협공할 계획을 세웠다. 그러면 혁명으로 기진맥진한 이란 이슬람 정부는 이라크가 제시하는 협상 테이블에 응하지 않을 수 없을 것이라고 판단했다. 곧 단기전으로 끝낼 수 있고, 이라크에 승산이 있다고 생각했다.

1980년 9월 22일 새벽, 이라크군은 선전포고 없이 전면공격에 나섰다. 이라크 공군은 이란 공군 기지 10곳을 폭격했고, 이란군이 이에 반격하면서 전쟁은 시작됐다. 그러나 이라크 공군은 이란의 전투력을 철저히 파괴하는 데 실패했으며, 이는 오히려 이란 혁명 정부를 강화시키는 결과를 초래했다. 이란은 숙청했던 친미파 군인들을 대거 사면하여 반격에 나섰고, 제공권을 장악하여 이라크의 석유 시설과 바그다드를 폭격하는 등 전세를 주도했다.

전쟁은 당시 전문가들의 예상을 뒤엎고 장기화되었고, 이란에 유리한 상황으로 역전되었다. 호메이니는 이 전쟁으로 혁명 수출에 대한 언약을 실행할 완전한 기회를 잡았고, 동시에 모든 이란인을 전쟁에 참여시킬 명분을 얻었다. 이에 비해 이라크 정부가 전쟁에 염증을 느끼던 이라크 국민에게 내세울 수 있는 것은 사담 후세인의 야망과 모험심에 편승한 민족주의가 고작이었다. 따라서 이라크는 군 내부의 사기나 국민들을 설득할 수 있는 명분 면에서 이란에 비해 불리한 상황이 되었다.

개전 초기 미국과 소련이 개입하지 않은 상황에서 이라크는 프랑스로부터 무기를 조달했다. 이란은 강대국들이 외면한 가운데 시리아, 리비아로부터 무기를 구입했는데, 심지어 북한으로부터도 무기를 구입했다.

이란-이라크 전쟁은 중동에 존재하는 아랍, 유대, 이란, 튀르크 등 4개 민족 사이에 일어난 전쟁이라 하여 아랍-이스라엘 전쟁과 비교된다. 아랍-이스라엘 분쟁이 외부 세계의 큰 관심을 끈 원인은 냉전으로 경쟁 관계에 놓인 미국과 소련이 직접적으로 개입했기 때문이었다. 그리고 미국과 소련은 각각 이스라엘과 아랍에 경제적, 정치적 이해관계로 얽혀 있었다. 이러한 외부 강대국의 관심은 어느 한쪽이 일방적으로 승리하거나 패망하는 것으로 전쟁이 종식되는 것을 막았다. 그 때문에 전투는 실제로 짧고 격렬한 대신 반복되는 악순환을 겪었다. 강대국이 개입하여 적정선에서 종전시키곤 했기 때문이다.

그러나 1980~1988년 사이에 지속된 이란-이라크 전쟁의 상황은 매우 달랐다. 아랍이나 이스라엘과는 달리 어떤 당사자도 강력한 국제적 지원을 요청할 명분이 없었으며, 역으로 이란과 이라크 두 정권 모두 외부 세계에 강력한 반감을 일으켰다. 어떤 강대국이나 국제기구도 전쟁을 종식시키고자 노력을 기울이거나 커다란 위험을 부담하려 하지 않았다. 따라서 미국이나 소련 같은 강대국은 이란-이라크 전쟁에 개입할 의사가 없었으며, 이러한 강대국의 방치로 전쟁은 더욱 장기화된 측면이 강했다. 전쟁이 발발한 직후 영국은 1982년 포클랜드 전쟁, 미국은 1983년 그레나다 침공, 소련은 아프가니스탄에서의 혼전 등 사실상 강대국들은 이란-이라크 전쟁에 개입할 여력이 없었던 것이다.

양국 모두 국내와 외부 압력으로부터 간섭을 받지 않았고, 석유 수출로 얻은 국부(國富)를 활용하여 심각한 재정의 한계 없이 상호 파괴적인 전쟁을 8년간이나 계속할 수 있었다. 개인적인 측면에서는 호메이니와 사담 후세인이라는 두 카리스마적 지도자의 대결이었고, 두 국가 간의 종족적, 종파적 충돌이었으며, 경제적인 측면에서는 역내 석유 지배권에 대한 경쟁이었다.

결국 아랍 부국들에게 재정적인 지원을 받은 이라크가 이란의 공격을 저지하고, 조금 유리한 입장에서 평화 협정을 이끌어 내는 것으로 전쟁은 종결되었다. 전세가 불리해진 이란은 1984년 5월 영해인 호르무즈 해협을 지나는 이라크 유조선을 공격하겠다고 경고했고, 점차 모든 국적의 유조선으로 확대했다. 미 해군은 1987년 7월 22일부터 원유 수송선 호위를 개시했으며, UN 등 국제사회는 적극적인 개입에 나섰다. 1987년 7월 20일 UN에 의한 정전결의안이 채택되었고, 1988년 2월 18일 이란은 UN 안보리 결의안 수락을 표명했다. 정식 휴전 협정은 1988년 8월 20일 성립됨으로써 종전이 아닌 휴전 상태로 종결된 것이다.

이 전쟁 이후 아랍 국가 간에 양극화 현상이 더욱 심화되었다. 시리아, 리비아, 남예멘 같은 친소련, 급진 강경 성향의 아랍 국가들이 비아랍 국가인 이란을 지원했으며, 사우디, 요르단, 걸프 만 국가들이 이라크를 지지했다. 특이한 것은 모든 아랍 국가의 적이던 이스라엘이 이란을 원조했다는 것이다. 이스라엘은 이란에게 미국제 부품을 미국 대신 공급했으며, 이스라엘 공군기는 1981년 6월 7일 이라크 영공을 침범하여 프랑스 기술로 건설 중이던 오시라크 원자력 발전소를 폭파하기도 했다.

이 8년간의 전쟁으로 이란은 군과 민간인을 합하여 약 30~80만 명, 이라크는 20~50만 명의 사상자를 낸 것으로 알려졌으나, 이는 추정치일 뿐 공신력 있는 통계자료는 존재하지 않는다. 오랜 전쟁으로 이란과 이라크는 엄청난 경제 손실을 입었고, 한동안 경제 발전이 지체될 수밖에 없었다.[4]

---

4 최성권, 앞의 책, pp.271~276

4

걸프 협력회의 결성

걸프 협력회의(The Gulf Cooperation Council, GCC)는 1981년 5월 25일 사우디아라비아, 쿠웨이트, 바레인, 카타르, 오만, 아랍에미리트연합 등 걸프 연안 6개 왕정국이 설립한 지역 안보기구이다. 걸프 연안의 산유국들이 정치, 경제, 군사 등 분야에서 협력하여 역내 경제 통합 및 안전보장 체제를 확립하기 위한 목적이다. 이 6개국은 석유를 생산, 수출하며, 아랍어를 사용하고, 이슬람교를 국교로 삼고 있다. 또한 세습 왕정 체제를 유지하며, 아랍 민족국가이고, 지리적으로 인접했다는 공통점이 있어 최상의 결속력을 자랑한다.

GCC 창설의 직접적인 계기는 이란에서 1979년 2월 이슬람 혁명이 발생하여 친서방 왕정인 팔레비 정권이 무너진 사건이었다. 혁명 후 이란은 이슬람 시아파 혁명 사상을 수니파 보수 왕정 국가들에게 전파하는 선전 활동을 벌였다.

걸프 만 보수 왕정 6개국은 이슬람의 정통 교리주의 정책을 주장하는 수니파가 통치하고 있다. 특히 사우디아라비아는 이슬람교가 발생한 국가로, 성지 메카와 메디나를 관리하고 있는 전 세계 무슬림의 본산이다. 이들 걸프 연안국들은 시아파 무슬림의 도전으로 정통성이 위태로워졌다. 이로써 수니 무슬림 정권에서는 이란의 시아파 세력을 이용한 혁명 수출을 최대 위협 요소로 보는 지역 안보 의식이 생겨난 것이다.

이어서 1980년 9월 이라크의 이란 침공으로 발생한 이란-이라크 전쟁은 걸프 만 일대를 전장화하였다. 이란은 세계 원유 수송의 30%를 점하는 호르무즈 해협을 봉쇄하고, 걸프 왕정국들의 선박을 공격하는 등으로 위협을 가했다. 걸프 만 주변의 안보 불안이 극에 달하는 상황이 되었다. 이러한 일련의 긴박한 외부 사건들에 대해 공동 대응책을 모색하자는 차원에서 GCC 결성이 추진되었던 것이다.

이에 따라 1981년 1월 이슬람 회의기구(OIC) 정상회의에서 걸프 만 6개 왕정국들이 협력 방안을 구체적으로 논의하기 시작했다. 이후 2월 사우디 리야드에서 개최된 6개국 외무장관 회담에서 GCC 헌장 초안이 작성되었고, 5월 UAE 아부다비 정상회담에서 GCC 결성이 실현되었다. 상호 간 경제 및 안전보장의 협력과 치안, 국방 면에서 결속할 것을 목적으로 하였다.

GCC 협력 분야는 안보 분야와 경제 분야로 대별된다. 초기에는 안보 분야 협력이 긴급하게 필요하여 서둘렀으나 여러 가지 제약 요인으로 지연되고, 오히려 경제 분야 협력이 더 순조롭게 진행되었다.

1982년 11월, 제3차 정상회담에서 경제 통합 협정만을 조인하고 집단안전보장에 관한 결정은 유보되었다. 유일하게 국회를 보유하고 있는 쿠웨이트가 일부 자국 의원들의 반대로 협약에 비준을 하지 않았기 때문이다. 따라서 GCC 안보 협약은 아직까지 미완성이지만, 바레인, 오만, 카타르, 사우디, UAE 등 5개국이 참여한 '반도의 방패(Peninsula Shield)'라는 긴급방위군이 편성되어 활동하고 있다. 이 방위군은 1991년 제1차 걸프 전쟁 때에는 이라크를 상대로 미국 주도의 다국적군에 편입되어 합동 군사작전을 펼쳤으며, 2011년 3월 바레인 수도 마나마에서 반왕정 시위가 발생했을 때 1천여 명의 군대를 파견하여 이를 무력 진압했다. 또한 예멘에서 2015년 1월 이란의 군사 지원을 받는 시아파 반군 후티가 정부군과 교전 끝에 대통령궁 등 정부 주요 시설을 점거하자, GCC 방위군은 사우디군 중심의 15만 병력을 파견하여 이를 격퇴했다. 이란의 도발에 경고를 보낸 것이다. 그리고 GCC는 2014년 5월 GCC 경찰기구(GCCPOL)를 설립하기로 합의함으로써, 이슬람 극단주의 및 테러리즘을 척결하는 데 인터폴과 공조할 것이라고 발표했다.

경제 분야 협력에서는 1982년 11월에 통합 경제 협정을 조인하고, 1983년 3월 역내 관세장벽 철폐의 일환으로 6개국 간 인력, 상품, 자본 등의 이동을 거의 자유롭게 했다. 2001년 12월 관세동맹, 공동시장 출범 등 경제 통합의 로드맵이 완성됐으며, 2003년 1월에는 관세동맹 출범에 따라 역내 국가들의 관세 및 무역 규제를 철폐하고 역외 국가에게는 5%의 동일 관세를 부과하고 있다. 2008년 1월 공동시장을 출범시키고, 2010년 화폐의 단일통화 일정을 재확인했다.

사우디는 미국 및 서방과의 안보 협력하에 GCC 회원국 간 집단안전보장 체제를 구축해 아랍, 중동 국가 안보에서 주도적인 역할을 하고 있다. 2014년 9월 본격화된 이라크-레반트 이슬람 국가(IS) 소탕에 아랍 연합을 이끌고 참전한 것이나, 이슬람 수니파의 맹주로서 시아파의 맹

주인 이란과 예멘에서 벌이는 세력다툼에 대규모 공습으로 대응하고 있는 것 등은 중동에서 사우디의 역할과 위상을 잘 보여 주는 예다.

사우디는 GCC를 이끄는 선도국으로 2014년 국방 예산이 808억 달러(약 89조 원)에 달한다. 이는 GDP 7,779억 달러 대비 무려 10%에 달하는 수치이다. 이 규모는 미국, 중국, 러시아 등 빅 3을 제외하고, 영국, 프랑스와 맞먹는 수준이다. 특히 오일 머니의 힘으로 중동에서 이스라엘과 함께 최강의 항공력을 갖추고 있다.

GCC는 세계 석유 매장량의 45%를 차지하는 경제 부국들로 구성되어 있으며, EU, 북미자유무역연합(NAFTA), 동남아시아국가연합(ASEAN), 남미공동시장(MERCOSUR) 등 세계 5대 경제협력기구 중의 하나로 UN을 롤모델로 지향하고 있다.

5

레바논 내전

레바논은 지중해 동쪽 해안에 위치하고, 인구는 410만 명(2015년 기준), 면적이 1만km^2로 남한 10분의 1 크기의 소국이다. 1943년 11월 22일 다른 중동 국가들보다 일찍 프랑스로부터 독립하였다. 프랑스 식민통치에서 비롯된 복잡한 정치 구조 때문에 정파, 종파 간 내전에 시달려 왔고, 이스라엘과 시리아에 인접해 있어 끊임없는 외침을 받아 왔다.

레바논의 인구 구성은 아랍인이 95%, 아르메니아인이 4%로, 아랍 민족이 대다수를 차지하여 민족적 정체성으로 인한 분열은 없다. 문제는 종교적, 특히 종파적으로 복잡한 분열 현상을 보이고 있다는 점이다. 이슬람교 인구가 55%, 기독교 인구가 43%로 양분되어 있으며, 양측 간 인구 비율은 출생률에 따라 항상 가변적이다. 독립 이전에는 기독교 인구가 많았으나, 기독교인의 해외 이주와 출생률 저하로 현재는 이슬람 인구가 많아졌다.

이러한 양분 현상은 정치 구조에서도 적용되고 있다. 의원내각제하에

중동 테러리즘

서 국회의원 정원 128명을 이슬람교와 기독교에 64명씩 동수로 할당하고, 이는 정부기구에도 적용되어 대통령은 기독교 마론파, 수상은 이슬람 수니파, 국회의장은 이슬람 시아파에서 선출한다. 이와 같이 종교에 따라 각료와 의석의 균등 배분이 이루어지고 있으며, 이러한 정부 구성은 당초 갈등과 대립을 종식시키기 위한 의도였다. 이는 1943년 독립할 당시 체결된 신사 협정인 국민협약(National Pact)에 따른 것이며, 이는 불문 협정으로 현재까지 지켜지고 있다. 하지만 인구 변동으로 인한 비율이 반영되지 않고 있어 이슬람교도의 반발을 사고 있다. 즉 균형이 흐트러질 경우 분열과 충돌의 가능성을 안고 있는 것이다.

레바논의 분열 현상은 여기서 그치지 않는다. 종교적, 인종적으로 구성된 7대 공동체가 정치에 영향력을 행사하고 있다. 이들은 정당이 아니면서도 정치적 영향력을 발휘하고, 군벌이 아니면서 무장된 민병 조직을 소유하고 있다. 7개 공동체는 기독교 마론파 16%, 그리스 정교회파 4%, 로마 가톨릭파 3%, 아르메니아파 2%, 이슬람 수니파 27%, 이슬람 시아파 41%, 드루즈파 7% 등이다. 공동체들은 각각 고유의 특성과 정체성을 가지고 있으나, 크게는 마론, 정교회, 가톨릭, 아르메니아의 기독교 세력과 수니와 시아의 이슬람 세력으로 구분되고, 드루즈파는 이슬람교와 기독교가 혼합된 드루즈 교회를 믿는다.

레바논은 이슬람교를 국교로 채택하지 않고, 다양한 종파를 공식적으로 인정한다. 무슬림의 수가 많지만 기독교도가 힘의 우세를 보이기 때문에 기독교 국가 또는 비이슬람 국가로 간주되는 경향이 있다. 이런 종파적 다양성이 레바논 사회를 통일시키는 데 장애가 되고 있다.

레바논의 모자이크 정치 구조가 분열을 보인 사건은 1958년 5월 그리스도교도인 샤문 대통령이 친서방 정책을 표방하자 이슬람 세력이 반발하면서 내전이 발생한 것이다.

샤문은 미국 아이젠하워 대통령이 1957년 추진한 지역방위 계획에 참여할 것을 결심하고, 이를 완성하고자 헌법을 개정하면서까지 재선을 시도했다. 이에 불만을 품은 이슬람 세력은 국민통일전선을 결성하고 대규모 반란을 일으켰다. 이 충돌은 유혈 사태로 발전했고, 샤문 대통령은 1958년 7월 미국에게 개입을 요청하였다. 미국은 병력 1만 5천 명을 베이루트에 상륙시켜 사태를 수습했으나, 무력 진압 과정에서 수천 명의 사망자를 발생시켰다. 이러한 미국의 개입은 국제 문제화되어, 주변 아랍 국가들의 거센 반발을 초래했다. 아랍 연맹은 UN에 미국을 비난하는 〈중동 평화결의안〉을 제출하고, UN과 함께 미군 철수를 요구했다. 미국은 각 종파 간의 화해를 도출하는 동시에 새로운 연립정권을 출범시키고, 소요가 진정된 후인 1958년 10월 병력을 철수시켰다. 이로써 레바논 내전은 소강 국면에 접어들어 평온을 되찾으면서 일단락되었다.

그러나 1970년대 후반, 레바논에 비운의 먹구름이 닥치는 사건이 발생했다. 요르단에 체류하던 팔레스타인 게릴라들이 대거 레바논으로 도망 온 것이다. 당시 이스라엘에서 추방당한 팔레스타인 난민들은 대부분 요르단에 정착하여 난민 사회를 기반으로 대이스라엘 투쟁을 하고 있었다. 그런데 요르단에서 난민들을 쫓아내자 수천 명의 팔레스타인 게릴라들이 레바논으로 스며든 것이다. 이들은 레바논 남부 지역에 난민촌을 건설하고 이스라엘과 무장투쟁을 시작했다. 더구나 1972년에는 PLO가 본부를 요르단에서 베이루트로 옮기고, 대이스라엘 투쟁을 지휘했다. PLO가 레바논에 잠입함으로써 레바논은 이스라엘의 지속적인 공격 목표가 됐고, 이는 레바논 내부 기독교 세력들에게도 달갑지 않은 일이었다. 이에 기독교 마론파 소속 팔랑헤당 민병대들이 1975년 4월 베이루트 교외에서 팔레스타인 게릴라들이 탄 버스를 습격하여 27명이 사망했다. 이 사건이 레바논 내전의 시발점이 되었으며, 이로써 기독교도와 이슬람교도, 레바논인과 팔레스타인인 간의 충돌로 확대되었다.

시아파 국가인 시리아는 사태 수습을 핑계로 정규군 약 3~4만 명을 레바논에 상주시켰다. 또한 정규군 주둔 등의 직접적인 군사 행동 외에도 시아파 아말 같은 팔레스타인 테러 단체를 지원하면서 대이스라엘 투쟁을 배후 조종하는 등 내전에 깊숙이 개입하였다.

이스라엘도 1978년 3월부터 수차례에 걸쳐 레바논을 침공하여 남부 일대를 단기간 점령했다. 이로써 내전은 팔레스타인인으로 구성된 이슬람 테러 단체와 이스라엘 사이의 분쟁으로 확대되었다.

이와 같은 확전에 프랑스와 스웨덴 등 11개국 군대 6천여 명이 UN 안보리의 결의에 따라 레바논 남부에 평화유지군(PKO)으로 파견되었다. 여기에 미국이 이스라엘과 기독교 우파를 지원하고, 소련이 시리아와 이슬람 좌파를 지원함으로서 레바논 내전은 국제전 양상을 띠게 되었다.

1982년 6월, 이스라엘은 팔레스타인 세력을 무력화한다는 명분으로, 미국의 승인 내지는 묵인하에 레바논에 대한 대대적인 침공을 감행했다. 병력 7만 6천 명과 탱크 1,250대, 장갑차 1,550대가 동원되었으며 공군과 해군이 지원하는 대규모 공격이었다. 이번 이스라엘의 공격에는 레바논에 주둔한 시리아 미사일 부대 및 중화기 부대와 기지를 파괴하려는 의도도 있었다. 이스라엘의 베이루트 공습으로 14만여 명의 팔레스타인인이 시리아 통제하에 남부 레바논 베카 계곡으로 피난하였고,

이 와중에 약 2천여 명의 팔레스타인 민간인을 학살하는 사건도 일어났다. 이에 국제적인 압력을 받은 이스라엘은 레바논에서 철수하였으나 리타니 강 지역의 점령은 지속하였다. 이는 레바논 내 팔랑헤당 등 기독교계 무장 세력을 보호하려는 의도였다.

8월에는 이스라엘이 서베이루트의 PLO 본부에 체계적인 대규모 폭격을 개시했다. 이스라엘의 이 같은 행동에 국제 여론은 반발했고, 미국은 다시 정치적 해결 방안을 모색하기 시작했다. 그것은 프랑스, 이탈리아, 미국 등 3개국 군대의 감독하에 PLO군이 베이루트를 떠나 요르단 또는 튀니지 등으로 이동하고, 이스라엘은 베이루트에 대한 포위를 푼다는 것이었다. 미국의 중재로 PLO 지휘부는 PKO의 호위를 받으며 베이루트를 떠나 본부를 튀니지로 옮겼다.

PLO 병력이 베이루트에서 제거된 후, 레바논 정세는 거의 무정부 상태로 붕괴 직전이었다. PKO는 베이루트에서 사실상 포위되어 있었으며, 사태에 아무런 영향력을 행사할 수 없었다. 레바논의 모든 정치 세력은 각자 민병대를 보유하기에 이르렀으니, 그 결과 50여 개의 민병 조직이 난립했다. 그리고 시리아는 동부 레바논, 이스라엘은 남부 레바논, PLO 잔여 세력은 북부 레바논을 장악함으로써 나라는 3등분된 상황이었다.

레바논의 1982년 내전에서 주목해야 할 사항은, 이스라엘의 침략 행위에 대해 모든 아랍 국가가 침묵을 지켰다는 것이다. 어떤 아랍 형제국도 지난 4차례의 중동 전쟁에서 팔레스타인을 지켜냈던 것처럼, PLO를 지키기 위해 군대를 동원하여 참전하지 않았다. 또한 석유를 무기화하여 이스라엘의 공격을 방관한 미국 등 서방을 위협하지도 않았다. 심지어 시리아의 아사드 대통령은 침공 초기에 이스라엘과 평화 협정에 합의함으로써 PLO를 배신했다. 결국 이스라엘의 레바논 침공은 아랍 대의 또는 아랍 민족주의의 허구성을 다시 한 번 보여 준 사건이 되었다.

레바논 내부에서도 시아파 무슬림들은 이스라엘군이 팔레스타인 침입자를 소탕한 것을 환영했으며, 실제로 팔레스타인 게릴라 기지와 무기고 또는 주요 지도자를 색출하는 데 적극적으로 가담했다. 그것은 PLO가 남부 레바논에 상주하는 한 계속해서 이스라엘의 공격을 받을 것이기 때문이었다.

이란의 호메이니는 1982년 8월 레바논 내전 중, 대이스라엘 항쟁에 나설 것을 지시했고, '신의 당'이라는 의미의 레바논인 이슬람 무장단체 헤즈볼라(Hezbollah)를 재정 지원하며, 이란 혁명수비대 1,500명을 파견하여 내전에 참가하기도 했다.

레바논 내 이스라엘군의 주둔이 길어지면서 레바논 사람들의 반발도 더욱 고조되었다. 특히 남부 레바논에서 시아파가 자살 공격을 감행하자 이스라엘군의 희생은 점점 늘어났다. 1983년 8월 30일, 베긴 수상은 사임하고 정계를 은퇴했으며, 1985년 4월 이스라엘은 레바논에서 철수했다. 이 내전으로 약 15만~23만 명의 사망자와 100만 명의 부상자가 생겼고, 35만 명의 난민이 발생했다.

15년 동안 진행된 레바논 내전은 1989년 아랍 연맹의 주선으로 사우디 타이프에서 열린 회담을 통해 탈출구를 마련했다. 레바논 내 종족 간 권력 분립안과 외국군 철수 계획 등을 뼈대로 한 타이프 협정(Taif Agreement)에 따라 새로운 정부가 성립되면서 내전은 막을 내렸다.[5]

---

5 최성권, 앞의 책, pp.277~285

제4장

9.11 테러와
미국의 대테러 전쟁

이란-이라크 전쟁이 끝난 뒤인 1990년 8월 후세인 이라크 대통령은 돌연 쿠웨이트를 침공했다. 30만 대군이 3시간 만에 수도 쿠웨이트를 점령하고, 이라크와 합병을 선언함으로써 쿠웨이트라는 국가를 지구상에서 소멸시켰다. 미국과 UN은 수차례 이라크군에게 퇴각할 것을 경고함과 동시에, UN 안보리 결의를 통해 사우디에 34개국 68만 명의 다국적군을 집결시키고, 이라크 응징 준비에 돌입했다. 1991년 1월 '사막의 폭풍 작전'이 개시되어 40여 일간 최첨단 신무기로 이라크 전역을 초토화시켰다. 이 전쟁이 제1차 걸프 전쟁이다.

정확히 11년 후인 2001년 9월, 미국 뉴욕의 세계무역센터(WTC) 쌍둥이 빌딩에 항공기를 이용한 자폭 테러가 발생했다. 이 테러는 3천여 명의 사망자와 1,050억 달러의 경제적 손실을 냈으며, 전 세계는 충격에 휩싸였다. 미국은 알 카에다의 오사마 빈 라덴을 용의자로 지목했다. 2001년 10월, 부시 대통령은 아프가니스탄 탈레반 정부에 빈 라덴의 인도를 요구했으나 거절당했다. 이에 미국은 빈 라덴 제거와 알 카에다 궤멸을 명분으로 아프간을 침공했다. 10년의 수색 작전 끝에 2011년 5월 빈 라덴을 파키스탄에서 사살하는 전과를 올렸다.

2003년 3월, 미국은 이라크를 침공하여 후세인을 제거하고, 과도정부를 세운 후 8년간 미 군정 통치를 하였다. 전쟁 개시 전에 미국이 명분으로 내세운 것은 이라크가 대량살상무기를 보유했으며, 알 카에다와 연계했다는 것이었다. 그러나 이 주장은 국제적 공감을 얻지 못했다. UN은 처음부터 반대했고, 전쟁 종료 후 침공 명분도 거짓으로 드러났다. 이에 미국의 이라크 침략은 거센 비난을 받았다.

제1차 걸프 전쟁

1) 이라크의 쿠웨이트 침공

1980년대 말 이라크는 대이란 전쟁의 후유증에 시달리고 있었다. 1980년 9월부터 1988년 8월까지 8년간 이어진 전쟁으로 국가 경제가 파탄 났으며, 외채는 누적됐고, 인명 피해는 100만여 명에 달했다. 이라크의 주요 수입원인 석유 산업도 국제 유가의 계속된 하락으로 피폐한 국민 경제를 살리는 데 아무런 도움이 되지 못했다. 당연히 이라크 국민의 불만은 누적되었다.

이란-이라크 전쟁 휴전 직후인 1989년 3월, 후세인은 국내 안정과 경제 개발을 위해 그간 국민의 자유권을 제한하던 14개 전시 특별법령을 폐지하고, 4월에 제3차 국회의원 선거를 실시해 국정을 쇄신했다. 그러나 외채가 과중한 부담으로 작용한데다 국제 원유 가격이 인하되면서 수입원까지 줄어 경제 개발계획은 의도대로 진행되지 않았다. 후세인은 쿠웨이트, 사우디아라비아, UAE 등에 외채 탕감 등 지원을 요청했으나 거절당했다. 이라크는 1984년 대외 채무가 약 60억 달러였는데, 이란-이라크 전쟁이 끝날 무렵에는 쿠웨이트를 포함한 아랍 국가들로부터 받은 무이자 원조를 포함하여 외채가 약 300억 달러에 달했다. 실제로 종전 직후에는 서방 국가와 걸프 산유국들의 차관을 포함해 600억 달러에 달할 것으로 추정되었다.

이러한 과도한 외채 때문에 후세인의 정치적 기반도 도전을 받게 되었다. 수니파 이슬람교도인 후세인에 대한 최대 위협은 남부 지역의 이슬람 시아파 세력과 북부 지역의 쿠르드 게릴라 세력이었다. 후세인은 결국 자신의 장기 집권 체제를 공고히 하고 국민의 누적된 불만을 해소하려면 대외적인 군사 모험이 필요하다고 판단했다.

후세인은 1990년 7월 중순부터 걸프 만의 보수 왕정 국가들에게 맹렬한 정치 공세를 취했다. 특히 쿠웨이트와 UAE가 OPEC의 석유 생산 쿼터를 위반하고 과잉 생산을 계속해 유가를 하락시켰다고 주장했다. 이 과잉 공급이 국제 유가를 하락시켜 이라크에 140억 달러의 손해를 끼쳤다는 것이다.

또한 1963년 쿠웨이트와의 국경 획정 이래 소유권 문제로 논란이 되어온 루마일라 유전을 거론하고, 전쟁 중 쿠웨이트인들이 24억 달러에 달하는 원유를 불법 채굴해 갔다고 비난하면서, 이에 대한 배상을 공개 요구했다. 이라크의 공세에 맞서 쿠웨이트는 '이라크의 비난은 이란-이라크 전쟁 비용의 채권에 대한 채무를 불이행하려는 것이 목적이다'라고 역공세를 취했다.

양국의 선전 공세가 지속되는 가운데 후세인은 쿠웨이트에 대한 군사적 해결을 결심하고 비밀 작전에 들어갔다. 역사적, 경제적으로 복합적 분쟁의 배경을 안고 있는 쿠웨이트를 희생양으로 선택한 것이다. 이라크는 1990년 7월 23일부터 쿠웨이트 국경 부근 유전 지대에 전차와 장갑차로 무장한 최정예 부대인 공화국수비대 2개 사단 약 3만 명을 전개하기 시작하였다. 쿠웨이트도 전군에 비상사태를 발령하고 국경 지역으로 군대를 이동시켰다.

이라크와 쿠웨이트의 관계가 급격히 악화되자 이집트가 나섰다. 호스니 무바라크 대통령의 중재로 8월 1일 양국 간의 분쟁 해결을 위한 회담이 사우디아라비아 제다에서 개최되었다. 이라크는 4개항의 평화 조건을 쿠웨이트에 제시했다.

- 쿠웨이트는 이라크-쿠웨이트 국경에 걸쳐 있는 루마일라 유전을 이라크 영토로 인정한다.
- 쿠웨이트는 루마일라 유전의 이라크 영토 내에 있는 부분에서 도굴해 간 석유의 배상금으로 24억 달러를 이라크에 지불한다.
- 쿠웨이트는 이라크가 쿠웨이트에 진 부채 100억 달러를 탕감한다.
- 쿠웨이트는 걸프 만 쿠웨이트 해안에 위치한 부비얀 섬과 와르바 섬 등 두 개의 도서를 이라크에 할양한다.

그러나 쿠웨이트가 이를 거부하면서 회담은 2시간 만에 결렬되었다. 쿠웨이트로서는 이라크의 이러한 일방적 요구를 받아들일 수 없었다.

그로부터 24시간 후인 1990년 8월 2일 새벽 2시를 기해 국경에 집결해 있던 이라크 군대가 쿠웨이트를 침공했다. 최정예 공화국수비대를 중심으로 한 10만 대군을 쿠웨이트 국경 전역에 투입하는 총공세를 감행했다. 전략적으로도, 전술적으로도 완벽한 기습이었다.

급작스러운 기습에 제대로 대응하지 못한 쿠웨이트도 총병력 3만 명으로 응전했다. 그러나 각개격파당하고 항복하거나 도주했으며, 알 사바 국왕은 왕족들을 이끌고 사우디로 피신했다.

이라크군은 당일로 쿠웨이트 영토 전체를 점령하고, 국회 해산, 공항 및 항구의 폐쇄, 무기한 통금령 발동, 화폐 통합 등의 조치에 이어, 쿠웨이트를 이라크의 19번째 주(州)로 편입시키는 행정 조치까지 단행했다. 이라크는 이러한 행정 조치에 대해 쿠웨이트가 과거부터 이라크의 영토였기 때문이라는 당위성을 주장했다.

이라크의 영토권 주장은 쿠웨이트가 영국으로부터 독립할 당시에 대두한 문제였다. 쿠웨이트는 오스만 제국이 지배할 당시인 1852년 이라크 바스라 주의 한 지방으로 편입되어 있었다. 그러나 제1차 세계대전 후 식민 지배국이었던 영국이 중동에서 철수하면서 1961년 6월 19일 석유 자원을 공유한다는 합의하에 쿠웨이트를 이라크로부터 분리해 알 사바 왕국으로 독립시켰다. 후세인의 주장은 영국과 프랑스의 사이크스-피코 협정에 의한 중동 지역 식민 정책의 유산이 현대 국가의 개념인 국경선이 될 수 없다는 것이었다.

이제 전격적으로 쿠웨이트를 점령한 이라크가 또 다른 채권국인 사우디까지 위협하는 형국이 되었다. 이라크는 직접적으로 석유 문제를 거론하며 침공했지만, 이면적으로는 아랍 세계에서 이라크의 패권을 노린 것이었다. 이에 주변 아랍 국가들은 자신들의 이해를 보호하고자 반(反) 사담 후세인 연합을 형성했다. 예멘과 요르단만이 후세인의 공격에 침묵을 지켰을 뿐이었다.

이라크의 침공은 냉전이 종식되고 새로운 세계질서가 형성되는 상황에서 발생하였기 때문에 국제사회에 큰 충격을 주었다. 미국을 비롯하여 세계 각국은 이라크의 무력 침공을 국제사회의 평화와 걸프 지역의 안정에 대한 전면적 위협으로 간주했다. 이에 UN 결의 아래 다국적군을 구성하여 쿠웨이트에서 이라크군을 축출하기 위한 공세를 전개하였다.

한편 당시 국제 정세는 수개월 내에 소련 연방이 해체되고 냉전이 종식되는 방향으로 나아가고 있었다. 즉 냉전의 양대 축에서 소련이 붕괴하고, 미국이 슈퍼파워로 우뚝 서는 형국이었다. 그리고 슈퍼파워 미국의 주도로 다국적군이 이라크에 군사적 응징을 나선 것이었다. 따라서 미국 주도의 이라크 응징 계획은 소련과 중국의 비토 없는 상황에서 전례 없이 신속하게 진행되었다.

2) 제1차 걸프 전쟁 – 미국의 이라크 응징

이라크의 쿠웨이트 점령과 관련하여 국제사회에서는 사담 후세인을 응징해야 한다는 반이라크 분위기가 조성되었다. 미국 주도로 UN 안전보장이사회가 소집되었고, 이라크군의 즉각적인 철수를 요구하는 결의안을 의결했다. UN은 전쟁을 막아 내려는 강력한 의지로 사담 후세인에 대한 설득에 나섰다. 하비에르 페레스 데 케야르 UN 사무총장은 수차례에 걸쳐 미국, 소련 등 안보리 상임이사국들과 이라크를 오가는 셔틀 외교를 전개하였고, UN 역사상 8개월이라는 최단기간에 12개에 달하는 최대 다수의 결의안을 쏟아 냈다. 미국, 영국, 프랑스, 중국, 러시아 등 안전보장이사회 5개 상임이사국 중 어느 한 나라라도 반대하면 채택되지 못하는 결의안이 12개나 채택된 것이니, 전 세계가 의견일치를 보인 것이다.

그러나 사담 후세인은 이러한 심각성을 간과한 채 결의안을 무시했다. 결국 UN 안보리는 최종적으로 이라크가 1991년 1월 15일까지 쿠웨이트에서 철군하지 않을 경우 이라크에 대한 경제 봉쇄 조치와 함께 모든 필요한 수단을 사용해 이라크군을 축출한다는 '무력 사용 승인 결의안'을 통과시켰다. 이 결의안은 사실상 사담 후세인에게 보낸 최후통첩이었다.

미국은 이를 전후해 이라크전에 대비한 다국적군의 결성을 주도했고, 미군 43만 명을 포함해 34개 국가가 참가한 다국적군 68만 명을 걸프만에 집결시켰다. 한국도 지원금 5억 달러를 내고, 수송기 5대, 의료진 200명 등을 파견함으로써 다국적군의 일원이 되었다. 미국은 또한 사우디 파드 국왕을 설득해 대규모의 다국적군을 사우디의 사막에 배치하는 데 동의하게 만들었다.

이라크가 쿠웨이트를 침공한 지 5일 만인 1990년 8월 7일, 부시 대통령의 명령에 따라 '사막의 방패 작전(Operation of Desert Shield)'을 신속하게 개시했다. 다국적군이 형성되기 전에 이루어진 이 작전은, 당시 국제 공조가 이루어지지 않은 상태에서 미국이 단독으로 쿠웨이트 국민과 재산을 보호하고 이라크의 사우디에 대한 공격 가능성을 차단하는 차원에서 선제적으로 취한 조치였다. 우선 82공정사단 2,300명이 선발대로 신속하게 공수 배치되었고, 해군과 전략 공군도 신속히 보강되었다. 제2차 세계대전 이후 최대의 수송 작전이 실시되었다.

한편 이라크도 50만 명의 정규군과 50만 명의 예비군을 동원하고, 정예 공화국수비대 15만 명을 쿠웨이트 및 이라크 남부 지역에 집중 배치했다. 이라크는 그간 중동에서 맹주로 자부해 왔으나, 115만 명이라는 병력은 숫자에 불과했고 열악한 재래식 무기도 다국적군의 장비에 비하면 조족지혈(鳥足之血)이었다. 마치 사지에 불을 안고 뛰어드는 격이었다.

1991년 1월 17일 새벽 3시, 드디어 '사막의 폭풍 작전(Operation of Desert Storming)'으로 명명된 대이라크 공격이 대규모 공습과 함께 시작되었다. 미국은 이때 '사막의 방패'라는 기존 작전명을 '사막의 폭풍'으로 바꿨다. 사막의 방패는 이라크의 사우디아라비아 공격을 막는 방어적 의미로 붙여졌으나 공세적 전략으로 바뀌면서 사막의 폭풍으로 변경한 것이다. 아파치 헬기가 이라크 대공 레이더 기지를 파괴한 것을 신호로 B-52가 ALCM(공대지 크루즈 미사일)을 발사했고, F-117 스텔스 폭격기를 비롯한 각종 최신예 공군기와 토마호크 미사일 등이 동원됐다.

미국은 CNN을 전쟁터로 초청해 공습 상황을 전 세계에 생중계했다. 크루즈 미사일이 발사되고 전투기가 굉음을 울리며 폭격하는 총천연색 공습 장면에 전 세계 시청자들은 환호했다. 심지어 미군이 발사한 크루즈 미사일에 부착된 비디오카메라를 통해 미사일이 목표물을 찾아서 파괴하는 과정까지 중계했을 정도였다. 미국은 그만큼 승리를 예측하고 여유를 과시한 것이다. 다른 한편으로 이 전쟁은 미국이 개발한 신형 무기 체계의 시험장이었고, 그 성능을 전 세계에 확인시키는 선전장이 되었다. 이후 미국의 군수 산업은 호황을 맞이했다.

대공습은 약 1개월간 10만여 회에 걸쳐 실시되고, 88,500톤의 폭탄이 투하되었다. 다국적군은 압도적인 공군력으로 이라크의 미사일 기지, 방공 통신망, 발전소, 비행장, 무기 공장, 그 밖의 주요 군사 거점에 매일 수천 회씩 폭격을 가했다. 세계 전쟁사상 유례를 찾아볼 수 없을 만큼 성공적이었던 이 폭격으로 이라크 전투력은 지상전을 전개하기에 앞서 약 50% 이상 감소되었다.

이라크는 개전 초기에 대공포와 대공미사일로 맞섰으나 이미 표적 추적 능력을 상실한 위협사격에 불과했다. 또한 일부 공군기를 출격시켰으나 무기 체계 및 전술 작전 능력에서 연합군의 전투기를 따를 수 없었고, 결국 대부분 격추되고 말았다.

제2단계로 미국은 1991년 2월 24일 새벽 4시를 기해 공습 작전을 지상 작전으로 전환하였다. 지휘 통제 체제가 마비된 상황에서 이라크 지상군의 저항은 무기력했다. 기갑전에서도 이라크의 주력 전차인 T-72는 미군의 M1A1 전차의 상대가 될 수 없었다. 이라크가 자랑하던 공화국 수비대도 여지없이 무너져 버렸다.

이라크는 42개 사단 중 41개 사단이 궤멸 또는 무력화되었고, 사망자 20만 명과 포로 10만 명이라는 혹독한 대가를 치르고 패배했다. 이에 비해 미군은 294명만 전사하는 기염을 토했다. 걸프전은 미국의 정책과 군사 전략에 의해 일방적으로 전개되었으며, 외교적, 군사적으로도 미국의 압도적 승리였다.

1991년 2월 28일 10시를 기해 부시 대통령은 지상전 종결을 선언했다. 이라크군의 궤멸을 눈앞에 둔 상황에서 서둘러 공격 중지 명령을 내림으로써 의문의 여지를 남기고 전쟁은 사실상 막을 내렸다. 걸프전은 다국적군, 특히 미국의 최첨단 병기와 공군의 힘을 보여 준 전쟁이었으며, 다국적군의 사상자 수가 놀라울 정도로 적은 전쟁이었다. 전쟁사에서 다시 찾아볼 수 없을 사례라 할 수 있다. 또한 걸프전은 미국과 소련의 냉전이 종식된 시점에서 발생한 최초의 전쟁이었다. 슈퍼파워 미국이 주도한 걸프전은 현대전의 한 획을 그었고, 또한 미래의 전쟁이 나아갈 방향을 제시했다. 그리고 미국이 세계의 패권을 장악했음을 입증하는 사례이기도 했다.

1991년 3월 2일, 후세인은 UN 안보리에서 〈결의안 686호〉로 제시한 휴전 조건을 무조건 수락했다. 기존의 12개 결의안을 철저히 수행하고, 추가로 휴전 조건 5개항을 이행한다는 조건이었다. 휴전 조건 5개항은 다음과 같다.

- 안보리 결의안 12개 수락
- 다국적군의 포로, 유해 및 쿠웨이트인을 포함한 외국인 즉시 석방
- 쿠웨이트 합병 무효화 및 피해 보상 1,500억 달러 지불
- 지뢰 등 모든 폭발물의 위치, 특성 등 통보
- 쌍방 군사령관의 48시간 내 휴전 논의

또한 후세인은 1991년 4월 3일 UN이 마지막으로 채택한 〈결의안 687호〉의 요구 조건, 즉 대량살상무기(WMD) 폐기 및 수입 금지, UN의 생화학 및 핵무기 사찰, UN PKO 주둔, 투명성이 확보될 때까지 경제 제재 지속 등을 모두 수락했다. 이로써 전쟁은 사실상 종결되었다.

전문가들은 미국이 이라크 본토에 대한 무력 점령을 눈앞에 두고 서둘러 종전시킨 데 대해 의구심을 표명했다. 전범인 사담 후세인을 살려둔 것은 물론, 그 정권이 계속 집권하도록 허용한 것도 논란이 되었다.

이에 대해서는 다양한 해석이 가능하겠다.

첫째, 처음부터 사담 후세인 제거와 이라크 본토 점령은 부시 대통령의 계획에 없었다. 이라크군을 몰아내고 쿠웨이트를 해방시킨 것만으로도 미국과 다국적군의 개전 목적은 이미 달성한 것이다. 만약 사담 후세인 정권을 붕괴시키려면 미국이 지상군을 상륙시켜 이라크 본토를 점령해야 했다. 그런데 미국이 이라크 영토를 무력 점령한다는 것은 이라크가 쿠웨이트를 합병한 만행과 다를 바 없다. 또한 그렇게 했을 경우, 미국편에 섰던 아랍 동맹국들도 받아들이려 하지 않았을 것이다. 뿐만 아니라 전 세계 모든 이슬람 세력들까지 미국의 적으로 돌아설 것이 분명하다. 미국은 이를 우려했던 것이다.

둘째, 이라크는 이란의 견제 세력으로서 필요했다. 후세인을 제거하고 이라크의 세력을 약화시키면, 이웃 시아파 맹주 이란을 견제할 세력이 부재한다. 이는 사우디, UAE 등 걸프 왕정 산유국을 보호할 방어벽이 사라지는 것이다.

셋째, 미국은 완벽한 승리를 추구했다. 이 전쟁에는 34개국 68만 명이 참가했는데, 미국과 다국적군의 사망자는 294명에 불과했다. 현대 전쟁사에서 유례가 없는 완벽한 승리였고, 이러한 승리는 중동의 기후를 잘 파악한 것과 무관하지 않다.

90% 이상이 사막으로 구성된 걸프 만 일대에서는 3월과 5월 사이에 카마신(Khamasin)이라는 모래바람이 불어오며, 이 기간에 최첨단 전자장비로 구성된 무기 체계를 운영하는 것은 자살 행위이다. 1980년 4월 24일 밤, 미 특공대는 테헤란에 억류 중인 미국인 인질 구출을 위해 출격했다가 모래폭풍 하붑(Haboob)에 휩쓸려 헬기 3대와 수송기 1대가

추락하고 폭발하면서 8명의 사망자를 내고 실패했던 전례가 있었다. 여기서 교훈을 얻은 바, 맑은 날씨인 1~2월에 군사 작전을 전개하고 서둘러 조기 종전한 것은 절묘한 선택이었다.

2

9.11 뉴욕 테러

1) 알 카에다에 의한 항공기 자폭 테러

2001년 9월 11일, 미국 본토의 동부 지역에서 4대의 민간 항공기가 테러범들에 의해 연쇄적으로 납치되었다. 납치된 비행기는 뉴욕 세계무역센터(WTC) 쌍둥이 빌딩과 워싱턴 국방부(펜타곤) 청사에 충돌하여 폭발했다.

항공기 납치와 자폭 테러 상황을 시간대별로 재구성하여 추적해 보면, 이 테러는 치밀한 사전 계획하에 명백하게 미국의 심장부를 대상으로 한 테러였다.

• 제1 비행기 – 보스턴에서 이륙한 아메리칸 항공 소속 AA-11편이 테러범에 공중 납치되었고, 오전 8시 46분 WTC 제1건물에 정면 충돌했다. 약 1시간 40분 후 이 건물은 완전히 붕괴되었다.

- 제2 비행기 – 보스턴에서 이륙한 유나이티드 항공 소속 UA-175 편이 공중 납치되어 오전 9시 3분 WTC 제2건물에 충돌했다. 이 건물도 약 1시간 후에 완전 붕괴했다.
- 제3 비행기 – 워싱턴 덜레스 공항에서 이륙한 아메리칸 항공 소속 AA-77편이 공중 납치되어 오전 9시 37분 펜타곤에 충돌했다.
- 제4 비행기 – 뉴저지 뉴어크 공항에서 이륙한 유나이티드 항공 소속 UA-93편이 공중 납치되어 오전 10시 3분 펜실베이니아 주 피츠버그 동남쪽 80마일 지점에서 평야에 추락했다.

특히 마지막 비행기는 테러범들에 의해 납치된 후 워싱턴 방향으로 선회한 것으로 보아 백악관이 목표였던 것으로 추정된다. 그러나 뉴어크 공항의 혼잡으로 예정보다 30분 늦게 출발한 데다가, 기내에서 항공기의 WTC 충돌을 알게 된 승객들이 이 비행기가 자살 테러를 위해 납치된 점을 알아차리고, 테러범들에게 결사 저항하여 도중에 추락했다. 승객들의 영웅적 행동이 더 큰 재앙을 막은 것이다.

미국의 심장부인 뉴욕과 워싱턴에서 발생한 이 같은 대규모 테러는 사망자 2,900명을 포함해 6,300여 명의 인명 피해와 1,050억 달러에 달하는 경제적 손실을 입힌 것으로 추산된다.

9.11 테러는 세계인의 이목을 다시 한 번 중동에 집중시켰다. 또한 기존의 전쟁 개념을 변화시켰을 뿐만 아니라 미국 본토 방어의 취약성도 잘 보여 주었다. 이제까지 미국인들은 어떠한 전쟁도 미국 본토를 위협하지 못한다는 자신감 속에서 살아왔다.

9.11 테러는 미국의 안보 전략과 대테러 전쟁에 근본적인 변화를 가

져왔다. 테러와 같은 '비대칭적 위협(Asymmetrical Threats)'에 대한 대응이 국가 안보 정책의 전면으로 부상한 것이다. 비대칭적 위협은 테러 세력이 '강대국을 이기는 것은 불가능하지만 강대국이 부분적으로 자신의 패배를 인정하도록 하는 전술'이다. 이와 같은 비대칭적 위협은 군사적 수단만으로 방어할 수 있는 것이 아니라는 점에서 국가 안보 전략의 수정이 불가피해졌다. 한 국가의 안보 대응 능력으로는 충분치 않으며, 국제적 연대가 필수라는 점에서 국가 안보보다 국제 연대 안보의 중요성이 제고되었다.

2) 빈 라덴과 미국의 대결

미국은 9.11 테러의 용의자로 오사마 빈 라덴과 그가 이끄는 알 카에다 조직을 지목했다. 빈 라덴이 미국 본토에 대한 테러를 준비하게 된 계기는 10년 전으로 거슬러 올라간다.

1990년 8월 1일, 이라크가 쿠웨이트를 무력 점령하고 인접국 사우디까지 위협하는 상황이 발생했다. 이라크의 침공을 걱정한 사우디 왕가는 쿠웨이트 왕족들을 비롯한 난민들이 사우디로 밀려오자 침공이 목전에 다다른 것처럼 공포에 휩싸였다.

한편 빈 라덴은 1989년 말 32세의 나이로 아프가니스탄에서 고국인 사우디로 돌아왔다. 사우디 국민들의 영웅이자 전 세계 무자헤딘의 지도자로 존경을 받고 있었던 빈 라덴은 국방장관인 술탄 왕자를 만나 이라크의 침공에 대비한 그의 계획을 전했다. 그는 아프간에 있는 5천 명의 노련한 무자헤딘을 이라크와의 전투에 참전시키겠다는 복안을 밝혔다. 무자혜딘이 아프간에서 소련군을 쫓아냈듯이 사우디도 이라크를 격퇴할 수 있을 것이라고 빈 라덴은 생각했다. 그리고 미군 등 이교도의 군대가 사우디의 신성한 땅에 발을 들여놓도록 허용해서는 절대 안 된다고 경고했다. 외국군의 사우디 주둔은 이슬람 율법에 어긋나는 것으로 사우디 국민의 정서상 도저히 정서적으로 용납할 수 없는 일이었다.[1]

그러나 이라크의 침공을 두려워한 사우디 파드 국왕은 결국 미국 주도의 다국적군을 불러들였다. 빈 라덴을 비롯한 수많은 사우디의 엘리트, 종교지도자들이 반대하자 사우디 왕실은 이들에 대한 설득에 나섰다. 결국 메카에서 열린 종교지도자 회의에서는 쿠웨이트에서 이라크를 격퇴할 때까지만 외국군이 이슬람의 성지에 주둔하게 하자는 결정이 내려졌다.

그러나 미군은 1991년 2월 이라크를 격퇴한 후에도 계속 사우디에 주둔했다. 빈 라덴은 이 조치에 크게 반발했다. 엄청난 대중적 인기를 지닌 그는 이제 사우디 왕가의 위험인물이 되었다. 사우디 정부는 빈 라덴에게 비판을 멈추라고 압력을 가하면서, 빈 라덴 가문과 맺은 공사를 모두 파기하겠다고 협박도 했다. 그래도 듣지 않자 빈 라덴의 전 재산을 몰수하고 집안의 모든 사업체를 파산시키겠다고 경고했다. 또한 빈 라덴의 주장에 동조하는 사라프 알 하왈리 등 당대 저명한 종교지도자들을 반정부 혐의로 수감했다.[2]

신변이 위태로워진 빈 라덴은 1991년 4월 파키스탄을 거쳐 수단으로 망명했다. 수단에서 그는 수백만 달러에 달하는 자금을 투자해 훈련 캠

---

1 Rohan Gunaratna, 《Inside al-Qaeda, Berkley Book》, New York, 2002, pp.36~37
2 피터 버겐, 《성전(Holy War)》, Weidenfeld&Nicolson, 2001, p.81

프를 운영하면서 이슬람 전사들의 조직을 전 세계로 확장시켰다. 수단에 체류하는 5년 동안 빈 라덴은 미국에 대한 본격적인 테러를 준비하기 시작했다. 그는 사우디 등 이슬람 세계 내 친미 정권 타도뿐만 아니라 미국을 직접 상대해야 한다고 주장했다.

미국과의 첫 번째 대결은 소말리아에서 벌어졌다. 1992년 12월, 미국은 2만 8천여 명의 군대를 소말리아에 상륙시켰다. 기아 상태의 소말리아 국민을 구호한다는 명목이었다. 그러나 빈 라덴은 미군의 소말리아 진입을 이슬람 세계에 대한 지배 전략의 일환으로 보았다. 2년 전 미국이 쿠웨이트를 침략한 이라크를 응징한다는 명분으로 아라비아 반도와 걸프 만 일대에 진출한 데 이어 동아프리카조차 장악하려는 속셈이라고 판단한 것이다. 알 카에다 종교위원회는 소말리아의 미군을 공격하는 것이 정당하다는 파트와(Fatwa, 교시)를 발령했다. 소말리아에서 미군의 평화 유지 임무는 곧 미국을 적대시하는 부족들과의 전투로 변했다. 1993년 10월, 소말리아 수도 모가디슈에서 벌어진 전투에서 18명의 미군이 전사하고, 블랙호크 헬기가 여러 대 격추당했다. 이후 일주일 만에 미군은 철수 계획을 발표하였다.

두 번째 대결에서 빈 라덴은 미국 본토를 직접 공격하는 전략을 택했다. 그의 심복인 람지 아흐마드 유세프는 1993년 2월 26일 뉴욕 WTC 지하에서 폭탄이 설치된 차량을 폭파시켰다. 25만 명을 살해할 목적으로 테러를 감행했으나, 6명이 사망하고 1천여 명이 부상당하는 데 그쳤다.

세 번째 대결은 사우디에서 일어났다. 1995년 11월, 사우디 리야드에 소재한 국가경비대 외곽 건물에서 폭발이 일어나 미국인 5명을 포함한 7명이 사망했다. 이는 사우디에서 발생한 최초의 차량 폭탄 테러였다.

이 테러 이후 미국과 사우디는 경제 원조를 조건으로 빈 라덴을 추방하라고 수단 정부에 압력을 넣었다. 빈 라덴은 수단 정부와 은밀한 협상을 거친 후 가족을 대동하고 아프간으로 이주했다. 아프간에서 그는 약 2천 명에 달하는 알 카에다 군사 조직을 운영하고, 연례적으로 대미 성전을 촉구하는 파트와를 발표하는 등 미국에 대한 새로운 투쟁 전선을 형성했다.

네 번째 대결로 알 카에다는 1998년 8월 아프리카 케냐와 탄자니아에 소재한 미국 대사관을 대상으로 연쇄 폭탄 테러를 자행했다. 이 공격으로 250명이 사망하고 5,500여 명이 부상당했다. 미국은 8월 20일 아프간에 있는 빈 라덴의 거주지와 알 카에다의 훈련 시설에 80발의 크루즈 미사일을 발사했다. 그러나 이 공격에서 살아남은 빈 라덴은 국제적인 지하드 운동의 선구자로 무슬림 사회에 확고한 위치를 얻게 되었다.

다섯 번째 대결은 2000년 10월 알 카에다가 예멘 아덴 항에 정박 중인 미 군함 콜 호에 자살 공격을 기도한 것이다. 강력한 다이너마이트 C-4를 적재한 보트를 이용한 공격으로, 17명의 미군이 사망하고 선체가 파손되었다.

여섯 번째 대결에서 알 카에다는 수년간의 치밀한 준비 끝에 2001년 9월 11일 미국 본토에 대한 대규모 테러 공격을 감행했다. 항공기 4대를 공중 납치해 뉴욕 WTC 건물 2개동과 미 국방성 건물에 돌진한 것이다. 이 공격은 그간 미국에 가한 수많은 테러 공격 가운데 가장 결정적인 것이었으며, 빈 라덴과 알 카에다가 가장 심각한 국제적 위협 세력으로 부상하는 계기가 되었다. 또한 미국이 아프간과 이라크에 대규모 무력 공격을 가하는 원인이 되었다.

3) 알 카에다의 실체

(1) 설립 배경

오사마 빈 라덴은 1979년 소련의 아프간 무력 침공 후 파키스탄으로 건너가, 아프간 인접 국경도시 페샤와르에 거주하며, 소련군에 대항하는 아프간 무자헤딘을 지원했다. 소련의 아프간 침공은 이슬람권에 큰 충격이었고, 무신론자인 공산주의자들이 이슬람 국가를 무력으로 점령한 사실에 전 세계 무슬림들이 분노했다. 22세의 빈 라덴은 페샤와르에 머무르는 동안 대학 재학 당시 스승이었던 팔레스타인 출신 요르단인 압둘라 아잠 박사를 만나게 된다. 이후 두 사람은 10년간 아프간 지하드(Jihad, 성전)의 핵심 역할을 수행하게 되었다.

빈 라덴은 사우디에서 자신이 운영하는 건설 회사의 불도저, 트럭 등을 아프간 무자헤딘에게 지원했다. 이 장비들로 산악지대에 동굴을 파고, 도로 및 은신처를 건설하는 등 게릴라전을 대비했다. 또한 압둘라 아잠과 공동으로 아프간 무자헤딘 육성을 위한 2억 달러의 이슬람 구제기금을 조성하고, 아랍 의용군 지원센터(MAK)를 설치하여 탈레반 훈련을 지원했다. 이로써 빈 라덴은 대소련 항전의 구심적 역할을 하게 되었고, 미국, 영국, 중동 등지에서 모금된 기금도 집행했다.

이즈음 빈 라덴은 아랍 무자헤딘의 지도자로 자연스럽게 부상하였다. 당시 그의 막대한 재력과 영향력, 용맹성 등을 보고 모여든 사우디, 예멘, 알제리, 이집트 지원자는 2만 5천~5만 명으로 추산된다.[3]

1986년경, 빈 라덴은 아프간에 '알 안사르(al-Ansar)'로 불리는 군사

---

3 피터 버겐, 앞의 책

기지를 구축했다. 알 안사르는 아랍 무자혜딘이 적지에 건설한 최초의 군사 기지로, 소련군에 저항하는 교두보로 사용되었다.

1988년, 소련의 철수가 논의되고 아프간 전쟁이 끝나갈 무렵, 무자혜딘은 자신들의 전투 경험을 살려 이슬람 지하드를 전 세계로 확장하기를 희망했다. 빈 라덴도 그들 중 한 사람이었다. 빈 라덴은 과거의 칼리파 제도로 회귀하여 단일 국가로 통일하는 정종일치의 이슬람 국가 건설을 추진했다. 이러한 지하드의 선봉에 설 새로운 조직이 필요했던 것이다.

1988년 8월 11일, 빈 라덴은 추종자들과 새로운 군사 조직 창설을 위한 토의를 시작했다. 수차례의 토론 끝에, 9월 10일 아랍어로 '알 카에다 (Al-Qaeda, 근거지, 본부)'라는 명칭의 조직을 공식 창설하기로 결의하였다. 알 카에다 설립은 빈 라덴이 게릴라에서 테러리스트로 전환함을 의미하기도 했다. 그는 이집트 출신 과격주의자들로 간부를 구성하고, 기존의 아프간 내 아랍 무자혜딘을 그대로 흡수하는 형태로 알 카에다를 조직화하였다.

빈 라덴은 알 카에다 창설에 있어 이집트 내과의사 출신 아이만 무함마드 라비 알 자와히리의 사상에 영향을 받았다. 자와히리는 향후 알 카에다의 핵심 간부로 있으면서, 대미 성전을 촉구하는 파트와를 발령하는 등 빈 라덴의 의사결정에 영향력을 미쳤다.

(2) 조직 운영 특성

알 카에다는 21세기 최초의 다국적 테러 조직이었다. 알 카에다 조직의 정확한 인원은 밝혀지지 않았으나, 1990년대 아프간과 수단에 있는 훈련 캠프를 다녀간 인원을 기초로 하여 2만~6만 명으로 추산한다. 그중 실제 활동 요원은 9.11 테러 이전에 4천 명, 이후 1천 명으로 추정된다. 이 통계는 빈 라덴을 직접 인터뷰한 피터 버겐이 그의 저서《성전(Holy War)》에서 밝히고 있다. 조직원으로는 특수 훈련을 통과한 자만 선발하기 때문에 육체적인 전투 능력과 순교적인 종교 신념을 구비한 요원들을 양성해 왔다. 조직원은 기본적으로 아랍인이며, 포지하고 있는 이데올로기는 공통적으로 이슬람주의와 지하드이다. 이들은 10여 년간 아프간에서 소련군과 투쟁하면서 이슬람 극단주의와 과격한 지하드에 길들여졌다.

1990년대에 들어 빈 라덴은 기존 이슬람 테러 조직 및 정치단체의 대표를 알 카에다 최고 기구인 자문협의회(Shura Majlis)에 가입시켜, 전 세계 20여 개 조직과 연계를 구축했다. 알 카에다는 자유민주주의 국가들의 느슨한 감시 체제를 활용하여 서방 세계의 이슬람 공동체에 조직원들을 적극 침투시켰다. CIA는 전 세계 이슬람 NGO 중 50여 개의 자선단체가 알 카에다 테러 연계자를 고용하고 있다고 추정한 바 있다.

알 카에다는 지상(1998년 케냐, 탄자니아 미 대사관 폭파), 해상(2000년 예멘 미 해군 군함 폭파), 공중(2001년 미국 뉴욕 9.11 테러) 등 육해공 3곳 모두에서 자살 폭탄 테러를 감행한 최초의 조직이다. 테러 활동이 통상 계획, 준비, 실행, 탈출 등 4단계로 구성된다고 볼 때, 자살 테러는 4단계 중 가장 어려운 탈출 단계를 생략해 주는 이점이 있기 때문에 현대 테러리즘의 전형적인 특징으로 대두되었다.

알 카에다 조직은 총사령관인 빈 라덴 밑에 정책과 정략을 결정하는 자문협의회를 두고 있다. 위원장 알 자와히리를 중심으로 10여 명으로 구성되며, 산하에 군사, 재정, 종교, 언론 등 4개 위원회가 있다. 군사위원회는 신규 대원 모집과 훈련, 자원 획득, 통신, 군사 작전 전개 및 전술 개발, 특수무기 획득 및 제조 임무 등을 맡고 있다. 재정위원회는 자금 마련과 해외 조직의 비밀요원들을 운영한다. 연간 3,600만~5천만 달러의 자금이 소요되는 것으로 추정한다. 따라서 빈 라덴이 상속받은 재산만으로 부족하여 이슬람 자선단체들과 중동 석유 부국들의 비밀 후원금에도 일부 의존하는 것으로 파악된다. 종교위원회는 알 카에다의 테러 활동을 정당화하고자 종교학자들을 동원하여 종교법, 즉 샤리아에서 근거를 발굴하고, 조직원들에게 주기적으로 주입시킨다. 언론위원회는 아랍어 신문을 발간하고, 주간 보고서를 작성하여 이슬람 세계에 배포한다.

빈 라덴에게 결정적인 영향을 미친 사상가는 두 명이 있었다. 바로 사우디 킹 압둘 아지즈 대학 재학 시절 수학한 압둘라 아잠 교수이다. 그는 빈 라덴의 막대한 재산을 아프간 무자헤딘에게 지원하도록 유도한 사람이며, 지하드의 개념을 폭력적으로 바꾸어 놓았고, 이슬람을 배신한 정권과 이교도인 외국의 적에 대해 폭력을 동반한 지하드가 허용된다고 주장했다. 다른 한 사상가는 알 카에다의 2인자 이집트인 자와히리이다. 그는 빈 라덴으로 하여금 '유대인과 십자군과의 지하드를 위한 세계 이슬람 전선'이라는 새로운 연합 조직을 결성하도록 동기를 부여한 인물이었다. 그가 주장하는 지하드 수행 방법은 바로 테러 전술을 사용하는 것이었다.

알 카에다는 주로 미국을 표적으로 테러 행위를 하고, 스스로 그 실행을 인정했다. 빈 라덴의 파트와를 받들어, 1991년 걸프 전쟁을 계기로 미국이 사우디의 이슬람 성지 메카와 메디나에 군대를 주둔시킨 것에 반발해 반미 조직의 성격을 굳혔다. 따라서 알 카에다의 지하디스트들은 각자가 속한 지역에서 미국을 목표로 공격을 가하도록 훈련되었고, 이것이 가시적으로 나타난 것이 9.11 테러이다. 또한 2001년 12월 발표한 《예언자의 깃발 아래 모인 기사들-지하디스트(Jihadist) 운동에 대한 명상록》이라는 책에서 미국의 아프간 공격에 대항하여 전 세계 이슬람주의자들에게 테러를 더욱 강화할 것을 주장했다. 테러의 대상으로 6개 목표도 제시했는데, UN, 친서방 이슬람 정권, 다국적 기업, 국제 통신 및 자료 교환 체계, 국제 뉴스 및 위성 언론 채널, 국제 구호기구 등이 그것이다. 이러한 것들을 미국의 도구로 간주한 것이다.

미국의 대테러 전쟁

1) 아프가니스탄 침공

2001년 9월 11일 뉴욕에서 발생한 대량학살 테러에 대한 보복 차원에서 미국이 범행 집단인 알 카에다와 이들을 비호하는 아프가니스탄 탈레반 정권을 응징하고자 시작한 전쟁이다. 미국과 북대서양조약기구(NATO)의 회원국 자격으로 참가한 영국에 의해 2001년 10월 7일 개전되어, 2014년 12월 28일 공식적으로 종전이 선언됨으로써 13년간이나 지속되었다. 그러나 아프가니스탄에는 아직도 약 1만여 명의 연합군 병력이 잔류하고 있고, 미국은 단계적 철군을 거쳐 2016년까지 완전 철군한다는 계획을 세워 놓고 있다. 따라서 이 전쟁에는 '21세기 최초의 테러와의 전쟁, 미국 역사상 최장기 전쟁' 등의 수식어가 따라 붙는다.

9.11 테러 이후 미국 조지 부시 대통령은 9월 12일 '테러와의 전쟁'을 선포함으로써 강력한 군사적 보복을 선언하였다. 그는 즉각 국가안보회

의를 소집하고, 오사마 빈 라덴과 아프가니스탄 탈레반 정권을 테러 공격 배후 및 지원 세력으로 지목했다. 미국은 9월 16일 탈레반 정권에 빈 라덴의 인도를 요구하였으나, 탈레반 정권은 이를 거절하면서 중화기 및 병력을 증강 배치하는 등으로 대미 항전 의지를 다졌다. 당시 탈레반 정권은 1989년 소련군 철수 후 수도 카불을 포함한 아프간 영토의 90%를 장악하여 아프간 집권 세력으로 부상해 있었다. 하지만 북부 지역 일부는 반군 세력인 북부동맹이 통제하게 되면서 정부군 탈레반과 반군인 북부동맹이 내전 중인 상황이었다.

부시 대통령은 동맹 및 우방국 정상들에게 직접 전화를 걸어 대테러 응징을 위한 국제 협력 체제 구축에 협조해 줄 것을 요청하였다. 미국의 동맹 체제인 NATO에 이어 일본, 러시아, 중국, 이집트, 사우디, 이탈리아 등 세계 지도자들에게 협조를 부탁하는 등 외교적 수순을 마무리했다.

또한 작전 개시 전에 콜린 파월 국무장관과 도널드 럼스펠드 국방장관은 아프간 인접 국가들을 방문, 미군기의 영공 통과 및 전진 기지 제공을 요청하였다. 그 결과 이란을 제외한 인접 국가들은 영공 통과를 허용하였고, 파키스탄, 투르크메니스탄, 타지키스탄 등 일부 국가는 인도적 목적의 기지 사용권까지 수락하였다.

미국은 9월 19일부터 중부사령부(US CENTCOM) 통제하에 터키 및 사우디 소재 미군 기지에 지상군 특수부대 및 정찰기와 폭격기를 추가 배치하고, 인도양에 주둔 중인 항공모함 엔터프라이즈와 칼 빈슨을 전진 배치하였으며, 추가로 루스벨트와 키티호크 등 2개 항모 전단을 아라비아 해로 파견하는 등 해상 전력을 보강했다. 또한 아프간 영토가 바위산과 동굴로 이루어진 특수 지형임을 감안하여 첨단 첩보위성과 정찰기를

중동 테러리즘

주로 활용할 작전을 수립하였다. 동굴 또는 지하 기지에서 발산하는 온도차를 적외선으로 감식하여 게릴라의 매복 여부를 판단하는 첨단 레이더 위성 라크로스도 배치했다.

미국 공격의 첫 번째 목표는 빈 라덴의 제거와 알 카에다의 궤멸이었다. 미국은 빈 라덴이 아프간 영토 내에 은둔하고 있는 것을 확신했으나 탈레반의 협조 없이는 소재 파악이 불가능한 상황이었다. 이는 장기전이 충분히 예상되는 대목이다. 두 번째 목표는 탈레반 정권 축출이었다. 탈레반 정권이 빈 라덴을 보호하며 알 카에다에게 시설을 제공하고 있었기 때문이었다.

미국은 보복 결의를 다지면서도 거의 한 달 동안 공격을 늦추었다. 공격 표적에 대한 정밀한 정보를 수집하면서, 아랍 이슬람 국가들의 반발을 최대한 억제하고, 이들을 미국의 반테러 연대에 끌어들이기 위해서였다. 미국은 대아프간 군사 작전을 '항구적 자유 작전(Operation Enduring Freedom, OEF)'으로 명명하고, 이를 21세기 최초의 전쟁으로 규정했다. 파키스탄 정부는 개전을 막아 보고자 9월 28일 아프간에 대표단을 보내 탈레반 측에 빈 라덴을 미국에 인도하라고 촉구했지만, 탈레반은 이를 거절했다.

결국 미국과 동맹국 영국은 2001년 10월 7일 밤, 아프가니스탄 전 영토를 대상으로 OEF를 시작했다. 개전 시 미국이 공식적으로 명시한 공격 목표는 빈 라덴을 체포하고, 알 카에다를 파괴하며, 탈레반이 알 카에다를 지원하는 것을 단념하게 하는 것이었다. 미국의 개입으로 아프가니스탄에는 탈레반 정부군과 북부동맹 반군 간의 내전과 미국-탈레반 전쟁이라는 두 가지 성격의 무력 분쟁이 병존하는 전장이 형성되었다.

공격이 현실화되자, 미국의 아프간 보복 공격 동참 요청에 미온적인 태도를 보였던 이슬람 사회가 변화를 보이기 시작했다. 미국의 공격을 즉각 비난하고 나선 것은 이란과 이라크였고, 친미 성향의 터키, 요르단, 이스라엘은 미국의 공격을 적극 지지하고 나섰다. 침묵을 지킨 아랍 국가의 대부분은 미국으로부터 막대한 군사적, 정치적 지원을 받고 있는 이집트, 사우디와 같은 수혜국들이었다.

아프간의 수도 카불을 비롯한 주요 군사 거점 및 대도시들이 미국의 총공습을 받았다. 상황은 탈레반의 별다른 저항 없이 미군의 일방적인 타격으로 전개되었다. 미국의 전력에 비해 보잘것없었던 아프간의 방공망, 통신망, 공군 세력은 소멸되다시피 망가졌다. 미국의 지원을 받은 반군 북부동맹도 대대적인 지상 공세를 개시했다. 결국 개전 1개월 만인 11월 13일 카불이 북부동맹에게 함락되었고, 2개월째인 12월 7일에는 탈레반 세력의 최대 거점인 남부 칸다하르까지 점령되었다. 탈레반과 알 카에다의 생존 병사들은 파키스탄과의 국경도시 토라보라로 패주했다. 미국은 지상군을 투입해 12월 17일 토라보라를 점령했으나(일명 토라보라 전투), 최대 목표인 빈 라덴의 행방을 찾는 데는 실패했다.

개전 3개월 만인 2002년 초에 전쟁은 사실상 끝이 난 것으로 보였다. 탈레반 정권이 항복함으로써 세력은 급격히 축소되었고, 잔존 세력은 산악지대로 은신해 들어가 간신히 연명하는 수준이 되었다. 주요 도시 및 교통망은 미군이 완전히 장악했다. 탈레반 정권이 사실상 와해되고, 전쟁은 탈레반 잔당 소탕작전 형태로 지속되고 있는 상황이었다.

아프간에서 반테러 전쟁이 마무리 단계에 접어들 즈음 제기된 난제는 아프간에 새로운 정부를 건립하는 것이었다. 2002년 6월, 미국은 파슈툰족 출신 하미드 카르자이를 대통령으로 하는 과도정부를 수립했고, 망명 생활을 하던 옛 아프가니스탄 왕국의 마지막 국왕 무함마드 자히르 샤가 귀국하였다. 그러나 이 정부는 아프간의 전통적인 토착 세력인 부족회의의 지지를 받지 못한 꼭두각시 정부에 불과했다.

그러나 2003년 3월, 아프간 전쟁은 새로운 국면을 맞이하게 되었다. 미국이 제2의 테러 전쟁으로 이라크를 침공한 것이다. 2개의 테러 전쟁을 동시에 치르게 된 미국은 아프간 전황이 어느 정도 안정되었다고 판단하고, 상당수의 주력 전투 병력을 이라크로 이동 배치했다. 미국의 최대 관심사가 이제 아프간에서 이라크로 옮겨 간 것이었다. 하지만 아프간에서는 전쟁이 끝나지 않았다. 도주한 탈레반 지도자와 잔당들이 계속 항전을 벌이고 있었으며, 곳곳에서 종족 간의 유혈 충돌이 발생해 아프간 전역은 전쟁 전보다 더욱 큰 혼란에 휩싸였다.

괴멸 직전이었던 탈레반은 미군 전력의 약화를 기회로 다시 재정비에 돌입했다. 전 아프간 총리를 지낸 굴부딘 헤크마티아르가 이끄는 무장 조직 '헤즈비 이슬라미(Hezb-i-Islami)'와 연대함으로써 전력을 강화시킨 것이다. 헤즈비 이슬라미는 1996년 아프가니스탄 내전 당시 미국으로부터 스팅어 미사일을 대거 지원받아 병사들의 무장 상태가 양호했다. 또한 파키스탄 등 여러 인접 지역에서 전쟁 물자, 용병들이 쏟아져 들어옴으로써 탈레반은 보다 더 강력한 군사력을 갖추게 되었다.

당시 탈레반은 지하드를 통한 결사 항전 전략으로 맞대응하면서 이슬람권의 결속을 호소하였다. 군사적으로는 첨단무기로 무장한 다국적군과의 정면충돌을 피하고 산악 지형을 이용한 장기 게릴라전으로 대응하는 비대칭 전략을 구사하였다. 탈레반은 구소련이 아프간에 주둔할 때

매설한 약 1천만 개의 지뢰를 미 지상군을 위협하는 도구로 활용하고, 미국으로부터 지원받은 100~200기의 스팅어 미사일로 대공 위협을 부각시켰다.

한편 미국 본토에서는 2009년 1월 정권 교체가 이루어지고 있었다. 아프간 전쟁을 시작한 공화당 부시 대통령이 물러나고, 민주당의 버락 오바마 대통령이 취임했다. 아프간 전쟁이 과연 치를 만한 가치가 있는가 하는 논란의 중심에 서서 오바마 대통령은 2곳의 전장 중 이라크를 종전하고, 아프가니스탄의 탈레반 소탕에 집중하기로 결정했다. 이에 따라 이라크에서 빠져나간 미군들이 아프간으로 재투입되기 시작했으며, 2011년 초 9만 5천 명이었던 주둔군을 9월 말까지 10만 명으로 늘릴 계획이었다.

그리고 2011년 5월, 아프간 전쟁의 원인이었던 오사마 빈 라덴이 파키스탄에 숨어 있다가 미군에게 발각되어 살해되었다. 전쟁의 목적인 빈 라덴을 처단하는 데 성공한 미국은 탈레반과 2013년 6월부터 전쟁 발발 12년 만에 평화 협상을 시작했다. 아프가니스탄 카르자이 정부는 미국이 자신들을 배제하고 탈레반과 직접 협상하는 데 크게 반발했지만, 이는 무시되었다. 탈레반은 관타나모 기지에 수감된 포로와 자신들이 확보하고 있는 미군 포로와의 교환을 주장했다.

한편 미군 철수는 탈레반과의 협상과 무관하게 빠르게 진행되었다. 2014년 5월, 오바마 대통령은 2014년까지 순찰, 전투 등 통상적인 임무를 모두 종료하고 9,800여 명의 병력을 남겼다가 2년 후인 2016년 모든 병력을 철수시킨다는 계획을 발표했다.

미국 역사상 최장기 전쟁인 아프가니스탄 전쟁은 2014년 12월 28일

13년 만에 공식 종료됐지만, 아프간에서 테러와의 전쟁은 여전히 진행형이다. 2001년 9.11 테러의 배후로 지목된 아프간 탈레반은 전쟁 개시 후 두 달 만에 정권에서 축출됐고, 알 카에다 지도자 빈 라덴은 2011년 미군 특수부대에 사살됐다. 그러나 아프간에는 여전히 6만 명 이상의 탈레반 반군이 남아 있는 것으로 추산된다. 2014년 9월 아슈라프 가니 신임 아프간 대통령이 취임한 이후에도 탈레반의 테러는 계속돼 이로써 숨지거나 다친 민간인이 1만 명을 넘을 것으로 보인다.

테러와의 전쟁을 수행할 책임은 이제 아프간 정부와 35만 아프간 군경에게 이양됐지만, 미군을 비롯한 NATO군은 여전히 1만여 명 이상의 병력을 아프간에 남겨 대테러전을 지원하고 있다. 미국이 2001년 알 카에다와 아프간 탈레반 정권에 공습을 시작한 이후 지금까지 전쟁에서 사망한 이는 총 5만 명 이상으로 추산된다.

2) 오사마 빈 라덴 사살

미국은 10년 만에 빈 라덴의 소재지를 파악하고 감시 대상에 올려놓았다. 그곳은 이제까지 탈레반과 전쟁을 치르며 빈 라덴에 대한 수색 작전을 펼치던 아프가니스탄이 아니라 이웃나라 파키스탄의 도시 아보타바드였다. 아보타바드는 파키스탄 수도 이슬라마바드에서 북쪽으로 51km 떨어진 인구 12만 명의 소도시로, 빈 라덴이 있는 것으로 추정되는 비밀 가옥은 아보타바드 시내에서 북동쪽으로 4km 지점에 있었다. 비밀 가옥은 3층의 대저택이었으며, 저택에서 남서쪽으로 2km 내에 파키스탄 육군사관학교가 위치하고 있었다. 저택은 주변 경계가 가능하도록 평지 한가운데 위치했으며, 인근의 주택들보다 넓은 대지에 세워져 있었다. 또한 콘크리트 담장의 높이가 3.7m 이상인 안전가옥이었다.

미 CIA가 이 안가(安家)를 지목하기까지 10년이 걸렸다. CIA는 빈 라덴이 유선이든 무선이든 전화는 일체 사용하지 않고, 중간 연락책을 두고 인편으로 소통하는 점에 착안하였다. CIA는 관타나모 등 비밀 수용소에 수감된 알 카에다 조직원들을 상대로 집중적인 심문을 실시한 결과, 빈 라덴의 연락책이 아부 아메드 알 쿠웨이티라는 사실을 확인하였다. 알 쿠웨이티가 빈 라덴의 지령을 전파하는 임무를 맡고 있었기 때문에 CIA는 그가 빈 라덴과 함께 이동하고 있을 것으로 추정했고, 알 쿠웨이티의 동선을 파악하는 데 정보력을 집중하였다.

2010년, CIA는 알 카에다 용의자의 통화를 도청하던 도중 알 쿠웨이티와의 통화를 감청했다. 드디어 그해 8월 알 쿠웨이티의 위치를 파악하는 데 성공했으며, 추적을 계속한 결과 빈 라덴의 은거지로 보이는 안가를 파키스탄의 도시 아보타바드 외곽에서 발견한 것이다.

빈 라덴의 소재가 확인됨에 따라 미국은 빈 라덴 제거 작전을 수행하기로 결정했다. 그러나 미국의 어떤 정보기관에서도 아보타바드 안가에서 빈 라덴의 모습을 확인하지는 못했다. 즉 심증만을 가지고 빈 라덴 제거 작전에 돌입하려는 것이었다. 버락 오바마 대통령이 직접 참석한 작전회의에서 구체적 방안이 논의되었다. B-2 스텔스 폭격기를 침투시켜 정밀 폭격하는 방안, 무인기를 투입시켜 정밀 타격하는 방안 등이 검토되었으나, 최종적으로 특수부대를 투입해 직접 확인 사살 또는 체포하는 것으로 결정되었다.

미국의 국가적 자존심을 건 특수작전이었지만, 계획은 의외로 간단했다. 작전명은 '오퍼레이션 넵튠 스피어(Operation Neptune Spear)'였다. CIA가 작전을 주도했으며, 미 해군 특수부대 네이비실의 대테러 전문가 25명이 블랙호크 헬기 4대에 탑승해 작전에 참여했다. 빈 라덴의 CIA 암호명은 '제로니모'였다. 물론 대원들은 미국 노스캐롤라이나 주에 목표 가옥과 똑같은 실물 크기 모형을 만들고 무려 3주간이나 훈련을 반복했다.

2011년 5월 2일, 파키스탄 현지 시간으로 새벽 1시에 작전이 시작되었다. 작전부대는 아프가니스탄 잘랄라바드에 소재한 미군 전진 기지에서 자정 직전에 이륙했다. 이들은 파키스탄 영공을 침투하면서 대공 레이더 감시망을 피해 초저공 비행으로 1시간 30분을 비행하여 아보타바드 안가에 도착했다.

내부로 진입한 대원들은 1층에서 AK 소총으로 저항하는 알 쿠웨이티와 그의 동생을 사살하고 가족들을 소개시킨 후 3층까지 별다른 저항 없이 수색을 펼쳤다. 그리고 3층 침실에서 한 남자와 조우하고 어둠 속에서 HK416 소총 두 발을 발사하여 사살했다. 불빛을 비춰 확인한 결과, 얼굴 오른쪽 부분이 함몰되어 피가 범벅이 된 남성은 빈 라덴으로 확인되었다. 수색대원은 제일 먼저 백악관으로 '제로니모 사살 완료'라는 통신을 날렸다.

대원들의 헬멧에 장착된 비디오카메라를 통해 작전의 모든 과정을 위성으로 본 오바마 대통령은 작전 종결 지시를 내렸다. 빈 라덴의 사살을 확인하기까지 걸린 시간은 20분이었다. 대원들은 빈 라덴의 시신을 수습하고, 컴퓨터 드라이브, DVD, 각종 문건 등 중요한 자료들을 수집하는 데 시간을 10분 더 소비했다. 빈 라덴의 시신은 항공모함 칼 빈슨으로 옮겨 DNA 비교 검사를 실시했다. 그리고 빈 라덴 본인임이 최종 판명되자 간단한 장례 절차 후 인도양에 수장했다.

빈 라덴은 3년 전부터 이 안가에 거주한 것으로 알려졌다. 알 카에다는 파키스탄이 배신한 것이라며 제1차 보복 목표는 파키스탄, 그다음이 미국이라고 선언했다. 그러나 미국은 파키스탄 정부 몰래 한 작전이며, 작전을 수행하는 동안 다행히 파키스탄 전투기가 출격하지 않은 것으로 파키스탄 정부의 협조가 있었던 것은 아니라고 주장했다.

미국은 아프간 침공을 통해 테러 단체 알 카에다를 소탕하는 성과를 거두었고, 아프간 전쟁 개전 10년 만에 빈 라덴을 사살하는 또 다른 최고의 성과를 거두었다. 이로써 미국인의 한을 풀고 추락한 자존심을 회복하게 되었다.

제2차 걸프 전쟁

1) 이라크 점령과 사담 후세인 처형

제2차 걸프 전쟁(이라크 전쟁)은 2003년 3월 20일 새벽, 미군과 영국군이 합동으로 이라크를 공격함으로써 시작되었다. 미국, 영국, 호주, 폴란드 등 연합군 약 30만 명이 참전했으며, 작전명은 '이라크 자유 작전(Operation Iraqi Freedom)'이었다. 폭격기와 아파치 헬기를 앞세운 미국의 대규모 융단 폭격으로 개전했고, 우선적으로 이라크 공군, 혁명수비대, 중요 기간산업을 초토화시켰다. 지상군은 2개 방향에서 동시에 진격했다. 제1진은 남부 쿠웨이트에서 발진하여 바스라를 거쳐 수도 바그다드를 향해 북진했고, 제2진은 북부 쿠르드 지역에서 발진하여 쿠르드군 7만여 명의 지원을 받아 이라크 북부를 평정했다.

이라크군과 수니파 민병대도 산발적으로 저항했으나, 미군을 저지하는 데는 역부족이었다. 미군이 일방적으로 행군하듯이 전진할 수 있었던 것은 이라크군이 개전 이전부터 이미 지리멸렬한 상태에 있었기 때문이었다. 이라크는 1991년 제1차 걸프 전쟁에서 다국적군의 공습으로 전 국토가 초토화된 데다가, UN에 의해 12년간 경제 제재 및 금수 조치를 당해 군사력 및 군사 장비를 재생할 기회가 없었다. 과거 100만 명이었던 병력이 30만 명 규모로 축소되었고, 무기와 군사 장비 운영 체계도 부품 조달이 안 되어 상당 부분이 사용 불가능한 상태였으며, 공화국 수비대를 제외한 여타 부대는 동원마저 어려운 오합지졸이었다.

개전 2주 만인 4월 9일에는 쿠웨이트에서 900km 떨어진 수도 바그다드가 함락되었다. 이라크 집권 정부가 붕괴되었으며, 사담 후세인은 도주하였다. 사실상 전쟁의 승패가 갈린 것이었다. 침공 후 두 달도 채 지나지 않은 5월 1일에 부시 대통령은 항공모함 에이브러햄 링컨 호에서 '임무 완료'를 선언했다.

이제 남은 것은 전범 사담 후세인의 행방을 찾는 것이었다. 1979년부터 24년간 이라크를 지배해 오던 사담 후세인은 미군이 이라크를 점령한 후에도 8개월을 옮겨 다니며 은신하였다. 미국은 '붉은 새벽(Red Dawn)'으로 명명된 기습 작전을 세워, 600여 명의 미 육군 보병 제4사단과 특공대로 구성된 체포부대를 구성했다.

작전은 12월 13일 오전 10시 50분 후세인의 은신과 관련된 믿을 만한 정보를 입수한 직후부터 본격적으로 시작됐다. 티크리트 인근에 후세인이 은신 중이라는 정보에 따라 점차 은신처 주변을 좁혀 가기 시작했다. 드디어 미군은 2003년 12월 13일 오후 9시경 티크리트에서 남쪽으로 15km 떨어진 한 외딴 농가의 땅굴에 숨어 있는 사담 후세인을 생포하였다. 리카도 산체스 이라크 주둔 미군 사령관은 "후세인은 체포 당시

한적한 농가의 2m 깊이 지하 땅굴에 숨어 있었고, 초췌한 모습으로 아무 저항을 하지 않았으며 순순히 협조했다."라고 체포 당시의 상황을 밝혔다. 또한 땅굴의 입구는 벽돌과 흙으로 은폐돼 있었으며, 한 사람이 누워 있기 충분한 공간에 환풍기도 갖춰져 있었다고 설명했다. 미군이 공개한 비디오테이프에서 후세인은 장발에 덥수룩한 회색 수염을 기르고 있으며, 입을 벌리고 검사를 받는 장면도 있었다.

이후 후세인은 미군 교도소에 구금되어 있다가 2004년 6월 30일 이라크 과도정부로 신병이 이관되었으며, 7월 1일부터 이라크 특별재판소에서 재판을 받았다. 미국이 후세인의 신병을 과도정부로 넘긴 것은 전쟁 책임을 경감시키려는 저의였다고 반미주의자들은 주장하기도 했다. 2006년 11월, 후세인은 시아파 무슬림 학살에 대한 유죄가 인정되어 사형을 선고받았고, 이후 항소했으나 이라크 최고 항소법원은 사형을 확정했다. 그해 12월 30일 바그다드에서 교수형으로 처형된 뒤 시신은 고향인 티크리트 근처에 매장되었다.

당시 일부 수니파 민병대들은 후세인을 추앙하며 과도정부에 대항하기도 했으나, 시아파 정권의 소탕 작전으로 지하로 스며들었다. 아이러니컬하게도 이들은 테러 조직 이라크-시리아 이슬람 국가(ISIL)에 합류하여 활동하고 있는 것으로 확인되었다.

이 전쟁은 처음부터 개전의 정당성을 둘러싸고 국제적인 논란을 불러일으켰다. 미국의 공격 명분은 이라크 내 대량살상무기를 해체하고, 테러를 지원하여 세계평화를 위협하고 있는 사담 후세인을 제거해야 한다는 것이었다. 더불어 이라크 국민들을 독재의 억압으로부터 해방시키고, 이라크에 서구식 민주주의를 정착시키겠다는 것이다. 그러나 미국이 이라크 침략을 강행한 것은 명분보다는 자국의 실리와 국제정치, 군사 무대에서의 헤게모니를 장악하기 위해서였다는 주장이 끊임없이 제기되었다.

사실 부시 대통령은 2001년 9.11 테러 발생 후 대테러 전쟁의 대상을 지목하는 과정에서도 사담 후세인을 곱지 않은 시선으로 바라보았다. 후세인이 UN 무기사찰단(UNSCOM)의 중요 지역에 대한 사찰 요구를 거절했다는 것이 이유였다.

이라크는 제1차 걸프 전쟁이 종결된 이후에도 국제사회에서 불법적인 대량살상무기를 보유, 개발하고 있다는 강한 의심을 받아 왔다. 결국 이라크는 미국을 중심으로 한 국제여론을 이기지 못하고 1998년까지 250여 차례의 현장 조사를 받았다. 이라크는 사찰단 감시하에 장거리 미사일 48기, 화학무기 원료 690톤 등을 폐기하기도 했다. 그러나 이라크가 1998년 12월 대통령궁 등 정치적, 군사적으로 민감한 지역에 대한 현장 조사를 거부하자 UN 무기사찰단은 이라크에서 철수했다.

미국과 영국은 이를 빌미로 이라크가 UN 결의를 무시했다며 그해 12월 16일부터 4일간 바그다드와 대량살상무기 개발 비축지로 의심되는 시설물에 집중 폭격을 가했다. 그 후 UN 안보리는 UN의 무기사찰 체제를 재건하기 위해 UN 감시검증사찰위원회(UNMOVIC)를 발족하고, 무기사찰을 재시도했다. 그러나 이라크는 자국에 대한 무기 금수가 해제되지 않는 한 이를 받아들일 수 없다고 버텨 실제로 사찰은 이루어지지 않았다. 이 사건이 미국으로 하여금 이라크가 대량살상무기를 보유하고 있다고 주장하는 근거가 되었다.

2002년 1월, 부시 대통령은 연두교서에서 이라크를 이란 및 북한과 함께 세계평화를 위협하는 '악의 축(Axis of Evil)'으로 지목했다. 그해 9월에는 UN 총회 연설을 통해 이라크에 대량살상무기의 즉각적인 폐기, 테러 지원 중단, 국민 억압 중지 등 5개항을 요구하며, 이 사항이 이루어지지 않을 경우 사담 후세인 정권을 축출하겠다는 의지를 표명했다. 이것은 이라크에의 비공식적인 선전포고나 다름없었다. 드디어 2003년 3월 20일, 부시 대통령은 사담 후세인 정권을 '세계평화를 위협하는 무법 정권'이라고 매도하면서 이라크에 공습을 개시했다.

2003년 5월 1일, 미국은 개전 40일 만에 사담 후세인 정권의 붕괴와 종전을 선언하고, 후세인까지 처형했다. 그러나 기대했던 것처럼 이라크에 평화와 민주주의가 도래한 것은 아니었다. 바그다드 점령 초기에는 시내 곳곳에 미군을 환영하는 인파가 등장하기도 했으나, 이는 일부 쿠르드족과 시아파 등 반후세인 세력에 의한 일시적인 현상에 불과했다. 오히려 폭탄 테러와 게릴라전이 난무하는 등 치안 상황이 극도로 악화되었다. 이러한 정세 불안은 미군을 8년간이나 더 이라크에 묶어 두는 결과를 초래했다. 미국으로서는 이라크 내의 고질적인 종파 간, 종족 간 무장 대립을 안정화시키는 데 한계를 절감하였다.

이라크의 치안 불안이 정치적, 군사적으로 쉽게 종결될 수 없었던 이유는 이 내분이 국가 간의 전쟁이 아니라 내전의 양상을 띠었기 때문이다. 즉 미국과 이라크 간의 분쟁이 아니라 이라크 인구의 60%를 차지하는 시아파 아랍인과 20%를 차지하는 쿠르드족 수니파, 15%를 차지하는 수니파 아랍인 간의 분쟁이었다.[4]

---

4 최성권, 《중동의 재조명—국제정치》, 한울, 2011, pp.450~451

2) 미 군정 체제 시행

이라크는 2003년 7월부터 미 군정 체제하에 들어갔다. 미국은 우선 이라크인으로 구성된 통치 체제를 구축하는 것이 급선무라고 생각하고, 전후 이라크의 실질적 집행권을 행사할 25인 이라크 과도통치위원회(IGC)를 공식 구성하였다. 그런데 IGC 25인 중 시아파 인사가 과반수인 13명을 차지해 이라크 권력 구조를 시아파가 이끌 것이라는 전망이 나왔다. 더구나 이들 대부분이 후세인 정권 시절 망명 단체 출신이라는 것도 불안 요소였다. 이라크 인구의 60%를 차지하는 시아파는 한 번도 정권을 차지한 적이 없었다. 억압받던 피지배 종파인 시아파에게 권력을 송두리째 쥐어 준 것은 천지개벽할 정변이며, 혁명에 버금가는 사건이었다. 권력을 찬탈당한 수니파의 결사 항전이 예고되는 상황이었다.

또한 쿠르드족도 5명이나 포함되었다. 사담 후세인 정권하에서 철저하게 배제됐던 쿠르드족에게 향후 이라크 권력 구도에서 일정한 역할을 수행하게 한 것은 쿠르드족의 자치 독립 기반을 마련해 주는 것이었다. 쿠르드족 지도자 중 IGC에 포함된 인사는 잘랄 탈라바니 쿠르드 애국동맹 대표와 마수드 바르자니 쿠르드 민주당 당수 등이었다. 이 양대 단체는 이라크 북부를 장악하고, 현지인 사이에 확고한 기반을 갖고 있었다. 이 밖에 IGC에는 수니파 5명, 투르크멘 1명, 인권 운동가 1명, 이라크 공산당 1명이 참여하며, 여성도 2명이 포함돼 있었다.

2004년 3월, 이라크 과도통치위원회는 임시헌법에 서명하였고, 이 헌법은 2004년 7월 1일부터 효력을 발휘할 예정이었다. 임시헌법에 의하면, 미군은 2004년 6월 30일까지 이라크 임시정부에 주권을 넘겨주기로 하였다. 과도정부의 권력 체계는 입법, 행정, 사법의 3권 분립원칙을 수용했고, 대통령 1명, 부통령 2명, 총리 1명으로 구성되는 것이었다. 정부통령은 국가원수 그룹의 상징적인 자리이고, 실질적인 권력은 국민의 직접투표로 선출되는 국회 다수당에서 뽑히는 총리에게 주어졌다.

2004년 6월 1일, 이라크 임시정부가 출범하였다. 대통령은 가지 알 야와르, 총리에는 이야드 알라위가 선출되었다. 이 중 알라위는 1990년에 전직 이라크군과 보안기관 관계자, 바트당 간부들을 규합해 망명 단체인 이라크 민족화합(INA)을 창설한 인물이었다. INA는 후세인 시절에 이라크 군부 내의 쿠데타를 유도해야 한다는 입장을 견지해 왔으며, 유럽과 미국에 1천 명에 달하는 회원이 있는 것으로 추정되었다.

그해 6월 9일 UN은 이라크 임시정부를 국제적으로 인정하는 〈이라크 결의안 1546호〉를 채택했다. IGC가 출범시킨 이야드 알라위 총리 체제가 국제사회의 승인을 얻고 합법성을 확보한 것이다. 이로써 이라크는 사담 후세인 정권이 무너진 지 14개월 만에 주권국가로서 국제무대로 복귀하게 됐다. 1년여 동안 이라크를 통치한 미 군정기관 연합군임시행정처(CPA)는 6월 30일 주권 이양과 함께 자연스럽게 해체되었다. 알라위 정부는 이라크군에 대한 통솔권, 원유 생산 및 관리 권한 등 대부분의 주권을 넘겨받았다.

그러나 이라크 정세는 여전히 불안했다. 바그다드, 팔루자, 모술 등지에서 미군과 무장 세력 간의 교전이 지속되면서 민간인을 포함한 사상자가 속출하였다. 미군의 통치가 종파, 종족, 정파를 아우르지 못하면서 불안정 상태는 지속되었던 것이다.

2005년 1월 30일, 제헌의회 선거가 실시되었다. 수니파는 선거 자체를 거부하여 투표하지 않았고, 통합이라크연맹(United Iraqi Alliance, UIA)과 쿠르드족 정당연합이 다수표를 차지하여 제헌의회를 구성하였다. 제헌의회는 4월 28일 쿠르드족 출신 잘랄 탈라바니를 대통령에, 시아파 정당인 알 다와의 대표 알 자파리를 총리로 하는 과도정부를 승인하였다. 10월 15일에 이라크 헌법안에 대한 국민 투표가 실시되었다. 이 와중에도 10월 29일부터 사담 후세인에 대한 재판이 시작되었고, 12월 15일에는 새 헌법에 따른 의회 구성을 위한 총선이 실시되었다.

2006년 11월 5일에는 과도 법원에서 사담 후세인에 대한 사형이 선고되고, 12월 30일에는 그에 대한 교수형이 집행되었다. 사담 후세인은 미군이 체포했으나, 그에 대한 재판과 처형은 이라크 과도정부에서 스스로 실시했다.

2009년 1월 31일, 이라크 지방선거에서 누리 알 말리키 총리 진영이 압승을 거두었다. 2010년 3월 7일~27일까지 실시된 총선에서는 시아-수니파 정당 연맹체 이라키야당이 말리키 총리가 이끄는 집권당 법치국가연합을 2석 차이로 누르고 다수당을 차지했고, 말리키 총리는 이라키야당과 불가피하게 연정을 구성하였다. 이로써 이라크 국민에 의한 통치 체제는 '과도'를 떼고, 민선 정부를 구성함으로써 외형상 정상적인 국가 체제가 성립되었다.

한편 미국의 정권 교체를 달성한 버락 오바마 대통령은 2009년 1월 취임 초부터 극심한 재정난에 봉착해 있었다. 원인은 전임 부시 대통령이 8년 동안 대테러 전쟁으로 재정을 고갈시킨 데다, 아프간과 이라크 두 전선을 동시에 유지해야 했기 때문이다. 아프간 전쟁은 개전의 최우선 목표인 빈 라덴이 건재해 있는 한 전쟁을 끝낼 수 없는 상황이었지만, 이라크는 달랐다. 2003년 5월 1일에 전쟁 종결이 선언되었음에도 미군 14만 4천 명이 여전히 이라크에서 작전을 지속하고 있었다. 현재 이라크는 민주주의 체제를 구성하여 시행하고 있었으나 이라크 내 불안정 요소, 즉 종파 간, 종족 간 내전 상황은 미국이 해결하기에 한계가 있는 것이었다. 이에 따라 2010년 8월 2일, 오바마 대통령은 조지아 주 애틀랜타에서 열린 상이군인협회 총회 연설을 통해 미군이 이라크에서 전투를 끝내야 할 필요성을 역설하였다. 사실상 이라크 내 미군 병력의 철수를 암시한 것이다. 2011년 10월 21일, 오바마 대통령은 연말까지 이라크 주둔 미군을 철수시키겠다는 성명을 공식적으로 발표했다. 그러나 이라크의 치안 상태는 나아지지 않았다. 수니파, 시아파, 쿠르드족의 갈등은 지속되었고, 시아파는 반미, 친미 세력으로 분열해 다퉜다.

미국은 2011년 12월 13일 종전 기념식을 거행하고, 18일에는 대사관 경비 병력을 제외한 모든 잔여 병력들이 쿠웨이트로 철수했다. 이로써 10만 명 이상의 이라크 국민과 4,500명의 미군이 희생된 이라크 전쟁이 8년 9개월 만에 공식적으로 종료되었다.

제2차 걸프 전쟁은 종료되었으나, 구체적인 수치로 본 전쟁 결과는 충격적이었다. 전쟁을 통해 후세인은 제거됐지만, 무모한 전쟁으로 충격과 공포에 사로잡힌 쪽은 승자인 미국이었다. 2조 2천억 달러에 달하는 천문학적인 비용을 쏟아붓고도 손에 쥔 건 거의 없었다. 대량살상무기는 끝내 찾아내지 못했고, 후세인의 알 카에다 연계설도 밝혀내지 못했다. 결국 이 전쟁으로 미국은 국력을 허비했고, 국제적 위상을 추락시킨 것으로 평가된다.

제5장

재스민 혁명과
민주화 열풍

■■■■■■

2011년 봄 튀니지에서 시작된 민주화 시민혁명은 23년간 집권한 벤 알리 대통령의 부패 정권을 몰아내고 이웃나라로 확산되었다. 이어서 이집트 무바라크 군부 정권, 예멘 살레 대통령, 리비아 독재자 카다피를 몰락시키는 등 중동 전 지역으로 민주화 열풍이 번졌다. 요르단, 바레인 등에서도 최초의 반왕정 민중 봉기를 경험했다. 장기 독재와 부패 정권에 대한 염증, 경제적 피폐로 인한 삶의 질 저하 등 불만이 쌓이면서 시민들이 거리로 나섰으며, 미디어와 SNS의 파급 효과로 민중 봉기가 결실을 본 것이다.

그러나 중동 국가들은 고질적으로 내재되어 온 부족 간, 종파 간 갈등 때문에 평화적 정권 교체를 이루거나 서구식 민주주의를 배태하지 못하고, 군부 정권의 재등장, 무장단체의 난립 등으로 내전, 무정부 상태를 이어 가고 있다. 특히 시리아, 이라크에서는 IS라는 초유의 테러 조직이 등장하여 전 세계를 경악하게 하고 있다.

중동 민주화 운동 개관

1) 상황

2011년 봄, 중동에서 시민들에 의해 시작된 민주화 시위는 권위주의 체제 및 군주제에 항거한 국민들의 집단적 저항이자 아래로부터의 혁명이었다. 시민 봉기는 동시다발적으로 발생했고, 2~3개월 사이에 중동 전역으로 확산되는 놀라운 속도를 보였다.

2010년 12월 튀니지에서 26세의 청년 노점상 모함마드 부아지지가 단속 경찰의 폭력에 저항하여 분신자살한 사건이 촉매제가 되었다. 튀니지의 재스민' 혁명은 23년간 장기 집권한 벤 알리 대통령을 몰아냄으로써 중동 민주화 운동 확산의 시발점이 되었다. 2011년 1월에는 이집

---

1 Jasmine, 재스민은 '신의 선물'이라는 뜻을 가진 튀니지의 국화로 중동 혁명의 상징으로 불린다. 구체적으로는 실업 상태의 20대 젊은이가 길거리에서 물 담배(후카)와 재스민 차를 마시면서 소일하다가 정치적 격변을 주도하게 되었다는 의미에서 혁명의 별칭으로 사용되었다.

트로 전파되어 코샤리[2] 혁명을 통해 30년 집권의 무바라크 대통령을 하야시켰으며, 동시에 예멘으로도 확산되어 33년간 집권한 살레 대통령은 국외로 도망가야 했다. 이어서 2월에는 리비아로 확대되어 42년을 집권한 카다피를 사살하는 등 그칠 것 없이 번져 갔다. 바레인, 요르단 등 왕정 국가에서도 역사상 최초의 반정부 민중 봉기를 경험했고, 시리아에서는 2011년 3월부터 현재까지 5년째 무정부 상태의 내전이 진행 중이다.

중동 지역 국가들의 정치 체제는 크게 군주제와 공화제로 분류되고, 대부분의 공화제는 권위주의 체제로, 사실상 공화군주제라고 할 수 있다. 오랜 권위주의 독재 체제에서 억눌려 지내던 아랍 사회가 민주화 운동의 확산을 통해 밝은 미래를 예견하고 있고, 각국 시위가 연말연시에 이르러 동시에 분출됨으로써 이번 사태는 총괄적으로 '아랍의 봄(Arab Spring)'으로 명명되었다. 혹은 '아랍의 자각(Arab Awakening)'이라고 불리기도 한다. 빠른 속도로 확산된 아랍 민주화 운동은 사실상 냉전 체제의 해체에 버금가는 국제정치 질서의 변화를 가져왔다. 과거에도 서방 국가들은 중동에서 수년간 서구식 민주화를 시도했으나, 집권자들이 강력한 통치 기반을 유지하며 국가별로 대개 30년 이상의 장기 독재를 유지해 왔다. 촉발 요인이 된 튀니지 청년 부아지지의 분신자살 사건은 단순히 공권력과 갈등 관계에 있던 한 시민의 우발적 희생이 아니라 기존 정치 체제에 대한 불만이 임계점에 달해 있던 전 아랍 대중을 자극한 것이었다.

제1차 세계대전 후 독립한 22개 아랍 국가 중 단 한 나라도 자유선거

---

2 Koshary, 코샤리는 이집트의 대표적인 서민 음식으로, 곡물 가격 인상과 생활수준 저하로 인한 불만을 상징하는 차원에서 사용되었다.

를 통한 평화적 정권 교체를 이룩하지 못한 것이 중동 정치의 실상이다. 이런 상황에서 아랍의 봄 혁명은 아랍인의 새로운 도전으로, 21세기 이슬람 세계의 민주주의를 향한 의미 있는 출발로 기대되었다. 그러나 중동 정치의 현실은 서구 민주주의를 그렇게 쉽게 용인하지 않았다. 2015년 12월 현재, 이집트는 모르시의 민간 정부를 대신해 군부가 쿠데타로 재집권했다. 예멘은 내전으로 다시 남북이 분리될 상황에 놓였으며, 리비아는 500여 개 1,700여 무장단체들이 난립하는 무정부 상태로 변했다. 그나마 혁명의 출발지였던 튀니지만이 유일하게 민간 정부를 구성한 후 모범적으로 정권 교체를 이룩하고 있다.

문제는 장기 독재 정권을 몰아내고 시민에 의한 새로운 민주 정부를 구성할 수 있는 정치 변동은 이룩했으나, 또 다른 갈등 요인인 부족 간, 종파 간 대립으로 무정부 상태와 내전의 소용돌이에 빠졌다는 것이다. 이슬람 국가(Islamic State, IS)와 같은 극단주의 테러 세력들은 이러한 불안한 정세를 이용하여 발호하고 있다.

2) 발생 배경

전대미문의 대규모 민주화 운동이 서구식 민주주의와 전혀 어울리지 못할 것으로 보였던 중동 지역의 독재 권위주의 국가들에서 발생했다. 여기에는 다섯 가지 요인이 공통적으로 작용했던 것으로 분석된다.

첫째, 장기 독재자와 그의 정부에 대한 거부 반응을 들 수 있다. 각 국가에서 국민을 착취하는 폭압적 권위주의 정치 체제가 지속되자 정치에 대한 극도의 불신이 자리 잡았다. 벤 알리 튀니지 대통령이 하야하면서 금괴를 가지고 사우디로 망명했다는 사실은 독재자들의 부정부패 지수를 가늠해 볼 수 있는 예이다.

둘째, 아랍 지도자들의 분열과 패권 다툼에 대한 염증도 하나의 요인이었다. 1990년 이라크 사담 후세인은 형제 국가 쿠웨이트를 무력 점령하는 패권을 행사했다. 그러자 미국이 주도하는 34개 서방 국가 군대 68만 명이 중동으로 들어와 중동 전역이 전장화되는 것을 경험했다. 이때 아랍 무슬림들은 서방 이교도들이 사우디의 이슬람 성지와 자존심을 짓밟는 만행도 목격했다. 이로써 노정된 아랍권의 분열 현상은 아랍 무슬림의 존재감을 상실하게 했고, 이것 또한 기존 지도자들에 대한 불만 요인이 되었다.

셋째, 경제적 피폐와 삶의 질 저하를 꼽을 수 있다. 중동 지역 삶의 질 지수는 여타 지역에 비해 현저하게 낮은 편이며, 이렇게 낮게 유지되는 과정에서 정권에 대한 불만이 점증해 왔다. 특히 정부의 식량 보조에 의존하던 이집트 등 빈국에서는 곡물 가격 및 전반적 소비자 물가가 급등하자 정부의 식량 배급 가격까지 오르면서 불만이 급등했다. 이것이 이집트 혁명을 부를 때 주식인 빵 이름을 따서 '아이쉬(Aishi) 혁명' 또는 서민들의 대표적 음식 이름을 붙인 '코샤리 혁명'이라는 별칭을 사용하는 이유이다. 실업률이 상승하고 20대 이하 인구의 비율이 급등하면서 사실상 젊은이 대부분이 실업자가 되었고, 생필품 가격 인상까지 따르자 전반적인 불만이 고조되었다.

넷째, 아랍 통합을 이끌 정치적 이념의 부재를 들 수 있다. 이스라엘 건국으로 아랍 민족주의가 패퇴한 뒤 아랍, 이슬람권을 통합할 만한 정치적 이데올로기와 신념이 전무한 상황이었다. 과거 이집트 나세르 정권의 경우 아랍의 통합을 견인하고 이스라엘에 대한 아랍 공동전선을 이끌 수 있었다. 그러나 나세르 이후 뚜렷한 이념을 지닌 지도자가 나오지 않자 국민들의 정치적 박탈감이 상승했다. 정치적 이념의 고갈 현상과 더불어 이스라엘과 치른 일련의 중동 전쟁에서의 패배, 이스라엘의 강력한 행보 등이 맞물리는 상황에서도 아랍권에서는 제대로 된 리더십이 존재하지 않았다.

다섯째, 역사적, 문화적 패배주의의 확산이다. 고대에 중동에서 문명이 일어난 데 이어, 중세 때는 과학, 수학, 의학 등 당시 첨단 학문 분야에서 여타 유럽권에 비해 압도적으로 발전된 문화와 문명을 구축했다. 또한 우마이야, 압바시야, 오스만 등 제국이 연속적으로 창건되고, 정복 전쟁도 성공적으로 수행했다. 즉 과거 이슬람 제국이 누렸던 영화에 대한 향수가 여전히 남아 있었다. 역사적, 문화적으로 우월했음에도 산업혁명 이후 서방에 뒤처졌고, 제1차 세계대전 이후 서구 열강의 식민주의를 경험하면서 인지적 괴리 현상이 발생했다.[3]

3) 촉진 요인

혁명이 여러 국가에서 동시에 발생하고, 단기간 내에 폭발적으로 확산된 요인은 두 가지로 분석할 수 있다.

첫째, 과거 서방의 대중동 민주화 추진 정책이 효력을 본 결과였다. 2004년 미국은 '확대 중동 구상'을 발표하면서 중동 민주화를 추진했고, 이에 따라 중동 일부 아랍 국가에서 선거제도가 개편되고 법률에 근거

---

3 인남식, 〈중동 민주화 운동의 원인, 현황 및 전망〉, 《주요국제문제분석》 2011년 봄, 국립외교원, pp.215~217

한 통치 행위가 시작되었다. 선거 결과 2005년 이집트 총선에서 무슬림 형제단이 88석을 얻으며 제도권으로 진입했고, 2006년 팔레스타인에서는 하마스가 입법의회를 장악하는 등 반미, 반서구 이슬람 세력이 정치 제도권으로 진입하는 현상이 나타났다. 이는 극도의 정치적 불신과 무기력증에 빠진 아랍 대중에게 자리 잡아 온 '정권을 교체할 수 없다'라는 일종의 금기를 깨는 계기를 가져왔다. 즉 아랍 대중은 별 기대 없이 선거를 했음에도 최소한의 공정성만 보장되면 그들이 지지하는 후보가 전면에 등장할 수 있다는 일종의 학습 효과를 체득한 셈이었다.

둘째, 미디어와 소셜 네트워크(Social Networking Service, SNS)의 발달이 민주화를 국가들로 확산시켰다. 아랍 대중은 중동 지역 정권의 행태를 신랄하게 노출하는 알 자지라[4] 방송의 콘텐츠에 쉽게 접근하게 되었다. 이로써 자국 국영 방송에서 금기시하는 현 정부의 무능과 부패 등의 탐사 보도에 노출되기 시작한 젊은 세대들 사이에 정권에 대한 반감이 증폭되었다. 여기에 페이스북(Facebook), 트위터(Twitter), 유튜브(YouTube) 등 SNS가 확산되면서 아랍 대중 간 소통이 가능해졌고 시위로 이어지는 촉매제가 되었다. 이를 통한 파급 효과는 상당히 컸으며, 특히 튀니지 청년 부아지지가 경찰의 과잉 단속에 항의하여 분신자살을 하는 장면, 경찰의 구타 장면들이 스마트 폰으로 촬영되어 유튜브에 올라가고, 페이스북으로 옮겨 가면서, 아랍권 젊은이들을 자극하였다.[5]

---

4 브루킹스 연구소가 20~40세 이집트 청년들에게 중동에서 가장 영향력이 큰 방송 채널을 조사한 결과, 2000년 이집트 국영방송(80%), 2008년 알 자지라 방송(68%), 2010년 알 자지라 방송(84%)으로 나타났다.

5 인남식, 앞의 논문, pp.217~218

2

중동 민주주의 실현의 한계

 '아랍의 봄' 중동 민주화 열풍은 아직까지 진행 중에 있다. 그러나 그 열풍은 민주주의를 위한 평화적인 정치 변혁이 아니라 부족 간, 종파 간 분쟁으로 변질되어 무정부 상태와 내전 상황이 지속되고 있다. '중동에서 민주주의는 요원한 과제일까?'라는 명제를 생각하게 한다. 돌이켜 보면 제1차 세계대전 후 독립한 22개 아랍 국가들은 지금까지 단 한 나라도 자유선거를 통한 평화적 정권 교체를 이룩하지 못했다. 제2차 세계대전 후 신생 독립국들은 민주주의를 한답시고 헌법이나 공화 정부, 입법 의회 같은 서구식 제도를 그대로 받아들였다. 그러나 그들은 이러한 제도를 운용하는 데 있어 민주주의가 아닌 폭력이라는 수단에 의지하여 정권 교체를 이루었다. 소위 말하는 아랍식 혁명이다.

 그 후 수많은 다른 혁명이 일어났고, 20세기를 통틀어 중동 국가 과반수가 이전 정권을 무력 혁명으로 제거하고 세워진 정권들에 의해 통치되고 있었다. 통상적으로 자신들이 받들던 통치자를 몰아낸 군 장교들이 정권을 수립했다. 이들은 똑같은 열정으로 '혁명적'이라는 용어를 내세웠는데, 언제부터인가 혁명은 중동에서 정권의 정통성을 주장하는 용어로 가장 광범위하게 받아들여졌다. 중동 지역에서 가장 강력하고 지속적이었던 서구 정치 이념은 아마 혁명일 것이다. 다른 서구 사회에서와 마찬가지로, 중동-이슬람 역사에서도 반란이나 음모로 정부를 전복했던 수많은 예를 찾을 수 있다. 폭정을 타파하고 그 자리에 정의를 바로 세우는 것이 신성한 의무라고 믿었던 이슬람 지도자들이 기존의 사회적, 정치적 질서에 도전했던 오랜 이슬람 전승(傳承)이 전해진다.

그러면 이슬람과 민주주의는 양립할 수 없는 것인가? 이슬람적이고 민주주의적인 해결책의 지지자들 사이에도 개념이 상당히 달라서 많은 변종들이 생겼다. 어떤 경우에는 두 개념이 서로 배타적이었다. 비록 소수이지만 무슬림 사이에서 매우 활동적이고 중요하게 여겨지는 이슬람 원리주의자들은 민주주의에 '권력으로 향하는 편도 차표'라는 것 외의 의미를 두지 않았다. 민주주의자 중에서 호전적인 세속주의자들은 한 국가에서 전통적으로 이슬람이 해 온 역할을 종식시키거나, 최소한 감소시키겠다는 자신들의 의도를 거의 감추려고 하지 않았다. 신앙에 기초한 한 국가의 이슬람 전통, 즉 정종 일치(政宗一致)의 이슬람 개념과 종교와 정치의 분리라는 서구적 개념 사이의 상호 괴리는 계속될 것처럼 보였다.[6]

중동을 민주화시키기 위한 상기와 같은 서방의 시도에도 신정 체제(이란 등), 왕정 체제(사우디 등), 공화정 체제(이집트 등) 등의 권위주의 정권은 강력한 통치 기반을 유지하며 정권별로 대개 30년이 넘는 장기 독

---

6 버나드 루이스 지음, 이희수 옮김, 《중동의 역사》, 까치, 2009, pp. 401~403

　　　　　　　　　　　　　　중동 테러리즘

재를 이어 왔다. 이런 상황에서 아랍의 봄 혁명은 아랍인에 의한 새로운 도전으로, 21세기 이슬람 세계의 민주주의를 향한 의미 있는 출발이었다. 그러나 현실적으로는 전혀 그렇게 진행되지 못했다. 이러한 관점에서 중동 지역은 고유한 정치 문화와 배타적인 토양으로 서구 민주주의와는 전혀 다른 궤적을 형성한다는 중동 예외주의 논쟁이 대두되었다. 다시 말하면, 세 가지 요인에 의거해 중동에서는 소위 '서구식 민주화'가 뿌리를 내릴 수 없다는 논리가 상존해 왔다.

첫째, 이슬람의 정종 일치 사상이 서구식 정치 문화와 상반된다는 주장이다. 이슬람 세계관의 핵심적인 덕목은 따휘드(al-Tawhid, 신의 유일성)이다. 이는 만물의 통합적 합일정신을 의미하며 전일체적(全一體的) 성격을 갖는다고 믿는다. 따휘드의 원칙은 만물을 현세와 내세, 물질과 정신, 형이상학과 형이하학, 실체와 이념 등으로 분리하지 않고, 단일체(單一體)로서의 우주로 보는 것이다. 즉 세속적 영역과 종교적 영역이 분리되지 않는다. 따휘드의 전승은 정종 일치의 이슬람 정치 구도를 강화하는 기반이 되며, 이는 세속화를 기반으로 하는 서구식 정치 문화와는 상반된다. 따라서 이슬람 세계에 서구식 민주주의의 착근이 쉽지 않은 것은 이슬람의 종교 사상에 영향을 받기 때문인 것으로 보인다.

둘째, 중동의 부족주의 관습이 민주주의보다는 독재를 양산한다는 것이다. 중동의 정체성을 구성하는 가장 기본적인 단위는 부족으로, 이는 중동의 일반적 문화인 유목 문화에서 기인한다. 사막에서 오아시스를 찾아 이동하는 부족 단위 유목민의 특성상 지혜와 혜안을 가진 일종의 철인 통치(Philosopher's Rule)를 통치의 원칙으로 상정한다. 공동체 최연장자의 경험과 혜안을 통치의 최고 덕목으로 인정하는 부족 문화의 특성은 다수결에 의한 의사 결정 구조를 기초로 하는 서구 민주주의 전승과는 거리가 있다. 따라서 부족주의 관습이 장기 독재 정권의 유지를 가능하게 하는 데 영향을 미친다고 본다.

그러나 이 주장에는 반론도 있다. 고대 아랍 부족 사회에서는 부족장이 죽었을 때 부족 회의를 열어 후계자를 선출했다. 부족장의 지위를 세습이 아닌 부족 내 가장 영향력 있는 인물의 추대 또는 투표로 이양하는 방식이다. 이슬람 초창기 632년인 예언자 무함마드 사후 후계자를 선출하는 과정에서 이러한 이슬람식 민주주의 전형이 마련되었다. 아부바크르, 오마르, 오스만, 알리 등 4대 정통 칼리파(Khalifa, 정치와 종교를 관장하는 정종 일치 국가의 지도자)들은 부족 공동 합의체를 통해 이미 민주주의를 실천한 지도자들이었다.[7]

셋째, 원유 수입, 운하 사용료 징수, 관광 수입 등의 지대 추구 행태가 민주주의 토양이 아니라는 주장이다. 논리가 좀 빈약하긴 하나, 일부 일치하는 면도 있다. 아랍 산유국 중 국가 수입의 대부분을 부존자원, 운하 통행료, 관광 수입 등 생태적으로 주어진 조건에 의존하는 경우를 지대 추구 국가(rentier states)로 분류한다. 국민의 노동력과 기술 개발에 따른 부가가치 창출, 이에 의거한 과세 수입으로 국가 수입이 구성되지 않고 대개 왕실 재산으로 귀속되는 국가 수입이 대부분이다. '납세 없는 대의(代議) 민주주의'는 불가능하므로 부존자원에 의존하는 걸프 산유국 왕정이나 리비아, 알제리 등과 수에즈 운하 및 관광 수입에 의존하는 이집트 등은 민주주의의 토양이 아니라는 주장이 있다.

결국 중동 지역에서 민주주의에 대한 국민의 열망이 표출되어 정치

---

7 버나드 루이스 지음, 이희수 옮김, 앞의 책, p. 90

중동 테러리즘

변동이 나타나고 있으나, 실질적으로 대안적 정치 세력과 시민사회가 거의 전무한 상황이다. 향후 중동 아랍 지역 내에 민주주의 정권이 들어설 가능성보다는 새로운 형태의 권위주의 정권이 수립될 가능성이 더 큰 것으로 보는 시각이 존재하는 것은 사실이다. 실제로 민주화 운동이 시작된 지 5년이 경과한 2015년 12월 현재까지도 대부분의 국가들이 과도 정부에서 문민화된 민주주의 정부를 창출하지 못하고 있으며, 부족 및 종파 간 내전, 쿠데타 발생 등의 혼란이 지속되는 이유가 여기에 있다.[8]

8 인남식, 앞의 논문, pp. 219~221

3

국가별 민주화 진전 동향

1) 튀니지

2010년 12월 17일, 튀니지 남부 소도시 시드 부지드의 채소 노점상 모함마드 부아지지가 경찰의 과잉 단속에 항의해 분신자살한 사건이 발생했다. 경찰의 구타와 분신자살 장면이 시민들의 스마트폰으로 촬영되어 튀니지 전국으로 퍼져 나갔으며, 이에 항거하는 시민들의 대규모 반정부 시위가 전국으로 확산되었다. 2011년 1월 14일, 결국 벤 알리 대통령은 금괴와 막대한 재산을 챙겨 사우디아라비아로 망명함으로써 23년간의 장기 정권이 붕괴되었다.

튀니지는 아프리카 대륙 최북단에 위치해 지중해에 면해 있다. 1천만 명의 인구와 남한 크기의 영토를 가진 소국이며, 이슬람을 국교로 하고 있으나 극단주의를 철저히 경계하는 온건 아랍국이다. 2011년 국가 비상사태하에 과도 정부가 출범하였으며, 몬시프 마르주키가 대통령에 당선되었다. 하지만 살라피즘(Salafism, 꾸란에 기초한 엄격한 이슬람 신앙으로 복귀하자는 수니파 사상운동)을 신봉하는 사람들에 의한 폭동이 지속적으로 발생하여 정세와 치안 불안은 여전했다. 2011년 10월 23일, 제헌 의회를 구성하여 새로운 헌법을 제정하고 정치 체제 등 국가 기틀을 마련할 계획을 수립했다. 2012년 9월 3일, 제헌 의회는 헌법안 확정, 총선 및 대선 등 향후 정치 일정을 제시했으며, 1년의 정리 기간을 거쳐 2013년 9월 8일에 총선 및 대선을 통해 제도적으로 완전한 의회 민주주의를 완성한다는 계획을 수립했다. 국내 정세가 점차 안정을 찾아가면서 2014년 1월부터 비상사태를 해제하고, 11월 23일 대통령 선거를 실시하는 등 비교적 순조로운 정치 일정을 수행했다. 2014년 12월 2일에 국회가 공식 출범했고, 12월 31일에는 최초의 민선 대통령 베지 카이드 에셉시가 취임하여 가장 모범적인 민주주의 국가로 변모하였다. 즉 튀니지는 아랍의 봄 이후 유일하게 민주주의 체제로 안착한 국가이다.

그런데 2015년 3월 18일, 수도 튀니스의 바르도 국립박물관에서 무장단체가 일본, 이탈리아, 스페인, 프랑스 등 외국인 관광객 21명을 살해하는 테러가 발생했다. 이 테러는 지중해와 맞닿은 북아프리카의 유명 관광지에서 발생했다는 점에서 주변 리비아, 이집트에서 일어나는 테러와 유사하다. 극단주의 감시단체 시테(SITE)는 IS 관련 트위터 계정이 이번 테러를 축하한다는 메시지를 보내고 있다고 밝히고, 이 테러는 IS의 튀니지 데뷔전일 가능성이 높다고 전망했다. 또한 CNN 보도에 의하면 튀니지는 모범적인 민주화 국가임에도, 1개국 최다 규모인 약 3천 명의 튀니지인들이 이라크와 시리아로 입국하여 IS에 가입한 동향이 포착되었다고 한다. 이에 튀니지가 IS 대원의 최대 공급국으로 전락했다는 평가가 있어 주목된다.

2) 이집트

2011년 1월 25일 시민혁명이 발생한 지 18일 만인 2월 11일, 무바라크 대통령이 하야함으로써 미국과 이스라엘의 가장 충실한 우방이었던 30년 장기 집권 체제가 붕괴되었다. 코샤리 혁명 또는 아이쉬 혁명이라 불리는 이집트 혁명은 특정 정치 세력의 조종이나 조직화에 의해 발현된 것이 아니다. 다양한 계층과 다양한 세대의 저항이 동시에 분출되었다는 점에서 시민혁명으로 분류될 수 있다.

시민혁명 과정에서 이집트 국민들은 지역, 정파, 종교, 세대와 관계없이 무바라크의 하야를 요구했다. 관심 대상이었던 무슬림 형제단, 살라피스트 운동 등 이슬람 세력도 종교적 이념과 주제는 배제한 채 민주주의의 근원적 가치 추구를 역설하였다. 이는 사실상 종교적 색깔이 없는 순수한 민주주의를 요구하는 실체로 비춰졌다. 아랍 역사상 첫 시민혁명 사례라 할 수 있으며, 국민들은 이에 대한 자부심과 미래에 대한 자신감으로 고무되어 있었다.

즉 이집트 정치 변동은 시민혁명의 성격을 내포하고 있으므로, 기존의 권력 구도를 해체하고 제로베이스에서 민주주의 건설을 시작해야 하는 입장이다. 이집트는 현재 중동권에서 가장 주목을 받으며 정치 구성 과정에 진입했다. 무바라크의 집권당(National Democratic Party, NDP) 해체가 공식적으로 시작되었고, 무바라크 기소 및 두 아들의 구속 수감 등을 비롯하여 아흐마드 나지프 전 총리 등 과거 정부 각료들의 독직, 부패 혐의에 대한 공식 조사가 시작되었다.

(1) 민선 정부의 정책 실패

의욕적인 출발과는 달리, 이집트의 민주화는 순조롭게 진행되지 못했다. 2012년 5월, 과도 정부가 주도한 총선에서 모하메드 모르시가 52%의 지지표를 얻어 당선되었다. 그는 무슬림 형제단의 지지를 등에 업고 이슬람 세력의 집권에 성공한 것이다. 대통령 취임 후 모르시는 이집트 헌법재판소의 판결로 해산된 의회를 재소집한다고 결정하면서 군부와 충돌했다. 이집트 군부가 헌법재판소의 의회 해산 결정을 따라야 한다고 발표하자, 이집트 헌법재판소도 모르시의 의회 재소집이 무효라고 선언했다. 이에 모르시도 헌법재판소의 판결을 존중하겠다고 발표했다. 모르시가 당초의 결정을 번복한 것이지만, 이 사건으로 모르시와 군부가 마찰하는 동향을 보였고, 양분된 세력들이 벌이는 시위가 점점 격화되었다.

모르시 대통령 취임 1주년을 맞아 2013년 6월 30일 카이로 타흐리르 광장 등 각지에서 모르시 대통령의 하야를 요구하는 대규모 반모르시 집회가 개최되었다. 전국에서 2,500만~3천만 명이 집결한 것으로 집계되었으며, 모르시 취임 이후 줄곧 이어진 반모르시 집회는 이때 절정을 이루었다. 군중들이 모르시 축출을 요구하는 이유는 다음과 같다. 첫째, 대중은 당초 세속주의 세력이 주도한 시민혁명으로 순수 민주주의를 지향하려 하였다. 그러나 모르시 정부는 헌법 제정, 정부 인사, 정책 운영 면에서 세속주의 세력을 배척하고, 이슬람주의적 목표를 추구함으로써 시민혁명의 결과물을 찬탈했다는 인식이 대중 사이에 팽배했다. 둘째,

외화, 전력, 연료 부족, 인플레이션, IMF 차관 협상 부진 등 경제난 극복을 위한 정책에 실패했기 때문이다.

(2) 군부의 재등장

2013년 7월 3일, 압델 파타 엘 시시 국방장관은 반모르시 민심을 앞세워 모르시 대통령을 축출하고, 야권, 시민 세력, 콥트교 및 이슬람 대표 등을 망라한 전 국민대표 집회에 입회하여 향후 로드맵을 공표하였다. 로드맵은 다음과 같은 내용을 포함하고 있다.

① 2012년 헌법 효력 정지
② 최고헌법재판소장이 임시 대통령으로 국정 관리
③ 대선 조기 실시
④ 전문 관료로 거국 정부 구성
⑤ 상원 해산(하원은 2012년 6월 위헌 판결로 이미 해산)
⑥ 최고헌법재판소의 선거법 검토 후 의회 선거 실시

로드맵에 따라 7월 4일 아들리 만수르 최고헌법재판소장이 임시 대통령으로 취임하였으며, 만수르 대통령은 7월 16일 내각과 27개 주지사를 임명하였다. 그런데 각료 및 주지사 선임에서 이슬람주의자들을 전면 배제하였다. 이는 모르시 지지 세력인 무슬림 형제단 등 종교 세력을 경계하는 한편, 알 카에다와 IS 등 이슬람 극단주의 세력의 숙주를 사전 차단하려는 의도였다.

그러나 다른 한편으로 카이로 시내에서는 친모르시 집회도 이어지고 있었다. 이들이 총기 등 무기를 사용해 관공서, 상점, 교회 등을 습격하고, 방화하는 등 무장 투쟁을 일삼았다. 이에 만수르 임시 대통령은 친모르시 세력을 테러 집단으로 규정하고 강경 대응을 천명하였다. 그리하여 무슬림 형제단 지도부 인사들을 속속 체포해 반역, 폭력 선동, 살인 교사 등의 혐의로 기소하고, 모르시 전 대통령은 비공개 장소에 구금했다.

한편 만수르 임시 대통령은 2013년 8월 21일 카이로 항소법원에서 구속 재판 중인 무바라크 전 대통령의 가석방 신청을 승인하고, 토라 형무소에서 마아디 군 병원으로 이송 조치하였다. 무바라크 대통령은 이 가석방으로 모든 혐의에 대한 재판이 불구속 재판으로 전환되었으며, 특이한 것은 예상되었던 무바라크 가석방에 대한 반대 시위가 일어나지 않았다는 것이다.

2014년 5월 30일, 대통령 선거에서 이제까지 군부를 지휘해 왔던 엘시시 국방장관이 당선되었으며, 6월 8일에는 스스로 신임 대통령으로 취임하였다. 즉 무바라크 하야 이후 3년여 만에 또 다른 군부가 집권하여 강력한 통제력을 발휘함으로써, 이집트는 안정을 유지하고 있다. 똑같은 여건에서 출발하여 내전 또는 무정부 상태에서 헤어나지 못하고 있는 리비아, 예멘, 시리아의 상황과 비교할 때, 중동 민주주의 실현을 위한 정치 변동의 과정에서 현실주의적 국익과 자유주의적 가치 사이에서 혼선이 가시화되는 부분이다.

(3) 정국 전망

혁명 초기 시민들이 자부심과 자신감을 나타냈음에도, 현재 정황상 이집트에서는 본원적 민주주의가 안착할 가능성보다 신권위주의 및 독재 정권이 연장될 가능성이 더 크다. 민주주의 체제에 대한 국민들의 열망이 민주주의 가치 추구 차원에서 발원했다기보다는 현 정부의 독재와 탄압에 대한 반발에서 시작되었다는 점에서, 향후 이집트 정치 체제를 견인해 나갈 시민사회나 건전한 야당 세력의 역량에 대한 회의가 상존하기 때문이다. 기득권 유지를 원하는 군부가 군사최고위원회를 구성하여 향후 정치적 행보에 관한 밑그림을 그리고 있으며, 대통령 후보는 민간인 출신이라도 군부의 지지를 획득한 인사가 등용되어야 체제 안정을 기할 수 있다. 따라서 무바라크 정권보다 더 퇴행적인 권위주의로 복귀할 가능성도 배제할 수 없다.

무슬림 형제단이나 살라피스트 운동단체 등 이슬람 정치 세력들은 당분간 관망세를 유지할 것으로 보인다. 모르시의 이슬람 체제가 정책 실패로 퇴진한 이상 또다시 이슬람 종교 체제가 전면에 등장하기보다는 추이를 지켜보는 수준에 머물 것으로 예상된다. 아랍의 봄 혁명의 관성이 여전히 작동하고 있으며, 이는 국민들의 성취감이 지속되고 있음을 의미한다. 새로운 이집트에 대한 국민들의 기대감이 매우 큰 상황이기에 섣부른 이슬람주의의 등장은 자칫 자신들의 정치적 동력을 약화시킬 수 있다는 우려가 있기 때문이다.

이집트 민주화가 성공할지는 섣불리 예상할 수 없다. 다만 이미 벌어진 상황을 되돌릴 수는 없지만, 이집트에게는 아직까지 선택의 여지가 남아 있다. 군이 이대로 권력을 장악하려 한다면 이집트는 실패한 혁명의 절망감이 더해진 무바라크 시대로 되돌아갈 것이다. 군이 조기 선거 계획을 수립하고 이슬람주의자들에게도 공정한 기회를 보장한다면, 이집트의 민주주의는 아직 희망이 있다. 이집트 군부는 고비마다 시민들의 신뢰를 등에 업고 중요한 역할을 해 왔다. 군부는 민주주의를 제자리에 돌려놓음으로써 그 신뢰에 보답해야 할 것이다.

3) 리비아

리비아 내전은 무아마르 카다피 지지 세력과 반카다피 세력 간에 벌어진 무장 충돌로, 리비아 혁명으로도 불린다. 사태는 2011년 2월 15일에 제2도시 벵가지에서 최초의 반정부 시위가 일어나면서 시작됐다. 초기에는 카다피의 42년 장기 집권과 독재에 반대하고 정치범 석방을 촉구하는 일련의 평화적인 시위였다. 그러나 차츰 500여 개의 부족 간 갈등으로 변질되고, 내전으로 확대되었다. 3월 17일, UN 안보리가 UN 개입을 승인하는 결의안을 채택한 뒤, 3월 19일에 미국, 영국, 프랑스 등 다국적군 전투기들이 리비아 영공에 진입하여 카다피 군에 대한 공습을 지속하였다. 이에 무장 민병대들까지 대정부 공격을 강화하면서 내전은 리비아 전역을 무정부 상태로 만들었다.

리비아 사태는 민간인 학살 등 극명한 인권 침해 행위 때문에 최근 아랍 지역 민주화 운동과 시민혁명 중에서 국제사회의 가장 큰 우려를 낳았다. 카다피로 대표되는 리비아 정부가 무기를 소지하지 않은 시위대, 즉 민간인을 전투기까지 동원한 군대와 아프리카 용병, 저격수들을 동원해 학살하는 등 국제사회가 감내하기 힘든 수준의 인권 침해 행위를 자행한 것이다.

국제사회는 이에 대응하여 두 차례에 걸친 UN 안보리 결의안 채택을 통해 리비아에 대한 강제 제재 조치를 취했다. 2011년 2월 26일 UN은 〈결의안 1970호〉를 통해 리비아에 대해 해외 자산 동결 및 무기 금수 조치 등 경제적 제재를 가하는 동시에 리비아 지도자 카다피의 '인도에 반한 죄' 혐의 등을 근거로 국제형사재판소(International Criminal Court, ICC)에 리비아 사태를 직접 회부하였다. 이러한 국제사회의 경제 제재에도 카다피 정부의 태도는 근본적으로 변하지 않았다. 그러자 UN 안보리는 3월 17일 추가로 UN 헌장 제7장에 근거한 비행 금지 구역 설정 및 회원국 무력 사용 허가의 내용을 담은 〈결의안 1973호〉를 채택하였다.

2011년 3월부터 본격적으로 전쟁 상태에 들어갔으며, 그 후 치열한 공방전이 전개되었다. 2011년 8월에는 반카다피 세력이 수도 트리폴리를 장악했고, 2011년 10월 20일에는 카다피의 고향 시르테 주를 공격하여 카다피 체포를 시도했다. 그러나 카다피는 체포 과정에서 총상을 입고 사망하였다. 42년 장기 독재가 종식되는 순간이었다.

2011년 10월 20일, 카다피 피살 이후 반정부 시위군은 국가과도위원회(NTC)를 구성했다. 2012년 8월 8일에는 새로 구성된 200명 정원의 의회에 권력을 공식 이양하는 등 순조로운 민주화가 기대되었다. 그러나 총리 인선과 내각 구성을 두고 지역, 정파 간 대립이 격화되면서 정국에 혼란이 거듭되었다.

2012년 9월 14일에는 벵가지 주재 미국 영사관이 피습당해 총영사가 살해되었는데, 이는 알 카에다 북아프리카 지부(AQIM)의 소행으로 알려졌다. 미국의 대테러 소탕전이 전개되면서 리비아 전역의 치안이 극도로 악화되고, 무정부 상태에 빠졌다.

2014년 6월 총선에서 비이슬람계의 지원을 받은 압둘라 알 타니가 승리하며 신정부를 구성했다. 하지만 총선에서 패배한 이슬람계가 8월에 '리비아의 여명'이라는 무장 조직을 만들어 수도 트리폴리를 장악하고 임시정부를 선포했다. 알 타니 총리가 이끄는 의회는 트리폴리에서 1,200km나 떨어진 동부 투브루크로 피신했다. 더구나 2014년 11월 대법원도 총선을 위헌이라고 결정한 상태였다. 정당성이 없는 두 조직이 리비아 국토를 양분한 것이다. 이들은 각각 서부의 트리폴리타니아와 동부의 키레나이카를 거점으로 하고 있다.

더구나 500여 개 부족을 중심으로 무장단체 1,700여 개가 전국에 산재해 있다. 이렇게 난립한 무장단체들은 IS와 같은 테러 세력의 숙주가 되었다. 특히 동부 벵가지를 중심으로 활동하던 이슬람 무장단체 안사르 알 샤리아(Ansar al-Sharia)는 2014년 10월 IS에 대한 지지를 밝혔다. 이 조직은 리비아의 여명과도 연대하고 있다. 동부 데르나에 근거지를 둔 '이슬람 청년 슈라 위원회'는 IS에 가장 동조적인 조직으로, 2014년 10월 IS가 건설 중인 칼리파 왕국에 합류할 것이라고 선언했다. 또한 IS는 리비아 동부의 한 훈련소에서 200여 명의 리비아 전사들을 훈련시킨 것으로 밝혀졌다. 미국 외교 전문지 〈포린 폴리시(FP)〉는 IS의 영향력이 리비아 동부에서 서남부로 확산되고 있다고 전했다.

이에 주리비아 대한민국 대사관은 홈페이지에 이와 같은 당부를 게시하였다.

리비아 체류 중인 우리 국민께서는 상기를 참조,
2015년 3월 이후에도 지속 예상되는 ① 리비아 내 공중 공습, ②
ISIL 단체의 무분별한 테러 및 외국인 납치 등으로 리비아 전역 내

안전이 극히 위험해지고 있음을 직시하셔서, 안전한 인근 및 본국으로 조속히 철수해 주실 것을 긴급 당부드립니다.

4) 예멘

2011년 1월 27일, 이집트, 튀니지 민주화 혁명의 영향을 받은 예멘 시위대는 33년간 집권한 살레 대통령 퇴진을 요구하는 시위를 전개하였다. 정부가 이를 강경 진압하면서 수십 명의 사상자가 발생한 가운데, 6월 3일 살레 대통령이 반군 포격으로 부상당하자 치료차 사우디로 출국하였다. 사우디 및 미국이 이후 정부와 반군 간 휴전 중재 및 살레 대통령 하야를 설득하여 결국 그는 사우디로의 망명을 택했다.

2012년 2월 27일, 살레 대통령이 하야한 이후에도 통일(1990. 5. 22) 이전의 남북 예멘으로 분열되어 무력 충동이 지속되었다. 이에 따라 과도 정부는 2013년 3월부터 2014년 1월까지 범국민 대화를 실시했다. 그 결과 남북 예멘 간 연방제를 추진하기로 결정했는데, 이는 통일 정부를 다시 분리하는 것이었다. 그러나 북부 반미, 반수니파 후티(Houthi) 반군들은 2014년 9월에 수도 사나를 장악하고, 연방제에 반대하며 반정부 시위를 벌였다. 남부 수니파와 곳곳에서 충돌하며 유혈 사태가 심각한 지경에 이르렀다. 수니파는 같은 종파인 아라비아 반도 알 카에다(AQAP)와 연계되어 있다. 따라서 예멘의 남북 간 내전 상황은 AQAP, 후티 반군, 하디 대통령 정부군 등 3세력 간의 파워 게임 양상을 띠게 되었다.

2015년 1월 20일, 시아파 이란의 군사 지원을 받는 반군 후티가 정부군과 교전 끝에 대통령 궁 등 정부 주요 시설을 점거했다. 이에 살레 대통령 망명 후 선출된 친서방 성향의 압드라부 만수르 하디 대통령은 사우디아라비아에 도움을 요청하였다. 사우디는 지상군 전체 병력의 80%에 달하는 15만 명을 동원하여 후티 반군 10만 명을 격퇴하는 데 나섰다. 사우디의 즉각적인 대규모 개입은 예멘이 이란의 수중으로 넘어갈 경우 산유국의 주요 수송로인 홍해를 잃어버릴 것을 우려한 데 따른 것으로 보인다. 이집트, 모로코, 요르단, 수단, 쿠웨이트, UAE, 카타르, 바레인, 파키스탄 등 9개국의 수니파 국가들도 사우디의 후티 격퇴전에 동참했다. 예멘의 지정학적 중요성이 주변 아랍 산유국 모두에게 미치고 있기 때문이다.

이처럼 예멘 내전이 국제전으로 비화하면서 예멘 민주주의 시민혁명은 중동 전역을 대상으로 하는 수니와 시아 간 종파 분쟁으로 번지고 있다. 시아파 이란의 대응 여부가 앞으로의 중동 정세에 주요 변수가 될 것으로 보여 주목된다.

4

시리아 사태

1) 시위 촉발 배경

시리아 상황도 넓은 범위에서 보면 중동에서 일어난 아랍의 봄의 일부이다. 아랍의 봄 민주화 운동은 아랍 사회의 만성화된 불평등 구조, 정부 관료의 부정부패, 국제 금융 위기 및 곡물 가격 상승에 따른 경제적 피폐가 주요 원인이었다. 청년 실업률 증가 등과 같은 구조적 요인과 여러 모순들이 가시화되고, 이에 저항하는 세력을 결집시키는 수단인 SNS 및 인터넷의 확산이라는 촉진 요인이 작용하여 발생하고 확산되었다.

시리아에서는 알 아사드 정권의 독재, 정부의 부정부패, 알라위파 및 소수 지배 집단의 전횡, 하마 등지에서의 학살 경험 등이 내전을 일으키는 중요한 구조적 요인으로 작동한 것으로 보인다.

시리아 내전은 여타 아랍 공화정에서와 마찬가지로 2011년 초 소규모 시위로 시작되었으나, 치안 당국이 강력하게 통제하면서 오히려 상황이 악화되었다. 시리아 남부의 요르단 접경에 위치한 다라 지역에서 중학생 13명이 담벼락에 장난삼아 반정부 낙서를 하자 정부는 해당 학생들을 색출해 체포했다. 3월 18일, 이에 항의하는 시위가 발생하였으며, 정부군이 발포하여 최소 3명이 사망했다. 이후 항의 시위는 전국적으로 전개되었는데, 지난 10년간 발생한 소요 사태 중 가장 심각한 것으로 간주되었다. 혼란을 우려한 바샤르 알 아사드 정부는 즉각 위무 작업에 나섰고 책임자를 처벌하였다. 체포 구금된 다라의 중학생을 석방하고, 치안기관 인사 재편 등으로 대응했으나, 홈스, 바니야스 및 다마스쿠스 교외의 두마 등지에서 연쇄적으로 시위가 일어났다. 시위대들은 1971년부터 시리아를 통치해 온 하페즈 알 아사드 대통령의 뒤를 이어 2000년 7월 대통령이 된 바샤르 알 아사드의 사임과 1963년부터 시리아의 여당이었던 바트당의 퇴진을 요구했다.

여타 아랍 국가에서는 정치 변동을 겪으면서 비교적 단기간에 정권 교체가 일어났고, 그에 따른 후속 과정이 진행되었다. 그러나 시리아의 경우 2011년 3월부터 현재까지 만 5년간 만성적 분쟁 양상을 나타내고 있다.

유엔 난민기구(UNHCR)에 따르면 시리아 내전 동안 22만 명이 사망했고, 특히 IS가 득세하면서 내전이 확대되어 7만 6천 명이 사망했다. 또한 국민의 절반인 1,150만 명이 난민으로 전락했으며, 그들 중 국외 난민이 390만 명으로, 터키(170만), 레바논(120만), 요르단(62.5만), 이라크(24.5만), 이집트(13.7만)로 분산되어 있다. 더구나 주변국으로 분산된 난민들이 유럽으로 대거 몰려들면서 유럽 각국은 몸살을 앓고 있다. 더구나 2015년 11월 13일 프랑스 파리 테러에 시리아 난민 출신 2명이 가담한 것으로 알려지면서, 유럽에서는 난민 거부운동이 일어나고 있다. 한국에도 금년 9월까지 시리아 난민 200명이 도착한 것으로 밝혀졌다.[9]

2) 정세 변화 추이

2011년 봄, 초기 단계에서는 아랍 민주화 운동 국면과 맞물려 정부군이 일방적인 수세에 몰렸다. 그러나 그해 4월부터 시리아 육군이 시위대 진압에 동원되기 시작했고, 군인들이 전국에 걸쳐 시위대에 발포했다. 군의 포위 공격 몇 달 뒤 시위는 무장 폭동으로 변했다. 주로 탈영한 군인과 민간인 자원군으로 구성된 반군(叛軍)은 중앙 지휘관 없이 저항했다. 이 충돌은 전국적으로 마을 및 도시에서 비대칭 전쟁 형식으로 일어났다. 2012년 봄 이후 전열을 가다듬은 정부군은 UN에 의한 상황 종료를 의식하고 무차별적으로 반군 격퇴에 나섰다. 대공세를 통해 홈스와 다마스쿠스 외곽 지역을 평정하고, 서북부 이들리브까지 장악하는 데 성공했다. 이 과정에서 많은 민간인 사상자가 발생했다.

2013년에는 레바논의 헤즈볼라가 개입하여 시리아 정부군을 지원하기 시작했다. 또한 시리아 정부는 러시아, 이란의 지원을 받았으며, 반정부군은 카타르와 사우디아라비아의 무기 및 보급 지원을 받았다. 2013년 초반부터 사우디 및 요르단이 반군에 대한 무기 지원을 확대하고, 국제사회의 시리아 정부에 대한 비난 여론이 거세지면서 정부군은 수세에 몰렸다. 그러나 전력 대부분을 다마스쿠스와 알레포 등 정부 거점 도시에 집중하여 반군의 공세를 막아 냈고, 헤즈볼라의 도움으로 전략적 거

9 인남식, 〈시리아 사태의 최근 현황과 전망〉, 〈주요국제문제분석〉 2014년 봄, 국립외교원, pp.84~85

점인 쿠사이르를 탈환했다. 이후 큰 변화 없는 고정된 전선이 형성되었다. 현재 정부군은 오론테스 강을 기점으로 서안에 화력을 집중해 전선을 유지하고 있으며, 향후 정세 변화에 따라 국가 분할이 이루어질 경우를 대비해 전선을 사수하고 있는 것으로 알려졌다.

2013년 8월, 다마스쿠스 인근 구타 지역에 화학무기인 사린 가스탄이 살포되어 어린이 400여 명을 포함한 1,300여 명의 사망자가 발생했다. 이는 오바마 대통령이 공언했던 금지선(Red Line)을 넘은 상황이었다. 곧 시리아 정부에 대한 보복 타격이 논의되었으나 러시아의 중재로 시리아 내 화학무기를 전량 반출하는 선에서 귀결되었다. 이 사건은 미국의 우유부단함을 보여 주는 것이었으며, 화학무기 시설 타격을 공언했던 오바마 행정부에 대해 아랍 내 반시리아 진영의 비판이 쇄도했다. 이후 상황은 알레포, 홈스 등 주요 도시를 중심으로 교전이 지속되는 국면으로 전개되었다. 그러나 최근 오히려 반군 내 갈등이 증폭되면서 상황이 변했다.

2013년 말, 시리아 북부 터키 접경 밥 알 하와에서 자유 시리아군(Free Syrian Army, FSA)의 주요 기지 및 무기 창고를 이슬람 전선(Islamic Front)이 탈취함으로써 온건파 반군의 위축세가 두드러졌다. 이슬람 전선은 자유 시리아군으로부터 독립해서 2013년 11월 최대 무장 반군 조직으로 재편되었다. 이들은 반군 내 무장 강경 세력인 알 누스라 전선(al-Nusra Front)과 알 카에다 이라크 지부의 새 조직이자 현 IS의 전신인 이라크 레반트 이슬람 국가(Islamic State of Iraq and Levant, ISIL/ Islamic State of Iraq and al-Sham, ISIS) 등과 연대했으며, 이들 세력은 제네바에서 열리는 국제 평화회담을 극렬히 반대하였다.

이에 따라 국제사회는 온건파 반군 세력에 대한 무기 및 물자 지원을 감축하며 상황을 예의 주시하고 있으나 상황은 갈수록 꼬이고 있다. 국제사회의 무관심 속에서 정부군과 반군 간 대립으로 시작된 구도가 반군 간 대립, 종파 간 갈등 등으로 복잡하게 얽혀 종전은 요원해 보인다. 바샤르 알 아사드 정권은 혼란을 틈타 성장한 IS 때문에 어부지리의 득을 얻고 있다. IS의 공격으로 반군 전력이 약화되었고, 미국이 IS에 관심을 쏟으면서 장기적인 정권 유지가 용이해진 것이다.

또한 정부군과 반군을 각각 지원하던 러시아와 미국이 우크라이나 사태로 대립각을 세우면서 시리아 문제 해결에 대한 대화가 단절되었다. 우크라이나 문제는 일단락되었지만 러시아가 맹방 시리아 바샤르 정권을 포기할 가능성은 거의 없다. 당초 미국은 바샤르 정권의 퇴진을 요구하였으나, IS는 이라크, 시리아 영토를 무력 점령하고 대서방 테러를 감행하고 있다. 이에 미국과 러시아 양국은 바샤르 정권 퇴진 문제는 뒤로 미루고 IS 격퇴전에 협력하고 있는 상황이다.[10]

3) 반군의 세력 구도

시리아 내 반군은 3개 세력으로 대별할 수 있다. 첫째, 최대 세력을 자임하는 기구로 시리아 국민연합(Syrian National Coalition, SNC)과 그 산하의 자유 시리아군(FSA) 등이 있다. 이들은 서방의 지원을 받는 온건 합법기구로 간주된다. 둘째, 시리아 내 이슬람 세력을 대표하는 조직으로 살라피스트, 즉 이슬람 전통주의 투쟁을 표방하는 이슬람 전선이 있

10 인남식, 앞의 논문, pp.86~87

다. 셋째, 알 카에다 유의 극단주의 무장 세력인 알 누스라 전선, 이라크-시리아 이슬람 국가(ISIL가 개명) 등의 세력이 있다. 이 반군 조직들은 모두 아사드 정권 퇴진을 목적으로 정부군과 투쟁하고 있으나, 반군끼리도 종족, 종파, 노선을 달리하고 있어 반목, 대립하는 실정이다.

(1) 친서방 반군 조직

SNC와 FSA는 온건 성향의 친서방 반군 조직이다. SNC, 즉 시리아 국민연합은 2012년 2월 서방과 아랍 국가 등 70여 개국이 모여 결성한 '시리아의 친구들(Friends of Syria)'[11]에서 인정한 유일한 합법단체인 시리아 국민평의회(Syrian National Council)를 중심으로 결집한 대표기관이다. 홈스 출신 수니파이자 프랑스 소르본 대학교수인 브뤼앙 갈리운이 초대 대표로 이끌었으며, 세속주의자와 무슬림 형제단 및 쿠르드족이 연대하여 구성되었다. 온건파 갈리운 교수는 점진적 체제 개혁을 주장하고 있으나, 조직 내 강경파에 밀려 최근에는 무슬림 형제단의 조지 사브라가 승계했다. 이 조직은 주로 해외파로 구성됨에 따라 역설적으로 국내 조직력은 취약한 수준인 것으로 알려졌다. 즉 국제사회에서는 시리아 반군의 대표성을 획득하고 있는 것으로 보이지만, 실제 시리아 내 반군 투쟁에서는 한계를 노정했다.

SNC 휘하에는 FSA, 즉 자유 시리아군이 조직되어 있다. FSA는 온건 수니파 이슬람주의자, 시민군 및 정부군 이탈 병력 등으로 구성되어 있

---

11 알 아사드의 퇴진과 시리아 사태의 평화적 해결을 도모하고자 70여 개국이 참가한 국제 연대기구이다. 2012년 2월 24일 튀니지에서 1차 회의를 개최하여 SNC를 시리아를 대표하는 합법적 단체로 인정하는 선언문을 발표하고, 4월 1일에는 터키에서 2차 회의를 열고 SNC에 통신 장비, 현금 등 물질적 지원을 하겠다고 합의했다. 이에 사우디, 카타르, 미국, 한국 등이 지원 의사를 밝혔다. 그러나 무기 공급에 대한 국제사회의 합의는 이루지 못했다.

다. 단일 위계 조직이 아닌 구성체의 특성상 최근 반군 단체 이탈이 가속화되면서 급속도로 힘을 잃고 있다. 미국 및 국제사회는 시리아 반정부 세력의 대표성을 획득한 것으로 알려진 FSA에 그동안 비살상용 군수물자 및 인도 구호 물품을 제공해 왔으나, 물자의 이탈 및 세포조직의 해체 등으로 점차 전투력이 약화되고 있다.

(2) 이슬람 전통주의 투쟁 조직

이슬람 원리주의로 되돌아가자는 살라피스트 노선의 이슬람 전선이 두드러진 활동을 하고 있으며, 최근 시리아 국내에서 이슬람 세력을 대표한다고 할 수 있다. 전체 10만~12만 명 정도로 추산되는 반군 총병력 중 이슬람 전선 소속이 4만 5천 명에서 6만여 명인 것으로 알려졌으며, 2013년 11월 22일 시리아 국내 다양한 이슬람 세력이 결집하여 새롭게 구성되었다. 즉 이 조직은 아흐라르 알 샴(Ahrar al-Sham), 자이쉬 알 이슬람(Jaish al-Islam), 슈크르 알 샴(Suqour al-Sham), 리와 알 따휘드(Liwa al-Tawhid), 안사르 알 샴(Ansar al-Sham), 알 하크 여단(Al-Haq Brigade) 등 6개 반군 조직이 연합하여 결성되었다.

이슬람 전선은 샤리아에 의해 통치되는 '시리아 이슬람 공화국' 건설을 궁극적인 목표로 설정하고, 강력한 이슬람 교의에 입각한 전통주의 이슬람 신정 공화국을 구축하려 하고 있다. 즉 아사드 정권을 몰아내고 이란과 같은 신정 국가인 이슬람 공화국을 건설하겠다는 의도이다. 현재로서는 SNC의 FSA보다 더욱 강력한 조직력과 전투 능력을 보여 주고 있다. 이슬람 전선은 시리아 정부군과의 교전뿐만 아니라 FSA와도 갈등 국면을 유지하고 있으며, 2013년 12월 FSA 지부를 공격해 무기 및 군 장비를 탈취했다. 이후 미국 등 서방 세계의 자유 시리아군으로의 물자 지원이 급감했다.

(3) 알 카에다 유의 무장 조직

알 누스라 전선, 이라크 레반트 이슬람 국가(ISIL) 등이 있다. 자유 시리아군과 이슬람 전선, 양대 반군 세력은 국제사회와 연대하여 어느 정도 정통성을 획득하고 투쟁을 전개하는 반면, 알 누스라 전선과 ISIL은 국제사회의 경계 대상이라 할 수 있다.

알 카에다 최고 지도자인 아이만 알 자와히리는 공개적으로 알 누스라 전선이 시리아 내 알 카에다 대표 세력임을 천명하였고, UN과 미국도 각각 알 카에다 연계 세력으로 공식 지정한 단체다. 1만 명 내외의 전투 병력으로 시리아 동부 전역에서 무장 투쟁을 전개 중이다.

그러나 최근 알 누스라 전선의 지도자 아부 무함마드 알 골라니는 보다 폭력성이 강한 알 카에다 방계 세력인 ISIL과는 차별화를 선언했다. 일정 부분에서 상대적으로 덜 폭력적인 투쟁 노선을 전개함으로써 범이슬람 전선과 스스로를 연계시키려 하고 있다. 그리하여 이슬람 전선과 연대하여 ISIL과 교전을 벌이고, 이들리브와 라카를 두고 치열한 공방전을 펼치는 등 반군 내 강경 세력 간 충돌이 가시화되고 있다.

ISIL은 대표적인 자생 알 카에다 조직으로, 주로 해외파 지하디스트들로 구성된 외인부대의 성격을 띠고 있다. 가장 잘 조직된 반군 중 최고 전투력을 지닌 집단으로 평가받는다. 이들은 알 카에다 본부 최고 지도자 자와히리의 명령 체계를 인정하지 않고 독자적으로 움직이면서 가장 잔인하고 폭력적인 테러 행위를 지속하고 있다. 특히 정부군과 반군을 구별하지 않고 자신들의 정치적 목표를 위한 살상을 전개함으로써 오히려 반군 세력의 단합을 해치고 있다. 시리아 정부군은 ISIL을 예로 들어 반군을 테러 세력과 동일시하는 선전전을 펼치고 있다. ISIL은 이라크 서부 안바르 주의 수니파 저항 세력과 연대하여 국경을 넘나들며 역내 불안정성을 확대시키고 있다. 이 집단이 현재의 IS이다.[12]

4) 시리아 사태의 특성

아랍의 봄, 즉 중동 민주화 운동은 다양한 성격으로 분류된다. 이집트와 튀니지는 시민혁명, 리비아는 서부 트리폴리타니아와 동부 키레나이카를 각각의 거점으로 하는 종족 분쟁, 예멘은 수니파와 시아파 사이의 종파 분쟁으로 규정할 수 있다. 시리아의 경우 초기에는 시민혁명적 성격으로 시작하였으나, 점차 부족 간 갈등에 따른 내전 양상을 보였고, IS가 등장하면서 전형적인 종파 분쟁 성격이 발현되었다. 이러한 맥락에서 시리아 분쟁은 단순히 단편적인 국내 갈등으로 보기보다는 다양한 측면의 갈등 구조가 동시에 3중으로 발현되는 상황이라고 규정할 수 있다. 즉 국내 측면의 부족 간 내전, 지역 측면의 종파 분쟁, 국제정치 측면에서 미국과 러시아 간 대결 국면으로 분석할 수 있다.

(1) 부족 단위의 내전 성격
알 아사드 정부는 부족주의를 활용하여 부족 간 견제와 균형을 추구하면서 정권을 유지했다. 시리아 부족주의는 소위 범국가적 또는 범아

---

12 인남식, 앞의 논문, pp.87~89

중동 테러리즘

랍적 대규모 단위의 부족 연합 그룹인 카빌라(Qabila)와 개별 고유 부족인 아쉬라(Ashira) 단위로 구분된다. 아사드 정부는 카빌라 단위의 부족 연합을 움직이며 정권을 유지해 왔다.

반면 개별 부족 고유성이 살아 있는 아쉬라 단위의 부족 중 특히 저개발 동부 지역에 산재한 부족들은 반정부 의식이 강했다. 이 반정부 성향의 부족들은 아랍 민주화 운동의 흐름을 타고 들어온 불안정성 국면 와중 시리아 남부 다라에서 사태가 발생하자 자기 부족의 거점을 중심으로 무장 투쟁에 나섰다. 이들은 현재 반군을 구성하는 다양한 부족 단위 게릴라 그룹의 기반이 되었다. 반정부 아쉬라의 대표적 사례는 알 하산나 부족이다.

그러나 아쉬라 중에 친정부 부족도 존재한다. 대표적인 아쉬라는 알 바까라와 알 하디디인이다. 이들은 아사드 정부군의 주축을 구성함과 동시에 레바논에 주둔하고 있는 헤즈볼라 등과 연대하여 반군과 교전 중이다.

사실상 이러한 부족 단위의 투쟁이 산발적으로 전개되는 과정에서 반정부 부족의 단일 대오를 결성하는 데 실패했으며, 부족 간 이해관계가 갈리면서 이집트나 튀니지에서와 같은 '시민 대 독재'의 구도가 형성되지 못했다. 근거지에서 정부군을 격퇴했다 하더라도 다마스쿠스 진격 대신 일종의 '부족 해방구'를 설정하고 잔류하는 모습을 보이면서 집권 세력에게 위협이 되지 않았다.

초기에는 이러한 부족 단위의 역사적 경쟁과 갈등이 친정부-반정부로 이합집산을 거듭하며 분쟁 구도를 형성했다면, 상황이 전개되면서 이러한 구도는 터키, 이란 및 걸프 국가의 개입과 맞물리며 점차 지역 분쟁 차원으로 고조되었다. 그리고 이 과정에서 종파 분쟁화하였다.

(2) 종파 간 분쟁 성격

알 아사드 대통령 가문은 시리아 서북부 해안지대 라타키아 인근 카르다하를 배경으로 하는 알 칼비야 부족에 속하며, 전통적으로 이슬람 시아파의 한 분파인 5이맘파에서 변형된 알라위 신앙을 가지고 있다. 알라위파는 비록 스스로 무슬림이라 천명하지만, 교리적으로 다양한 형태의 지중해 종교 교리가 혼재되어 있어 이슬람 교리에 기독교 요소가 용해되어 있다. 따라서 수니파 전통주의자들은 알라위파를 이단으로 배척하며, 이슬람으로 인정하지 않았다. 시리아 인구의 다수인 73%를 차지하는 수니파들은 아사드 정부가 신봉하는 13% 내외의 알라위파에 대해 반감을 가져왔다.

이러한 맥락에서 이란이 시리아에 영향력을 행사하며 알 아사드 정권을 보호하자, 알 아사드 정권은 이란-시리아 연대를 '시아파 연대'로 규정했다. 반면 중동 민주화 시위가 시작된 후 각국에 정치권력 공백 상태와 혼란기가 지속되면서 역내에 이란의 영향력이 커지자, 이를 우려한 수니파 국가들은 이란-시리아 연대에서 보이는 시아파의 확산에 대한 견제로 '수니파 연대'를 구축하려 하면서 반군 지원에 나섰다. 따라서 시리아 문제는 부족주의에 기반을 둔 정부 대 반정부 갈등에서 종파 갈등으로 성격이 전이된 것이다.

이란은 자국 혁명수비대(Iran's Revolutionary Guards Corps)의 군사 훈련단을 시리아에 파견해 비밀리에 정부군 훈련을 지원하는 것으로 알려졌다. 이라크 내 시아 민병대 5천 명도 실제로 시리아 정부군과 함께 전투에 나선 것으로 보도되었다. 이란은 아사드 정권 유지를 위해 약 160억 달러 상당의 물자를 지원했다고 하며, 이란 군사 훈련단은 시리아 정부군 병력 약 6만여 명을 훈련시킨 것으로 파악되었다. 무엇보다 레바논 시아파 정당인 헤즈볼라의 전투 부대가 시리아 내 전략 요충지에서 중요한 역할을 수행하고 있다. 특히 군수 물자 보급 및 세력 확장의 최고 요충지로 알려진 쿠사이르를 헤즈볼라가 점령함으로써 초기 정부군의 불리한 양상을 일거에 역전시키는 역할을 했다.

(3) 미국과 러시아의 대결 국면

시리아 사태가 장기화되면서 국제사회가 개입하려는 양상이 나타나기 시작했다. 이란의 영향력 확산에 부담을 느낀 미국과 수니파 국가들은 UN 안보리 차원의 무력 개입을 논의했으나 러시아의 완강한 반대로 무산되었다. 상황 초기에 미국은 시리아 문제에 적극적으로 개입하는 데 미온적이었다. 그러나 정부군에 의한 대량 학살이 지속되면서 프랑스 등이 주도하는 국제사회의 비난 여론에 따라 알 아사드 정부의 퇴진 추진을 공식적으로 선언했다.

그러나 미국은 알 아사드 퇴진 추진을 공식 선언하면서도 정권의 붕괴에는 직접 관여하기를 꺼리는 입장이다. 이는 미국 내 반전 여론과 함께 실질적으로 중동에서 또 다른 전쟁을 수행할 의도가 없기 때문인 것으로 파악된다. 또한 반군 내에서 이슬람 지하디스트 세력을 비롯하여 ISIL 같은 소위 알 카에다 방계 세력들이 일정 부분 영향력을 행사하고 있어, 알 아사드 정권이 퇴진할 경우 이들 극단주의 세력이 시리아 권력 구도에 뛰어들 가능성을 배제할 수 없기 때문이다.

러시아에게 시리아는 중동 내 유일한 군사 동맹국이다. 러시아는 향후 시리아를 대중동 진출 거점이자 파트너로 상정하고 있다. 만약 알 아사드 정권이 퇴진하고 친미, 친서방 정권이 등장할 경우 거점을 상실하게 된다는 우려 때문에 UN과 미국의 시리아 개입을 강경하게 반대하고 있다. 동시에 지중해 연안 타르투스 항구 사용권 및 무기 판매 등 군사적, 경제적 요인도 함께 맞물리면서 러시아의 입장에는 변함이 없다. 특히 현 시리아 반군 내부의 알 카에다 테러 세력은 물론, 지하디스트들이 알 아사드 퇴진 이후 정치적 세력으로 약진할 경우 러시아 내 체첸 반군들이 득세할 것을 우려해 강경 노선을 유지했다.

한편 중국은 시리아와 밀접한 이해관계나 상관관계는 없으나 특정 국가에서 내전이 발생할 경우 주권국가에 대한 국제사회의 개입을 반대한다는 기존의 입장을 지속함으로써 UN 안보리에서 러시아와 함께 대시리아 무력 개입 비토권을 행사했다.

결국 미국과 러시아 간 진영론적 긴장 속에서도 러시아는 강경한 입장을 고수하며 알 아사드를 지키려는 반면, 미국은 개입 수단의 부재와 반전 여론 및 대외 정책의 변화 등과 맞물려 시리아 문제에 적극 개입하지 않고 있는 상황이 되었다.[13]

5) 국제사회의 대처에 한계 노정

시리아 사태 발생 초기에 국제사회는 여타 아랍 국가처럼 알 아사드 정권의 퇴진을 기정사실화했다. 그러나 만 5년이 지나도록 정권은 권력을

13 인남식, 앞의 논문, pp.89~92

유지하며 반군과 교전을 지속함으로써 역내외 불안정성을 증폭시켰다.

시민의 힘으로 독재 정권을 축출하지 못하고 오히려 시민의 희생이 늘어날 경우, 리비아 사태에서 발동되었던 UN의 국민보호책임(Responsibility to Protect, R2P)[14]이 발동될 조건을 충족시킨 것으로 판단한다. 그러나 러시아와 중국의 완강한 반대로 안보리 차원의 개입 여지가 원천 차단되었다. 결국 리비아 카다피 축출 당시 작동했던 R2P가 다시 유명무실화될 가능성이 높아졌고, 이는 국제사회 개입에 대한 심각한 회의주의를 확산시킬 수 있다.

한편 반군 내 세력은 세 그룹으로 나누어져 있고, 3대 세력 내부에서도 다양한 유형의 계파가 독자적으로 움직이고 있다. 또한 시리아 전역의 아쉬라 역시 나름대로의 이해관계를 형성하고 있다. 제네바 II 회의[15]를 비롯한 시리아 평화 회담에 반정부 세력의 대표성을 획득할 만한 단일 세력이 존재하지 않기 때문에 국제협의도 난항을 겪고 있다. 시리아 반군에서는 알 아사드의 퇴진을 전제로 한 과도 정부(Transitional Governing Body, TGB) 구성을 우선 논의 의제로 내세웠으나, 정부군에서는 테러리즘 및 폭력 행위 중단 논의를 우선 고집함으로 회담이 교착되었다.[16]

---

14 국제관계에서 한 국가가 국민에 대해 보호할 책임을 미수행했을 때 국제사회가 갖는 책임을 일컫는 용어이며, UN이 통상적으로 자주 사용한다.

15 2012년, UN 안보리 회원국을 중심으로 개최된 제네바 회의에서 채택된 〈제네바 코뮈니케〉에 의거해 과도 정부를 구성하여 시리아에 평화를 구축하려는 목적으로 개최된 회의. 2014년 1월 22일부터 시작된 1차 라운드에 이어, 2월 10일 2차 라운드가 시작되었으나 별다른 성과를 도출하지 못했다.

16 인남식, 앞의 논문, pp.92~93

6) 중동 역학 관계의 변화

시리아 사태가 지속되면서 인근 아랍 국가에서도 정세 불안이 고조되고 있다. 난민 유입으로 사회 불안정성이 커지고, 무장 세력이 침투하여 국경 통제 시스템이 붕괴됐으며, 테러 세력이 중동 전역에 확산되는 등의 현상이 나타나고 있다.

특히 이러한 혼돈을 틈타 발호한 이슬람 극단주의 세력과 알 카에다 방계 테러 세력으로 역내 불안정성은 급격히 심화되고 있다. 이를 중심으로 중동 및 북아프리카 전역, 사하라 이남까지 알 카에다 이념이 확대되는 경향성을 보인다. 사태 초기부터 알 아사드 정부와 러시아는 반군 세력이 순수한 시민 세력이 아니라 알 카에다 유의 불순한 테러 세력이라고 지속적으로 선전해 왔다. 그리고 최근의 징후로 볼 때 이러한 세력들이 아사드 정부의 입지를 강화시켜 주는 것으로 상황이 전개되고 있다. 이 과정에서 알 아사드 정부가 테러 전사 및 ISIL 등에 대해 비인도적인 통 폭탄(Barrel Bomb)을 사용한 사안에 관해서도 직접적인 문제 제기를 하지 못하는 상황이다.

시리아의 불안은 주변국의 정세 불안과도 연동되었다. 헤즈볼라의 거점인 레바논 남부와 이라크 수니파 민병대의 거점인 이라크 안바르 주 등지로 불안정성이 확대되었다. 동시에 이 과정에서 시리아를 후원하는 이란의 입지가 강화되는 현상이 나타났다. 특히 ISIL의 경우, 시리아와 이라크를 잇는 이슬람 신정 공화국을 건설할 것임을 천명하고 있기에 미군이 철수한 이라크 상황은 더욱 악화되고 있다.

중동 테러리즘

7) 미국의 입장

이란 및 헤즈볼라와 연대하여 자국민을 살상하는 알 아사드 정권의 퇴진 추진을 일찍이 공언한 미국은 최근 전개되는 시리아 사태로 고민하고 있다. 화학무기 사용 직후 논란에서 보다시피 현재 미국은 재정 악화 및 자국 내 반전 여론 등으로 2003년 이라크 전쟁처럼 UN의 결의 없이 단독으로 다국적군을 구성하여 군사 행동을 할 수 있는 상황이 아니다. 때문에 시리아를 다룰 만한 특별한 가용 수단이 없다.

러시아의 중재로 시리아 화학무기 반출 폐기를 위한 화학무기 금지기구(Organization for the Prohibition of Chemical Weapons, OPCW)의 활동이 시작되었다는 점은 주목할 만하지만, 2014년 2월 15일 현재 전체의 11%밖에 처리되지 않아서 우려가 커지고 있다.

2013년 8월, 미국은 알 아사드의 화학무기 공격 이후 영국, 프랑스 등 서방 국가와 함께 아사드 정권 축출을 위해 시리아 공습을 검토했다. 그러나 서방국의 공습이 임박하자 미국 가톨릭 주교회의는 오바마 대통령에게 시리아 공습을 반대한다는 편지를 보냈으며, 프란치스코 교황까지 금식 기도에 나서며 시리아 공습을 저지했다. 결국 오바마는 이에 굴복해 시리아 공습을 포기하고 대신 IS로 목표를 바꾼다. 이로써 축출 위기에 있던 알 아사드 정권은 기사회생하였다.

위기를 넘긴 아사드는 이후 자신이 "중동의 박해받는 소수 종교 집단의 수호자가 되겠다."라고 자처했다. 바티칸이 시리아 정권을 지키고자 노력한 것은 알 아사드가 평소 가톨릭교회와 깊은 친분을 맺고 있었기 때문이다. 아사드는 요한 바오로 2세의 장례식장에도 참석할 정도로 친한 관계를 유지하고 있다.

한편 시리아 반군이 사분오열되어 있고, 반군 내 주도 세력이 점차 자유 시리아군에서 이슬람 전선, 더 나아가 알 누스라 전선이나 ISIL로 전이되는 과정을 목도하면서 서방 국가들은 우려를 금치 못한다. 자칫 알 아사드 퇴진 이후 이슬람 극단 세력 혹은 알 카에다 방계 세력이 시리아 권력을 획득할 가능성에 대한 두려움이 서방 국가 사이에 확산 중이다. 이러한 맥락에서 알 아사드 퇴진 가용 수단의 부재 및 향후 불확실성이 맞물려 미국으로서는 뚜렷한 전략을 추진하기 어려운 상황이다.

2014년 들어 미국은 아사드 정권을 공습하는 대신 테러를 일삼고 있는 IS 축출로 정책을 변경한다. 먼저 IS 기지가 있는 이라크 지역을 공습한 데 이어, 9월 10일 오바마 대통령은 시리아의 IS 근거지를 공습하기로 결정한다. 미국 등 서방이 이라크 소재 IS 공격에 몰두하는 동안, 시리아 정부군이 대대적 반격에 나서 반군이 점령한 최대 도시 알레포가 함락될 위기에 처했다. 알레포가 함락되면 시리아 반군을 위한 서방의 노력이 물거품 된다는 점에서 프랑스는 미국 등 서방 국가가 IS 공습 대신 시리아 내 반군을 도와야 한다고 주장했다.

미국의 IS에 대한 공습이 전혀 효과를 거두지 못하고, 오히려 시리아 반군에게 불리하게 전황이 돌아가자 2014년 11월 14일 미국은 대시리아 전략을 알 아사드 정권 제거로 선회하는 움직임을 보였다. 이러한 정책 변화가 감지되자 바로 다음 날 시리아 공격을 반대하는 바티칸 교황청은 프란치스코 교황이 내년 미국을 방문할 것이라고 밝혔다.

며칠 후인 2014년 11월 25일, 척 헤이글 미 국방장관이 전격 사임했다. 그런데 헤이글 장관이 오바마 행정부가 알 아사드 정권에 취하는 애

매모호한 입장이 IS 대응에 혼선을 야기하고 있다는 내용의 서한을 라이스 보좌관에게 보낸 후 사임했다는 점에서 그 배경이 주목된다.

JE SUIS
CHARLI

제6장

중동 테러리즘의 변천사

중동 테러의 기원은 성경에서 찾을 수 있다. 아담의 큰아들 카인이 동생 아벨을 죽인 것을 인류 최초의 테러로 보는 견해가 있으며, 유대인 삼손이 두 기둥을 뽑아 신전을 무너뜨림으로서 블레셋(팔레스타인) 사람들과 함께 사망한 사건을 자살 테러의 시초로 꼽기도 한다.

기원전 70년경에는 로마의 팔레스타인 점령에 저항하여 테러 조직 시카리가 활동하였고, 서기 11세기에는 이란을 중심으로 시아파 무장 조직 아사신이 출현하여 십자군에 저항하는 테러를 감행했다. 제2차 세계대전 전후로 이스라엘 건국을 둘러싸고 유대인 하가나, 팔레스타인인 PLO가 대표적인 테러 그룹으로 악명을 떨쳤다. 유대인과 아랍인의 분쟁은 민족적, 종교적 대결 구도 속에서 테러리즘 확산의 중심이 되었다.

1990년대 초 미소 냉전이 종식되고 제1차 걸프 전쟁이 끝나자 현대 테러의 패러다임이 바뀌었다. 서방에 대한 이슬람 극단주의자들의 테러가 주류를 이루었으며, 2001년 알 카에다의 뉴욕 테러가 그 정점이었다. 2011년 아랍의 봄 이후에는 중동 정세 불안을 틈타 IS가 출현하여 전 세계를 상대로 테러를 감행하고 있다.

중동 테러의 역사적 조망

1) 테러리즘의 정의

테러(Terror)라는 말은 우리 사회에 친숙하게 통용되면서도 그 정의에 대해서는 확실하게 규정된 바가 아직 없다. 시대마다, 나라마다 심지어 같은 나라 내 부처마다 다른 정의가 내려지기도 한다. 대체로 그것들을 통합해 보면 이렇게 규정지을 수 있다.

> 테러리즘(Terrorism)이란 주권국가 혹은 특정 단체가 정치, 사회, 종교, 민족주의적인 목표 달성을 위해 조직적이고 지속적인 폭력의 사용 혹은 폭력에 대한 위협으로 광범위한 공포 분위기를 조성함으로써 특정 개인, 단체, 공동체 사회, 정부의 인식 변화와 정책의 변화를 유도하는 상징적, 심리적 폭력 행위의 총칭이다.

일반적으로 테러라는 용어는 1792년 프랑스 혁명 당시 공화파가 자신들의 집권을 위해 왕권 복귀를 꾀하던 왕당파를 무자비하게 처형했던 '공포정치(La Terreur)'에서 유래한다. 프랑스 혁명 기간에 영국의 정치가이자 철학자인 에드먼드 버크가 근대적 맥락에서의 테러리즘이란 용어의 의미를 만들어 냈다고 한다. 그는 이 용어를 '테러에 의한 체제', 흔히 영어로 공포정치(Reign of Terror)로 불리는 체제를 묘사하고자 사용하였다. 극단적 자코뱅주의자들이 주도하던 정부에 의한 공포정치(1793. 6~1794. 7)는 혁명 이념의 목표들을 촉진하고자 수행했던 국가 테러리즘의 좋은 예이다. 테러 통치 기간에 자코뱅 독재를 반대하는 수천 명뿐만 아니라 단순히 혁명 공화국의 적으로 간주된 자들까지 체포되어 혁명 재판소에 세워졌다. 공화국의 적으로 밝혀진 사람들은 새로운 사형 집행기구인 단두대에서 참수되었다. 공포정치의 흉포함은 희생자 수에서도 나타나니, 1만 7천 명에서 4만 명이 처형되었고, 20만 명의 정치범이 수감 중 질병과 기아로 사망했다.[1]

2) 테러리즘 발생의 역사

테러 행위의 역사는 고대까지 거슬러 올라간다. 즉 테러라는 용어가 생겨나기 전에도 발생한 것이다. 테러는 인류의 역사와 그 맥을 같이하는 정치사적 문제였으며, 역사가 기록된 이래 테러리즘은 인간 행태의 어두운 모습으로 기록되었다. 보다 큰 선(善)을 위한다는 명목 아래 위대한 지도자들이 암살되었다. 인간과 인간 집단들은 믿기 어려운 폭력을

1 최진태, 《테러리즘의 이론과 실제》, 대영문화사, 2006, p.24

중동 테러리즘

저질렀으며, 도시 혹은 국가 전체가 학살당했다. 폭군 살해뿐만 아니라 국외 추방, 사형 선고 등 반대자에 대한 절대 권력자의 폭력 행위도 빈발했다.

현대의 테러리즘은 주로 테러에 대해 전쟁을 선언한 편과 자신들의 종교를 지키려고 스스로 성전(聖戰, Jihad)을 선포한 편 사이의 갈등이다. 이러한 갈등이 심각한 수준으로 확대 발전하는 상황에서 보듯이, 테러는 또한 적극적인 대립에서 기인한다. 여기서는 고대, 중세, 현대로 구분하여 전체를 조망하고, 중동 지역의 대표적인 테러 사례들을 열거하는 것으로 고찰하였다.

(1) 고대

테러 행위의 시작은 인류의 기원에서도 나타났다. 구약성서 〈창세기 제4장〉에 인류의 시조 아담이 나온다. 아담은 카인과 아벨이라는 두 아들을 두었다. 카인은 동생 아벨을 시기한 나머지 동생을 쳐 죽였는데, 이것이 인류사상 첫 번째 살인으로 기록되었다. 학자에 따라서는 카인을 최초의 살인자이자 테러리스트로 보는 견해도 있다. 이후 인류가 집단 사회를 이루면서부터 테러리즘은 강한 자의 통솔 도구, 공포정치의 수단으로 악용되었다.

고대 세계에서 국가의 억압과 정치적 폭력은 흔한 것이었다. 선량한 군주들에 의한 선정(善政)이 대부분이었지만, 일부 폭군들은 정치적 폭력을 행사하곤 했다. 정복자들은 흔히 전 주민을 살해하거나 피정복민들을 살던 땅에서 쫓아내는 가혹한 짓을 자행하였다. 대표적 사례가 바로 유대 왕국의 점령에 뒤이은 바빌론 유수이다. 바빌론 유수는 칼데아

제국의 왕 네부카드네자르 2세가 팔레스타인 땅의 유대 왕국을 무너뜨리고 승리한 후 기원전 598년과 기원전 587년에 유대인 1만여 명을 강제로 바빌론으로 이주시킨 사건이다. 유대인들은 80여 년을 바빌론에서 포로 생활을 하다가 세 차례에 걸쳐 귀환했다. 정복자가 피정복민에게 가한 강제적인 고난의 행군을 오늘날 고전적인 테러리즘의 범주에 넣는다.

또한 암살자들이 폭군을 살해하고 폭군에 의해 테러범으로 사형을 당했는데, 후에 시민들이 폭군의 행태를 재평가하는 과정에서 암살자들에게 존경을 표한 경우도 있다. 예를 들면 기원전 514년, 아테네 폭군인 히파르쿠스를 암살하여 사형당한 아리스토게이톤과 하르모디우스를 추모하여 후손들은 그들의 동상을 세우기도 했다.

권력자들은 위험인물로 여긴 개인이 그들의 생각을 표현하는 것도 폭력을 사용하여 억압하였다. 기원전 399년, 아테네 권력자들은 소크라테스가 청년들을 타락시키며 종교적 행사에 관여한다는 이유로 사형을 선고했다. 소크라테스는 독약을 마시고 그의 학생과 추종자들에 둘러싸여 죽음을 맞이함으로써 정치적 테러의 희생자가 되었다.

(2) 중세

로마 제국 시대는 오늘날 우리가 국가 테러리즘이라고 정의할 수 있는 권력의 폭력적 과시로 가득 차 있다. 그 한 예가 기원전 73~기원전 71년에 걸친 노예 전쟁 후 스파르타쿠스의 추종자들에게 행한 잔인한 탄압이다. 로마인은 반란군의 생존자들을 아피아 가도를 따라 십자가에 못 박았다. 십자가형은 공개 처형의 흔한 형태로, 사형수들은 십자가 형태 혹은 다른 모양의 나무틀에 묶이거나 손 혹은 손목에 못이 박혀 고정되고, 몸이 늘어지면서 질식하여 죽게 된다. 예수님이 십자가형으로 처형되는 장면에서도 당시의 폭력적 시대 상황을 엿볼 수 있다.

전쟁 또한 잔인한 방법으로 수행되었다. 대표적인 예는 기원전 146년 중동 북아프리카의 도시국가 카르타고가 마지막으로 함락된 경우이다. 도시는 10일 동안 불타도록 내버려졌다. 도시의 남은 돌조각 하나까지 저주받았으며, 땅에는 소금을 다져 넣어 카르타고가 영원히 황무지로 남아 있을 것임을 보여 주게 했다.

로마 제국이 중동 팔레스타인 지방을 점령했던 기원전 66~기원전 77년경, 팔레스타인 종교집단들이 시카리(Sicarri, 자신들이 즐겨 사용하던 단검 (Sica)에서 유래한 이름)라는 테러리스트 단체를 결성하여 로마인과 로마의 통치에 협력하는 유대인에 대한 공격을 자행하기도 했다. 시카리 소속 테러리스트들은 주로 일요일 혹은 특정 기념일을 기리고자 예루살렘에 집결하여 종교적 행사를 벌이는 유대인들을 단검으로 살해하거나, 농작물 재배지 혹은 공공건물에 대한 방화 등 원시적인 테러리즘 전술을 동원했다. 시카리는 게릴라전과 파괴의 대가들이며, 질로트(Zealots, 열심당원)라 불리는 집단에 속한 자들로, 로마의 팔레스타인 점령에 반기를 들었다. 일부 시카리 질로트들은 마사다 포위에도 개입했다. 마사다는 이스라엘 동부 사해 인근에 소재한 바위산 정상의 요새였다. 서기 74년, 로마 병사의 공격을 받은 유대인들은 최후의 궁지에 몰리자 항복하기보다는 전원 자살을 택했다. 마지막으로 남은 90여 명의 유대 저항군들이 전원 자결하여 3년간의 저항을 마무리함으로써 오늘날까지 유대인 정신의 교훈이 되고 있다.[2]

2 Gus Martin 지음, 김계동 외 역, 《테러리즘—개념과 쟁점》, 명인문화사, 2011, pp.30~31

(3) 현대

현대적 의미의 테러리즘은 1960년대에 태동됐다고 할 수 있다. 테러리즘은 프랑스 혁명기의 정치적 억압을 거쳐, 제정 러시아 시기 혁명분자들에 의한 테러리즘, 제2차 세계대전 후의 관제 테러리즘 시기를 거쳐 다양한 상황의 국제 정세 변화를 겪었다. 성격과 규모 면에서는 과거와 달리 복수의 국가에 영향을 미치는 형태로 자행되기 시작했는데, 이러한 상황은 국제정치 상황과 밀접한 연관성을 가지고 있다.

특히 중동에서의 테러리즘 확산은 유대 민족이 1948년 5월 15일 팔레스타인 땅에 이스라엘을 건국한 사건이 발단이 되었다. 또한 팔레스타인 해방기구(PLO)의 결성은 현대적 의미의 테러리즘 발생에 가장 많은 영향력을 미쳤다. 1964년에 팔레스타인 지역 아랍 난민들은 팔레스타인 민족 해방과 반시오니즘 민족운동을 위한 해방 기구를 창설하였다. 그 후 네 차례에 걸친 이스라엘과의 전쟁에서 연이어 참패하자 생존권에 심각한 위협을 받게 되었다. 이에 따라 PLO를 중심으로 자신들의 처지를 UN 및 강대국들에게 호소하면서 팔레스타인 문제를 해결해 주도록 촉구했다. 그러나 이 문제를 해결할 수 있는 국제적 메커니즘이나 이를 성의 있게 받아 주는 노력이 국제사회에서 보이지 않았고, 이것이 테러리즘의 선택으로 이어졌다.

특히 1967년 6월 발생한 제3차 중동 전쟁에서 이스라엘에 크게 패하자, 아랍인들은 전면적인 무력 투쟁으로는 팔레스타인의 정치적 목적을 달성하는 것이 불가능하다고 인식하기 시작했다. 이에 세계에 팔레스타인 문제를 알리고 정치적 목적을 달성할 수 있는 유일한 방법은 테러리즘이라는 결론에 도달했다. 팔레스타인 사람들을 주축으로 테러리스트

단체들이 조직되었고, 무차별적인 테러를 통해 이스라엘에 대항하기 시작했다.

팔레스타인 단체들은 테러리즘을 통해 전 세계에 공포를 조성하여 팔레스타인 문제의 국제화를 달성하고자 했다. 이를 위해 전쟁터에서 수백 명의 민간인을 살해하는 것보다 전쟁터가 아닌 곳에서 한 명의 민간인을 살해하는 것이 공포 분위기 확산에 더 효과적이라는 논리를 내세웠다. 팔레스타인 테러리스트 단체들은 항공기 납치를 포함한 모든 유형의 테러리즘을 자행하기 시작했다. 1968년 7월 조지 하바시가 이끄는 팔레스타인 인민해방전선(PFLP) 소속 테러리스트들이 이스라엘 항공기 엘 알(El Al) 기를 공중 납치한 이래, 1968년 한 해 동안 무려 35건의 항공기 납치를 단행했다.

이 시기에 발생한 최악의 사건은 1972년 뮌헨 올림픽 학살 사건이었다. 검은 9월단(Black September Organization, BSO) 소속 테러리스트들이 자동 소총으로 무장한 채 올림픽 선수 복장으로 변장하고 뮌헨 올림픽 선수촌에 침입했다. 이들은 반항하는 이스라엘 선수 1명과 역도 코치 1명을 사살하고, 9명을 인질로 잡아 서독 정부와 대치했다. 테러범들은 인질 석방 조건으로 일본 적군파(Japanese Red Army) 소속 오카모토 고조를 포함한 234명의 아랍인들을 이스라엘 교도소에서 석방할 것, 독일 교도소에 투옥 중인 적군파(Red Army Faction) 대원들을 석방할 것 등을 요구했다. 올림픽 주최국인 서독은 평화적으로 사건을 해결하고자 협상에 적극적인 자세를 견지했지만, 이스라엘이 불(不)양보 정책 노선을 견지하여 협상은 이루어지지 않았다. 목표 달성이 불가능하다고 판단한 테러리스트들은 인질들과 함께 카이로로 탈출을 시도했지만, 이 과정에서 서독 정부의 미숙한 대응으로 교전이 발생하여 인질 9명 전원이 사망했다.

이 사건은 국제적으로 거센 비난을 받았지만, 테러범들의 입장에서는 그들의 목적을 최대로 달성한 사건이었다. 이 사건 이후 국제사회는 '팔레스타인 사람들은 누구인가?', '팔레스타인이 원하는 것은 무엇인가?' 라는 물음을 던지게 되었고, 팔레스타인 문제에 관심을 기울이는 계기가 되었기 때문이다.

1980년대에 나타나기 시작한 테러리즘의 가장 두드러진 특징은 발생 건수가 증가하고 대형화하기 시작했다는 것이다. 아울러 국가 지원 테러리즘이 두드러지게 나타났다. 즉 국가에 의한 테러리즘이 확산되고, 국가가 지원하거나 국가 사주에 의한 테러 활동이 확산된 것이다. 이러한 시대적 추이에 따라 미 국무부는 쿠바, 북한, 시리아, 리비아, 이라크, 이란, 수단 등 7개 국가를 국제사회의 테러 국가 내지 테러 지원 국가로 분류하고 경제 제재 및 무력 대응으로 응징하려고 했다.

이 시기에 우리에게 가장 큰 국가적 손실을 안겨 주었던 미얀마 아웅산 묘역 폭파 사건, 대한항공 858기 폭파 사건, 김포공항 폭파 사건 등은 북한이 저지른 대표적인 국가 테러리즘 사건으로 분류되었으며, 1974년 문세광이 자행한 박정희 대통령 저격 사건은 국가 지원 테러리즘의 대표적인 사례로 볼 수 있다.[3]

---

3 최진태, 앞의 책, pp.33~38

중동 테러리즘

2

중동 테러리즘의
환경적 분류

전문가들은 테러리즘의 발생이 종교적, 정치적, 국가 체제적 등 다양한 환경적 요인에 영향을 받는다고 주장한다. 특히 중동 지역은 세계 3대 종교의 발생, 이슬람 제국의 정복 전쟁, 이민족의 중동 침입, 서구 열강의 식민 지배 등으로 국제관계 쟁점의 중심지가 되어 왔다. 따라서 중동 지역에서 발생한 테러 사건을 정리하는 데 있어 다음 4가지 카테고리로 분류하면 모든 테러 사례를 담을 수 있다.

- 종교 테러리즘 – 보편적으로 신앙인들이 자신들의 유일 신앙을 방어하려고 수행한다.
- 국가 테러리즘 – 정부가 개입하여 수행하는 위로부터의 테러리즘. 대상은 외부적으로 국제 영역에서의 적대 세력 또는 내부적으로 국내의 적을 겨냥할 수도 있다.
- 반체제 테러리즘 – 비국가적 운동이나 집단이 수행하는 아래로부

터의 테러리즘. 테러의 대상이 되는 것은 정부, 인종 또는 민족 단체, 종교 단체, 확인된 적(敵) 등이 될 수 있다.

• 국제 테러리즘 – 세계 무대로 확산되는 테러리즘. 대상은 국내와 국가 경계를 넘어 국제적 이해관계의 상징으로서의 가치 때문에 선택된다.

1) 종교 테러리즘

종교의 이름으로 행해지는 테러는 근대 정치적 폭력의 지배적인 모델이다. 민족주의와 이데올로기가 여전히 극단주의자들의 행동에 강력한 촉매로 남아 있기 때문에 종교적 테러리즘만이 유일한 모델인 것은 아니다. 그러나 종교적 극단주의는 세계 공동체의 중심 이슈가 되고 있다.

근대 이후 종교적 테러는 발생 빈도, 폭력의 규모, 지구적 파급력이 증가하고 있다. 이와 동시에 세속적인 테러리즘은 상대적으로 감소하고 있다. 계급 갈등, 반식민주의 해방운동, 세속적인 민족주의와 같은 오래된 이데올로기는 종파적 이데올로기의 새롭고 강력한 침투에 도전받고 있다. 신앙의 이름으로 행해진 행동들은 초세속적인 힘에 의해 용서받을 것이고, 어쩌면 내세에서 보상받을 수도 있다. 즉 종교적 신념은 그 폭력이 신의 의지의 표현인 경우로 정당화시킨다.

신앙의 이름으로 행해진 테러리즘은 오랫동안 인간사의 한 특징이었다. 사람, 문명, 민족 그리고 제국의 역사는 자신의 신념 체계를 강화하고자 폭력 행위에 참여하는 극단주의적인 충실한 신도들의 사례로 가득 차 있다. 종교적 테러는 공동체주의적일 수도 있고, 집단학살을 초래하거나 허무주의적일 수도 있으며, 혁명적일 수도 있다. 이것은 외로운 늑대(Lone Wolves, 단독 행위)에 의해 행해질 수도 있고, 비밀 세포조직, 혹은 대규모 반대운동이나 정부에 의해 행해질 수도 있다. 범인 또는 가해자를 테러리스트로 분류하느냐 혹은 종교적 자유의 투사로 분류하느냐가 논쟁의 쟁점이 되기도 한다.

(1) 유대교-기독교의 태생적 테러 사례

유대교-기독교의 신앙 체계 내에서 신앙의 명목 아래 이루어지는 암살과 정복뿐만 아니라 적(敵)의 완전한 파괴도 성경에 언급되어 있다. 이와 같은 군사 행동 중 하나가 구약 〈여호수아서〉에 묘사되어 있다.

성서에 의하면, 여호수아와 그의 추종자들에게 가나안 땅은 신과 히브리인 사이의 계약에 따른 '약속받은 땅'이었다. 가나안의 도시들은 파괴되었고, 가나안 사람들은 '숨 쉬는 사람이 하나도 남지 않을 때까지' 공격받았다. 여호수아와 그의 군대는 성서에 언급된 31개 도시의 모든 거주자들을 칼로 베어 죽였다. 각 도시에 평균적으로 1만 명의 사람들이 거주했다고 가정한다면, 그의 정복은 31만 명의 목숨을 앗아간 것이다.[4] 고대 히브리인들은 약속의 땅이 적국 침입자들에게 점령당했다고 생각했다. 신과의 계약을 수행하고자 침입자들을 그 땅에서 몰아내는 것은 그들의 관점에서는 이상적이고 필요한 것이었다. 성서에 나와 있는 것이라 이론의 여지는 있지만, 거의 틀림없이 종교적 공동체 폭력 또는 테러리즘의 사례들이다.

구약 〈민수기〉에 나오는 테러리즘의 사례를 하나 더 보자.

---

[4] Gus Martin, 김계동 외 역, 앞의 책, pp.141~145

이스라엘 백성들이 싯딤에 머무는 동안 사람들은 모압의 여성들과 성적 관계를 맺기 시작했다. (……) 바로 그때 이스라엘 사람 중 한 명이 미디안 여성을 그의 가족에 데려왔다. (……) 비니하스가 (……) 그것을 보았을 때, 그는 일어서서 집회를 떠났다. 손에 창을 들고서 그는 이스라엘 남자를 좇아 신전으로 들어갔다. 그리고 이스라엘 남자와 그 여자의 배를 창으로 찔렀다.

유대인 이스라엘 백성이 이방인 여성과 성관계를 맺는 것을 부당하게 생각한 것은 종교적 신념의 차이에서 발생했다. 또한 하나님을 모신 신전에서 행하는 폭력 행위는 종교적 테러의 범주에 해당한다.

(2) 기독교 십자군 원정에 의한 테러

중세 서구의 기독교 교회는 이슬람 동쪽에 대하여 최소한 9번의 침략을 감행했다. 최초의 침략은 1095년이었다. 이 침략들은 십자가의 이름으로 행해졌기 때문에 '십자군 원정(Crusades)'이라 불렀다. 십자군 원정의 목적은 사라센(중동의 이슬람 문화권)으로부터 성지 예루살렘을 탈환하는 것이었다. 기독교 기사와 병사들은 여러 가지 이유로 이 요청에 부응했다. 이 부응에는 전리품과 영광이 중심적인 역할을 했다. 또 하나의 중요한 이유는 교황 우르바노 2세가 한 영적인 약속이었다. 십자가의 이름으로 싸우고 죽는 것은 순교이며, 순교자는 천국에 자리를 보장받을 수 있다는 약속이었다.

독실한 의도를 가지고 십자가를 차지하는 기사들은 그의 모든 죄에 대한 일시적 면죄부를 갖게 될 것이며, 만일 그가 전투에서 죽는다면 그는 자신의 죄에 대한 완전한 면죄를 받게 될 것이다.

이 종교적 신념은 십자군 원정 초반, 전투에서 공격할 때의 함성에서도 드러난다.

하나님이 이를 뜻하셨다(Dous lo volt, God wills it)!

제1차 십자군 원정 동안 서구 기사들(주로 프랑크족 병사들)은 예루살렘과 베들레헴을 포함한 성지들의 일부를 점령했다. 도시와 마을들이 정복되자 대부분의 무슬림과 유대인 거주자들은 중세 전투 행위의 관례대로 몰살당했다. 1099년 7월, 예루살렘을 정복한 후 프랑크족 기사들은 수천 명의 무슬림, 유대인, 기독교 정교회 거주자들을 대량 학살했다. 교황 우르바노 2세에게 보내진 과장된 십자군의 편지는 사라센의 피가 십자군 원정대 말들의 고삐에까지 닿았다고 큰소리치고 있었다.

교회가 재가한 침략과 잔학 행위들은 신의 바람과 일치하는 것으로 여겨졌고, 그래서 완벽하게 수용되었다. 대의에 대한 극단적이고 의심하지 않는 믿음은 비기독교인들(때때로 정교과 기독교인들도 포함)에 대한 일련의 테러 행동을 이끌어 냈다. 그 당시의 전형적이고 비극적인 아이러니는 비잔티움의 중심지이며 세계 위대한 도시 중 하나인 그리스 정교회의 도시 콘스탄티노플이 1204년 제4차 십자군 원정 당시 서구 십자군에게 점령당했다는 사실이다. 같은 기독교인 십자군은 도시를 약탈하고 1261년까지 단기적으로 유지된 라틴 제국을 설립하였다.

(3) 암살단 등장으로 인한 테러

중동에서 아사신(Order of Assassins)이라는 테러 조직이 등장했다. 암살 형제단(Brotherhood of Assassins)이라고도 하며, 11세기 페르시아 왕조 당시 이슬람 이스마일파의 칼리파 알 사바가 조직했다. 이스마일파는 시아파 이슬람의 한 분파로, 종파의 적대자와 정적을 암살하는 것으로 유명했다. 알 사바는 이스마일파의 급진적 성향을 지지하였으며, 그의 신앙에 대한 해석을 보호하고자 암살단을 형성하였다. 1090년 초, 아사신은 북부 페르시아 산악지대의 요새들을 장악했는데, 그중 첫 번째는 이란 테헤란 주에 있는 도시 카즈빈 부근의 강력한 아라무트 요새였다. 암살(Assassin)이라는 용어는 대마초 해시시(Hashishi)에서 유래했다. 알 사바 추종자들이 신앙의 이름으로 폭력 행위 전에 해시시를 섭취했으며, 그들은 자신들을 Hashashins 또는 Hashishis로 불렀다. 이는 '해시시 섭취자'를 의미한다.

설립 초기에 암살단은 페르시아의 도시들, 현재의 이라크, 시리아 및 기독교 십자군이 점령한 팔레스타인으로 흩어졌다. 아사신은 수니파 무슬림들과 기독교 십자군의 지도자들을 포함한 많은 사람들을 살해했다. 자살 공격 임무도 흔했다. 일부 십자군 지도자들은 암살단에게 대가를 지불하여 자신을 해하지 못하게 하기도 했다. 아사신은 수적으로 우위에 있고 상대적으로 막강한 군사력을 보유하고 있는 십자군에게 정규전 방식으로 대항할 수 없다고 생각하고 장기적으로 테러 전술을 택한 것이다. 암살단은 기만, 비밀 활동, 기습 살해에 능숙했고, 암살(Assassination)이라는 용어를 만들어 냈다.

암살단은 자신들의 대의와 방법론이 정당하다고 믿었다. 살해하는 것과 살해당하는 것이 신앙의 이름으로 행해지며, 죽음 뒤에는 천국이 보장되기 때문에 선한 것이라고 주장했다. 이러한 믿음은 오늘날의 수많은 종교적 테러리스트들에게도 전수되고 있다. 이처럼 종교적 목적 달성을 위해 시작된 투쟁의 역사적 유산은 지금도 중동의 정치적 혼란 속에서 계속되고 있다. 비록 암살단의 행위로 인한 정치적 충격은 별로 크지 않았고 1256년에 제거되었지만, 암살단은 당대에 심오한 심리적 흔적을 남겼고 오늘날에도 여러 방식으로 영향을 미치고 있다.

(4) 이슬람 극단주의에 의한 테러

중동 아랍 세계는 20세기 동안 수많은 정치적 국면을 거쳤다. 오스만 제국의 지배는 제1차 세계대전이 끝난 1918년 종식되었다. 이어서 영국, 프랑스 등 유럽의 지배가 이루어졌고, 이는 제2차 세계대전 이후에 종식되었다. 아랍과 북아프리카 신생국들은 초기에는 군주 혹은 권위주의적이거나 독재적인 민간인에 의해 통치되었다. 일련의 군사 쿠데타와 정치적 격변에 의한 통치가 이어졌다. 이러한 국면들은 아랍 민족주의자와 지식인들의 행위에 중대한 영향을 미쳤다. 그리고 절정은 1948년에 서방의 개입으로 이스라엘이라는 국가가 탄생한 것이다.

이와 같이 전후 아랍 무슬림 세계의 행동주의는 다양한 지적 국면을 거치면서 발전했는데, 그들 중 대부분에서 민족주의와 사회주의의 학습 현상이 나타났다. 보다 구체적으로는 유럽의 지배에 저항하는 반식민 민족주의, 나세르 사상에 기초한 범아랍 민족주의(Nasserism, 나세르주의), 마르크스주의에 기초한 사회주의 통치 원칙을 채택하고, 종종 자국 정부에 저항하는 세속적인 급진 좌파주의 등이 등장하고 확산되는 추세였다.

이러한 과정에서 이슬람 극단주의를 조장하는 새로운 운동이 이전 세대의 이데올로기를 극복하고자 시작되었다. 이에 따라 이슬람주의자들이 아랍 공화정 정부와 대립하게 되었다. 탈냉전 정치 환경에서 해방의 도구로 이슬람을 택하는 것은 필연의 결과였다. 그와 동시에 수니파와 시아파의 이데올로기적인 차별성도 존재하였다. 특히 이스라엘과 서방에 대한 저항에서 별 성과를 이루지 못하자, 이슬람 극단주의가 테러에 의존하는 경향은 더욱 확산되었다. 오늘날 종교적 테러리즘에 의한 사건들은 이러한 이슬람 극단주의에 의한 것이다.

① 그랜드 모스크 사건

1979년 11월 20일, 순례자 4만 명이 사우디 이슬람 성지 메카의 그랜드 모스크에 운집하여 예배를 보는 도중, 중무장한 200여 명의 이슬람 원리주의 테러리스트들이 사원에 침입하여 예배 인도자 이맘을 살해하고, 사원을 점거하였다. 그들의 목적은 사우드 가의 지배에 대항하여 이슬람 대중의 반란을 선동하는 것이었다.

사우디 정부는 이를 진압하고자 프랑스의 대테러 부대를 끌어들였으며, 사우디 군대는 2주일에 걸친 전투 끝에 그랜드 모스크를 탈환했다. 진압 과정에서 260명이 사망하고 600여 명이 부상당했다. 진압 후 사우디 정부는 대대적인 수색 작업을 벌여 혐의가 인정되는 사우디인 41명, 이집트인 10명, 남예멘인 6명 등 총 64명을 1980년 1월 9일 8개 도시에서 동시에 처형하였다.

이 전투 기간에 이란 라디오 방송은 미국과 이스라엘이 배후에 있다고 비난하였고, 파키스탄의 폭도들은 미 대사관에 침입하여 2명의 미국인을 살해하였다. 그랜드 모스크 사건은 종교 갈등으로 발생한 테러리즘의 대표적 사례이다.[5]

② 헤브론 이브라힘 모스크 사건

1994년 2월 25일, 뉴욕 출생 물리학자 바루치 골드스타인은 이스라엘 헤브론의 성지 페트리아크 동굴에 있는 이브라힘 모스크의 참배자들에게 총을 난사했다. 참배자들이 아침 기도 의식을 거행하고 있을 때 이스라엘군의 소총인 갈릴 소총을 계획적으로 쏜 것이다. 10분간 약 108발을 발사한 뒤 참배자들이 달려들어 그를 살해했다. 정부의 공식적 발표에 의하면, 골드스타인의 총격으로 29명이 죽었고, 125명이 부상을 당했다.

이 헤브론 대량 학살에 대한 보복으로 팔레스타인의 하마스는 인간 자살 폭탄 공격을 처음으로 실행했다.

(5) 이라크에서의 분파주의적 테러

'이라크 자유 작전(Operation Iraqi Freedom)'으로 명명된 미국의 이라크 침공은 2003년 3월 20일에 시작되어 5월 1일에 종료되었으며, 수도 바그다드를 함락하는 데까지 한 달 열흘밖에 걸리지 않았다. 이미 이라크는 1991년 2월 다국적군의 공습으로 모든 군사 시설이 파괴되어 무장 해제된 것이나 다름없는 상태였다. 작전명에서 보이듯이 독재자 후세인이 제거되고, 미국의 통치가 시작되면서 자유(Freedom)가 회복되었다. 미국은 후세인이 제거된 후에도 8년 더 이라크를 군정 통치했다.

---

5 최진태, 앞의 책, p.384

사담 후세인이 통치하는 동안에는 독재적인 강압으로 평정이 유지되는 것처럼 보였다. 물론 당시에도 쿠르드족이나 시아파에 의한 내부 분란이 없는 것은 아니었지만, 사건이 터질 때마다 강력한 대처로 봉합해 버렸기 때문이다. 그러나 2011년 말 미군 철수 후 시아파 정부가 모든 단체들을 하나의 민족적 정체성으로 통합하는 것은 불가능했다.[6] 북부 쿠르드 지역을 예로 들면, 후세인 때 많은 쿠르드 사람들이 축출되고 아랍인이 그곳으로 들어갔다. 그런데 후세인 사후 들어선 말리키 정부 때에는 미국의 도움으로 쿠르드족이 다시 돌아와 집과 토지를 되찾으면서 아랍인들이 부랑아가 되었다. 여기에 아랍 이주민들을 향한 폭력(테러)이 행사되었다.

또한 수니파 소수민족은 후세인하에서 이라크를 지배했으나, 2004년 6월 임시정부가 수립되어 국가가 민주화되자 정치적인 소수로 전락하게 되었다. 수니파는 2005년 1월 임시 국회를 구성하기 위한 선거에 많은 수가 불참하여 자신들의 불만을 표출하였다. 이러한 불만이 테러의 양상으로 나타났다.

점령 첫 해 동안 저항 세력은 게릴라전에 가담했는데, 이들 중 일부는 점령군과 이라크 보안군을 상대로 프로급의 치밀한 작전을 감행하기도 했다. 도로변 폭탄 매설, 매복 기습, 박격포 공격, 총기 난사 등이 여러 곳에서 발생했다. 또한 외국인 근로자나 경찰관, 정부군, 중도파 지도자들, 선거 관련 공무원 등을 대상으로 테러와 암살을 자행했다.

시간이 지나면서 시아파와 수니파 이라크인 사이에는 물론, 각 파벌

---

6 이라크는 다양한 인종, 부족, 종교적 정체성을 가진 다민족 국가이다. 인구 분포도 다양하며, 하나의 종교에 수니파, 시아파 등 두 가지 전통을 가지고 있다. 인종은 아랍족이 75~80%, 쿠르드족이 15~20%, 기타(투르크멘, 아시리아인) 5%이고, 종교는 시아파 무슬림이 60~65%, 수니파 무슬림이 32~37%, 기타(기독교)가 3%이다.

내에서도 명백히 공동체적인 폭력이 늘어나기 시작했다. 바그다드의 시아파 거주 지역에서는 무차별 폭탄 테러로 사원이 파괴되고 수니파와 시아파 지도자들이 암살되었다. 강이나 기타 장소에서 수많은 암매장 사체가 발견되었다. 이 사건들은 파벌 간 권력투쟁과 죽고 죽이는 복수전의 결과였고, 수천 명의 이라크인들이 목숨을 잃었다.

또한 시아파, 수니파 양측 모두가 상대방에게 보복에 보복을 거듭하는 폭력을 행사하고, 심지어 비무슬림 문화기구에 대하여 일련의 공격을 감행했다. 즉 정치적으로 거의 무정부 상태가 유지되는 상황이다. 이렇게 불안정한 곳에서 알 카에다의 아류가 성장하고, 그들은 또 다른 차원의 무장단체 이슬람 국가(IS)로 변신하여 발호하는 것이다.

(6) 알 카에다의 종교적 토대

현대에서 대표적인 이슬람 혁명 조직은 사우디 출신인 오사마 빈 라덴의 세포조직인 알 카에다(Al-Qaeda, the Base)이다. 알 카에다는 성전(聖戰)을 통하여 전 세계 무슬림을 통합하려 한다. 또한 전통적인 위계질서를 가진 혁명 조직이 아니며, 추종자들에게 신앙의 이름으로 폭력적 테러에 참여하는 것 이상을 요구하지 않는다. 알 카에다를 잘 표현한 것은 '동질적인 이슬람 혁명주의자들의 느슨한 네트워크'라는 것이다. 알 카에다는 다음 6가지 점에서 특이하다.

- 영토를 보유하지 않는다.
- 국가의 후원을 받지 않는다.
- 조직의 상하 구조를 가지지 않는다.

- 인종-민족 단체의 대의를 지지하지 않는다.
- 모호한 정치적 요구를 공표한다.
- 완성된 종교적 세계관을 가진다.

알 카에다의 종교적 성향은 빈 라덴의 분파적 이데올로기 관점을 반영하는 것이다.

빈 라덴의 세계관은 그가 이슬람으로 동기화된 무장 투쟁을 하는 과정에서 만들어졌다. 소년 시절 그는 부친으로부터 최고 3억 달러로 추정되는 재산을 상속받았다. 1979년 소련이 아프가니스탄을 침공하였을 때 빈 라덴은 지하드[7]를 하고자 무장 저항 활동에 참여했다. 그러나 지하드에 대한 그의 가장 큰 기여는 재정적, 물질적 지원을 아랍 부호들에게 요청하는 것이었다. 국제 이슬람 테러리즘을 향한 그의 마지막 노정은 수천 명의 아프가니스탄 전쟁 참가자와 함께 이슬람의 이름으로 투쟁을 계속하려고 고국으로 돌아갔을 때였다. 1986년 초에 빈 라덴은 훈련 캠프를 조직했는데, 이것이 1988년 알 카에다라는 단체로 발전했다. 빈 라덴은 사우디아라비아의 고향에 있던 때인 1991년, 파드 국왕이 기독교와 유대인 국민들로 구성된 미국 군대가 사우디 땅에서 걸프전을 수행하도록 허용한 것에 대해 격분했다고 한다.[8]

---

[7] 지하드는 성전(聖戰)을 뜻한다. 지하드에는 상위의 지하드(Greater Jihad)와 하위의 지하드(Lesser Jihad)가 있다. 전자는 각 개인이 옳은 것을 스스로 행하는 투쟁을 의미하고, 후자는 외부의 공격으로부터 이슬람을 방어하는 투쟁을 의미한다. 그리고 지하드를 수행하는 사람을 지하디(Jihadi)라고 하며, 특히 무장을 한 지하디는 무자헤딘(Mujahidin)이라고 한다.

[8] 1991년 미국과 UN 등 국제사회는 이라크 사담 후세인의 쿠웨이트 점령을 응징하고자 34개국 68만 명의 다국적군을 사우디에 집결시켰고, 이라크 폭격을 통해 중동 질서를 회복시켰다. 그러나 빈 라덴은 이라크가 형제 국가인 쿠웨이트를 점령한 것에 대해서는 아무런 언급도 없고, 미국 주도의 사악한 다국적군이 이슬람 성지 사우디를 짓밟고 더럽혔다고 맹렬히 비난했다. 정확히 10년 후 2001년 알 카에다에 의한 뉴욕 테러가 일어났다.

중동 테러리즘

걸프전이 끝난 후, 빈 라덴과 다시 소생한 알 카에다는 성전을 시작하고자 무슬림의 성지인 제다 근처 수단으로 거점을 옮겨 캠프를 차리고 5년간 지냈다. 알 카에다는 네트워크 재정비, 지하드를 위한 재정 자급, 훈련 기지 확보 등 여러모로 성장하기 시작했다.

알 카에다는 많은 국가의 이슬람 근본주의 혁명가와 테러리스트들을 선동하고 있으며, 수천 명의 지하드 활동에 있어 재정과 훈련의 중요한 원천이 되고 있다. 또한 그들의 네트워크는 초국가적, 종교적 급진주의와 폭력의 기폭제가 되고 있다. 중요한 것은 알 카에다와 연계된 급진적 이슬람 단체들, 즉 필리핀의 아부 사야프(Abu Sayyaf)와 인도네시아의 라스카 지하드(Laskar Jihad) 등이 민족 내부에 뿌리를 두고 테러 행위를 통해 권위 체제에 공개적인 도전을 하는 계기를 제공했다는 점이다.

(7) 종교적 테러의 전망

종교는 뉴테러리즘(New Terrorism)의 중심적 특징이다. 뉴테러리즘은 비대칭적 전술(Asymmetric Warfare), 세포(Cell) 기반 네트워크, 연성 목표(Soft Target)에 대한 무차별적 공격, 고성능 무기 사용 위협을 활동 방식으로 채택하고 있다. 이 전략을 개발해 사용하는 알 카에다와 이슬람의 동맹 세력들은 유사하게 동기화된 개인과 단체의 모델이 되었다. 종교적 극단주의자들은 이러한 전략을 구사한다면 자신들의 의제와 불만이 광범위한 주목을 받을 것이고, 적대 세력은 감히 도전을 하지 못할 것이라고 이해하고 있다. 따라서 종교적 테러리스트들이 가까운 미래에 이러한 전략을 사용할 것이라는 점은 명백하다.

① 이슬람 극단주의의 새로운 세대 부각

2005년 1월 보고된 연구에서 미 중앙정보국 국가정보위원회는 이라크와의 전쟁이 잠재적 테러리스트들에게 아프가니스탄을 대체하여 새로운 훈련과 인원 모집의 근거를 제공해 주었다는 결론을 내렸다. 테러 전문가가 제시하였듯이 '지하드 주모자들의 일부가 고국으로 돌아갈 것이고, 따라서 다양한 국가들로 분산될 것'이라는, 즉 테러리스트들이 세계 도처로 확산될 것이라는 그들 나름의 최상의 시나리오를 가지고 있다.

② 알 카에다의 위상 발전

알 카에다는 이슬람 극단주의자들에게 종교적 상징과 이데올로기가 될 정도로 발전하면서 조직 이상의 것이 되었다. 알 카에다의 창시자이자 지도자인 빈 라덴도 이슬람 정치가였으며, 종교지도자로서의 대열에 합류하여 지하디스트들의 신념에 자리 잡고 있다. 빈 라덴 자신도 다음 세대 전사들의 상징적인 지도자로 스스로의 역할을 규정한 바 있다.

③ 지하드 운동의 세계적인 확대

미디어와 인터넷을 통한 첩보와 이미지의 전파는 전 세계 이슬람인의 결속을 가능하게 했다. 참여하기를 희망하는 사람들이 정보를 구하는 것이 쉬워졌고, 많은 새로운 자원자 그룹에는 서양인과 유럽인도 포함되는 등 확대되고 있다.

중동 테러리즘

2) 국가 테러리즘

국가 테러리즘은 대외적으로 외국의 적들을, 대내적으로 국내의 적들을 상대할 수 있다. 국가에 의한 정치적 폭력이 가장 체계적이고, 잠재적으로 가장 널리 영향을 미치기 때문이다. 국가가 이용할 수 있는 많은 자원 덕택에 국가 테러리즘은 그 규모나 지속성에 있어서 반체제 테러리스트들의 행위를 훨씬 능가한다. 오직 공동체적인 반체제 테러 단체 간 폭력만이 잠재적으로 국가 지원 테러의 규모와 지속성에 근접한다.

국가에 의한 테러의 대표적인 예는 폭력, 억압, 위협 정책에 대한 공식적인 정부 지원 등이다. 국가는 그들의 이익이나 안보를 위협하는 적으로 간주되는 자들에게 폭력과 강압적인 수단을 사용한다. 비록 국가 테러의 주동자들이 대개 정부 고관으로부터 오는 지령을 따르는 정부 인사들이지만, 실제로 폭력을 집행하는 자들은 정부가 고용, 장려하는 비공식적인 요원들인 경우도 흔하다. 국가 테러리즘은 국가가 지원하는 테러와 국가가 직접 행하는 테러로 구분할 수 있다.

(1) 국가 지원 테러

국가가 테러 단체를 지원하는 것을 의미하며, 그 기본적 특징은 국가가 국가 기구와 구성원들을 돕고자 억압, 폭력 그리고 테러리즘에 적극적으로 참여하는 것이다. 그러므로 후견 국가들은 테러리스트들을 직접 무장시키고, 그들에게 은신처를 제공하는 등 테러리즘을 위시한 체제 파괴적 행위를 정책적으로 채택한다. 정치적으로 공감하는 후원은 정부가 어떤 대의명분의 신념과 원칙을 공개적으로 포용할 때 일어난다. 한

운동의 동기에는 정치적으로 동의하지만 그 전술에는 동의하지 못하는 것부터, 둘 모두에 대한 완전한 지지까지 포용의 정도도 다양하다. 이러한 지원은 공개적으로 혹은 은밀하게 이루어질 수 있다. 정치적으로 공감하는 정부들은 자신들이 대변하는 집단의 사상적 역할 모델로서 행동할 수 있다. 그러한 지원은 흔히 국가가 자신의 국가적 의제를 추구하기 위한 방법이기도 하다.

① 이란의 테러 지원

이란은 1979년 팔레비 왕조가 전복되면서 국가가 후원하는 종교적 테러리즘의 주요한 원산지가 되었다. 바로 이어서 설립된 신권 국가인 이슬람 공화국(Islamic Republic of Iran)은 헤즈볼라, 하마스 등 많은 수의 테러 단체들을 후원하고 있다. 이에 따라 미 국무성은 여러 해에 걸쳐 이란을 테러 후원국 명단에 올리고 있다.

- 혁명수비대: 이란의 혁명수비대는 코즈 예루살렘군(Quds Jerusalem Force)이라는 부대를 소유하고 있는데, 이 부대는 해외에서의 이슬람 혁명을 조장하고 예루살렘을 비무슬림으로부터 해방시키려는 노력을 하고 있다. 혁명수비대 대원들은 레바논과 수단에도 나타난다.
- 헤즈볼라 지원: 헤즈볼라는 시아파 인구를 대표하는 레바논의 시아파 조직이다. 레바논 내전 및 이스라엘의 1982년 침입 당시 결성되었으며, 레바논의 독립과 레바논 시아파의 정의를 강력하게 내세운다. 1980년대와 1990년대에 수백 건의 정치적 폭력 사건을 일으켰으며, 대표적으로 베이루트에서의 서양인 납치, 자살 폭탄 공격, 남

부 레바논에서의 이스라엘 공격, 이스라엘 종교 의식에 대한 공격 등이 있다. 혁명정의기구(Revolutionary Justice Organization) 등 다양한 명칭으로 활동한다. 헤즈볼라는 이란과 긴밀한 관계를 유지해왔고, 스스로 이란 혁명의 이상을 지지한다고 공식적으로 선언했다. 그들의 궁극적인 목표는 레바논에 이란과 같은 이슬람 공화국을 건설하는 것이고, 이스라엘을 이슬람 전체의 적으로 간주한다. 1980년대 초부터 이란은 헤즈볼라가 주둔하고 있는 레바논의 베카 계곡에 혁명수비대 대원들을 보내 훈련, 자금, 병참 등을 지원하였다.

- 팔레스타인 이슬람주의자 지원: 이란은 이스라엘과 직접 국경을 맞대고 전투하는 팔레스타인 테러 단체들을 지원했다. 요르단 강 서안과 가자에는 두 개의 호전적인 이슬람 조직인 팔레스타인 이슬람 지하드(Palestine Islamic Jihad, PIJ)와 하마스가 있다. 이들은 이란의 중요한 지원을 받는 극단주의 조직들이다. 그들은 수많은 테러 행위를 자행하였는데, 그중에는 자살 공격, 폭탄 테러, 저격, 다른 폭력적 공격 등이 포함된다. 이란은 하마스와 PIJ에게 군사 훈련과 병참, 순교자를 위한 기금 수백만 달러를 제공하였다.

② 시리아의 테러 지원

알 아사드 집권 당시 시리아가 채택한 외교 정책도 국가의 테러 지원 사례이다. 시리아는 1971년 2월부터 2000년 6월까지 이스라엘에 대항해 두 번의 전쟁을 치렀고, 팔레스타인의 대의명분을 강력하게 지원했으며, 레바논 베카 계곡을 점령했고, 레바논의 시민군 아말과 헤즈볼라를 지원했다. 그러나 국제적 영역에서 확실히 공격적이 될 수 있었지만,

테러 사건들과 직접 연결되지는 않았다. 시리아나 시리아 정부 인사들이 1986년 이래 국제적 테러 공격의 계획이나 실행에 직접적으로 관여한 증거는 없다.[9]

③ 리비아의 테러 지원

리비아가 지원한 대표적인 사건은 1988년 12월 21일 스코틀랜드 로커비에서 있었던 팬암 103기 폭파 사건이다. 259명의 탑승자와 승무원, 지상에서 11명 등 총 270명이 사망했다. 1991년 11월, 미국과 영국은 폭파 사건의 주모자로 리비아 국민인 알 메그라히 피마를 지목했는데, 이들은 리비아 자마히리야(Jamahiriya Security Organization, JSO) 요원들이라고 한다. JSO는 해외의 정치적 경쟁자 살해, 홍해에 기뢰 설치, 유럽에서 서구의 이익 공격 등 수많은 테러 행위에 연루되었으며, 세계 각지의 테러리스트들에 물질적 지원과 훈련 시설 제공 등을 반복적으로 한 것으로 알려져 있다. 그러나 리비아 지도자 카다피는 그 어떠한 연관성도 부인했다.

리비아는 UN과 미국의 제재 조치를 극복하지 못하고 1999년 폭파범 2명의 신병을 미국에 인도함으로써 국가 지원 테러였음을 자인하였으며, 2006년에야 미국과 리비아는 외교 관계가 복원되었다.

(2) 국가 자행 테러

① 시리아의 국가 테러

1982년 시리아 정부가 무슬림 형제단의 반란을 진압한 것이 적절한

---

9 Bruce Hoffman, 《Inside Terrorism》, New York: Columbia University Press, 1998, p.195

중동 테러리즘

사례이다. 무슬림 형제단은 북아프리카와 중동의 몇몇 국가들에서 매우 활동적인 수니파 이슬람 근본주의 운동이다. 1980년대 초에 시작된 이 운동은 시리아 정부에 대항하여 광범위한 테러 작전을 전개했다. 1981년에는 군대와 다른 보안 부대가 알레포와 하마 시의 무슬림 형제단을 진압하는 과정에서 적어도 200명 이상의 사람들을 사살했다. 하페즈 알 아사드 시리아 대통령은 보안 규정을 강화하고 무슬림 형제단에 가입하는 것을 중죄로 규정했다. 1982년 하마에서는 또 다른 무슬림 형제단 폭동이 일어났다. 시리아 정권은 폭동을 진압하고자 포병대의 지원을 받는 병사들과 전차를 투입했다. 그들은 대략 2만 5천 명의 민간인을 살해하고 도시의 광범위한 지역을 파괴했다.

② 이라크의 국가 테러

이라크의 안팔 작전은 집단학살 국가 테러리즘의 대표적인 예이다. 집단학살은 일반적으로 국가가 정책의 일환으로 한 집단을 제거하거나 또는 한 집단이 공동체의 반체제적 집단에게 행하는 폭력으로 정의된다. 또한 국가의 하위 체제 집단 간 발생하는 테러리즘을 의미하기도 한다. 집단학살(Genocide)이란 단어는 라파엘 렘킨 박사가 처음 사용했는데, 1944년 출판된 그의 저서《점령된 유럽에서의 추축국 통치(Axis Rule in Occupied Europe)》에 처음 등장한다. 이는 인종이나 부족을 의미하는 그리스 단어 'genos'와 살해를 의미하는 라틴어 파생 접미사 'cide'의 합성어이다.

국가나 공동체 어느 수준에서 자행되었다 하더라도 집단학살은 용납할 수 없는 사회 정책이자 폭력의 부도덕한 사용으로 간주된다. 1946년

UN 총회에서 〈결의안 96(I)호〉를 채택한 이래 집단학살은 국제법에서 범죄로 여겨진다. 1948년 총회는 집단학살의 방지와 처벌에 관한 협약을 채택했다.

1988년 2월에서 9월까지 사담 후세인과 바트당은 쿠르드 소수민족을 집단학살하는 만행을 저질렀다. 당시 후세인과 바트당은 이견을 철저하게 억압하고, 반란은 인정사정없이 다루는 등 무력으로 국가 권위를 정당화했다. 또한 남동쪽 지역의 시아파 무슬림과 북부 지역 쿠르드족의 반란을 진압하기 위해 이라크 무장 세력들을 풀어놓았다.

1987년, 후세인의 사촌 알 마지드가 쿠르디스탄에서 쿠르드족의 반정부 행위를 막는 임무를 맡게 되었다. 그는 심사숙고하여 작전을 수립했으니, 예언자 무함마드의 첫 승리 이후 계시를 묘사하고 예언자에게 필요할 경우 불신자들을 심하게 벌하도록 충고하는 꾸란의 구절을 따라 '알 안팔(al-Anfal)'이라는 암호명을 붙였다. 작전은 8단계로 진행되었는데, 그 과정에서 많은 민간인들이 살던 곳에서 쫓겨나고 집단으로 살해되었다. 작전 당시 이라크는 겨자가스와 신경가스 등의 화학무기를 쿠르드족 마을에 투하하여 5만~10만 명의 쿠르드족이 사망했다. 작전이 끝났을 때 쿠르드 반란은 진압되었고, 약 250만 명의 이라크 쿠르드족이 강제 추방되었다.

쿠르드족의 사례는 국가 권력이 국내 권위를 유지하고자 어떻게 폭력적 억압을 사용할 수 있는지에 대한 좋은 예이다. 작전을 지휘한 알리 하신 알 마지드는 2003년 8월 미군에 생포되었고, 2007년 6월 이라크 법원에서 사형을 선고받았다.

3) 반체제 테러리즘

(1) 이스라엘과 팔레스타인의 민족적 충돌

역사와 정치적 환경 때문에 반국가적 반체제 운동은 반국가적인 동시에 공동체 투쟁의 특징도 모두 갖고 있다. 예컨대 이스라엘에서 팔레스타인 민족주의 운동은 수많은 조직과 운동들로 구성되어 있으나, 1959년 아라파트와 일부 인사가 창설한 PLO의 단일 우산 아래에서 대체로 활동하고 있다.

PLO는 출범 때부터 팔레스타인 독립국가를 수립하려고 했다. PLO와 그 하부 조직들은 이스라엘과 마찬가지로 동일한 지역에 동일한 영토를 요구하였기 때문에 이스라엘의 국내외를 가리지 않고 공격을 가하였다. 특히 극적으로 치고 빠지는 공격, 납치, 폭파, 로켓 공격 그리고 여러 형식의 폭력 행위가 두드러지게 나타난다. 이스라엘과 유대계 민간인들이 빈번하게 공격의 대상이 되었다.

2000년 9월 28일 이후 팔레스타인의 저항은 광범위하게 발생한 인티파다 형태로 나타났고, 이는 공동체 테러리즘의 특징을 보여 준다. 이날 이스라엘의 샤론 장군은 예루살렘에 위치한 성전 산(Temple Mountain)을 방문했다. 성전 산은 이슬람교도와 유대교도 모두에게 신성한 장소이다. 팔레스타인인들은 샤론의 방문이 자신들을 의도적으로 자극하려고 한 것이라 믿었고, 이에 2차 대규모 인티파다를 전개했다. 새로운 반체제 환경에서 폭력 시위, 가두 투쟁, 자살 폭탄도 등장했다. 이런 폭력은 시민을 대상으로 한 폭탄 투척, 총기 난사, 여타 공격으로 이어졌다. 그래서 팔레스타인 민족주의 운동은 공동체의 반체제 테러리즘을 하나의 전략으로 수용함으로써 전혀 다른 국면에 들어섰다는 주장도 있다.

(2) 팔레스타인의 테러 조직

반국가적 반체제 환경의 일부 요소들은 오랜 기간 동안 존속함으로써 많은 파벌을 양산하여 상호 경쟁하도록 했다. 팔레스타인 운동이 이런 현상의 좋은 모델이다. 팔레스타인 행동주의는 이스라엘에 대항하여 팔레스타인 독립국가 건설을 궁극적인 목표로 삼았다. 이들 조직 대부분이 취한 반국가적 전략은 인티파다로 알려진 광범위한 공동체의 반체제 운동에 의해 대체되었다. 아래 조직들은[10] 팔레스타인 민족운동에서 두각을 나타냈다.

① 팔레스타인 해방기구(Palestine Liberation Organization, PLO)

1964년 창설된 PLO는 종교운동이 아니라 많은 정파를 포함하고 있는 세속적이며 민족주의적 조직이다. 창설 당시에는 테러 조직으로 출발하였다. 가장 규모가 크고, 중심이 되는 산하 조직은 알 파타(Al-Fatah)로 1959년 아라파트가 창설하였다. PLO는 가자와 서안 지역을 통치하는 팔레스타인 행정 당국이 되었다. 포스 17(Force 17)은 아라파트 경호 부대로 1970년대 창설된 정예 부대이다. 이 부대는 준군사 조직을 가지고 테러 공격에 가담해 왔다. 알 아크사 순교여단(al-Aqsa Martyr Brigades)은 알 파타와 다른 파벌에서 끌어들인 전사들의 순교 집단으로 대이스라엘 투쟁에서 자살 폭탄 테러를 이용하였다.

---

10 미 국무부, 〈Patterns of Global Terrorism 1996〉, 1997, p.41

② 아부 니달 조직(Abu Nidal Organization, ANO)

사브리 알바나가 자신의 가명을 따서 창설했다. 1974년 PLO에서 분리되어 20여 개국에서 이스라엘 이익에 공격을 가하여 900여 명의 사상자를 발생하게 했던 국제 테러 조직이다. ANO 군대 조직은 레바논에 있었고, 수백 명의 조직원이 전투 요원으로 배치되었다. 리비아, 레바논, 수단에서는 파타 혁명위원회, 아랍 혁명위원회, 검은 9월단 등 다른 이름으로 활동하였다.

③ 팔레스타인 인민해방전선
(Popular Front for the Liberation of Palestine, PFLP)

조지 하바시가 1967년 창설했으며, 다국적인 아랍 혁명을 주창했던 마르크스주의 조직이다. 조직원은 대략 800여 명 정도이며, 1970년대에 가장 활발하게 활동하였다. 지속적으로 테러를 자행하였으며, 극적인 국제 테러 공격을 주도했다. 1969년과 1970년의 납치 활동, 서유럽 테러리스트와의 공조, 카를로스 자칼[11]에 대한 숭배는 현대 국제 테러리즘의 모델이 되었다는 지적을 받는다.

④ 팔레스타인 인민해방전선-총사령부
(PFLP-Genaral Command, PFLP-GC)

아흐마드 지브릴은 PFLP가 정치 투쟁에 지나치게 열중한 나머지 이스라엘에 대한 무력 투쟁을 제대로 하지 않는다고 판단하고, PFLP와 결별

---

11 본명은 라미레스 산체스이다. 베네수엘라 태생으로 자칼은 언론이 붙여 준 가명이며, 1975년 빈 소재 OPEC 본부를 기습 공격하는 등 악명을 떨쳤다. 현재 프랑스에서 종신형을 선고받고 복역 중이다.

하면서 팔레스타인 인민해방전선-총사령부를 1968년 결성했다. PFLP-
GC는 시리아로부터 지시를 받은 것으로 추측되는 수백 명의 조직원을
전투요원으로 배치, 이스라엘을 상대로 많은 국경선 공격에 가담했다.

⑤ 팔레스타인 해방전선(Palestine Liberation Line, PLL)
PLL은 1970년대 중반 PFLP-GC에서 분리된 조직으로, 나중에 더욱 분
열하여 친PLO계, 친시리아계, 친리비아계 분파로 발전하였다. 친PLO계
는 이스라엘을 수없이 공격했던 아부 아바스가 주도하였고, 50명 정도
의 조직원을 거느린 소규모 조직이었다.

⑥ 팔레스타인 인민민주전선
    (Democratic Front for Liberation of Palestine, DFLP)
1969년 PFLP에서 분리되어 나왔고, 1991년 다시 두 파벌로 나뉘었다.
대중 혁명을 통해 궁극적인 승리를 옹호했던 마르크스주의 조직이었다.
500여 명의 조직원이 활동하면서 이스라엘을 겨냥하여 국경선 기습을
포함해 주로 폭파 공격을 주도하였다.

⑦ 이슬람 저항운동(Islamic Resistance Movement, Hamas)
무슬림 형제단의 팔레스타인 지부에 뿌리를 두고 있는 조직으로,
1987년 이슬람 근본주의 운동으로 창설되었다. 하마스는 출범부터 팔
레스타인 주민에게 공공 서비스를 제공하고 이스라엘을 향해 폭력을 지
속적으로 행사함으로써 단순한 테러 단체를 넘어선 종합적인 성격을 지
닌 운동 단체이다. 이 단체는 반독자적인 세포조직으로 구성되어 있다.

1920년대와 1930년대 유명한 지하드 운동의 이름을 따서 이자딘 알카잠 여단(Izzedine al-Qassam Brigade)으로도 알려졌다. 하마스는 팔레스타인 인티파다 결성을 지원하였고, 가장 일선에서 활동하였다. 2006년 1월 25일 팔레스타인 총선에서 다수의 득표를 획득하여 정치 정당으로 변신하였으나, 미국과 이스라엘의 반대로 팔레스타인 자치정부로 집권하지 못하고, 2015년 1월 현재 가자 지구를 통치하고 있다. 가장 넓은 영토인 요르단 강 서안 지역은 비교적 온건한 파타당이 팔레스타인의 정통 정부로 통치하고 있다.

⑧ 팔레스타인 이슬람 지하드(Palestine Islamic Jihad, PIJ)

단일 조직이 아니라 여러 파벌들이 느슨하게 연계된 조직이었다. 팔레스타인 국가 수립을 위한 지하드를 추구하던 이슬람 근본주의 혁명운동으로 시작하였다. 암살과 자살 폭탄을 주도하고 있으며, 하마스처럼 인티파다 결성을 지원하고 적극적으로 가담하였다.

(3) 공동체의 테러

반체제 테러리즘은 항상 정부와 국가의 상징물을 대상으로 이루어지는 것은 아니다. 민족, 인종, 종교, 혹은 이념적인 적대 세력으로 전체 주민을 직접 겨냥하는 경우가 빈번히 발생한다. 적대 세력의 범위가 지나치게 광범위하게 규정되기 때문에 이런 유형의 테러리즘은 극단적인 억압과 대규모 폭력의 성격을 보이는 것이 특이하지 않다. 공동체의 테러리즘은 갈등이 문화적 기억 속에 깊이 뿌리 내리고 있는 경우에 때로 대량학살 행위로 이어진다. 모두가 인정하는 전투 규칙을 무시하고 무차별적인 차량 폭파, 폭탄 투척, 총기 난사 등으로 민간인을 살해하거나 불구로 만들기 때문이다.

공동체의 테러리즘은 근본적으로 집단에 대한 집단의 테러이며, 이 과정에서 사회의 일부 주민들이 서로를 파멸시키려는 치명적인 폭력을 행사한다. 이런 테러리즘은 여타 유형의 테러리즘과 마찬가지로 심각성의 수준이 다양하며, 여러 환경에서 발생하고, 폭력의 규모 때문에 세상이 깜짝 놀라곤 한다. 국제 전쟁이나 게릴라 반군처럼 세계 언론의 주목을 받지는 못하지만, 너무 악랄하여 제어하기 힘들기 때문이다. 공동체 폭력의 몇 가지 사례는 다음과 같다.

① 이스라엘

제2차 세계대전이 끝나고 UN에서 이스라엘 건국 문제가 논의될 때 팔레스타인 지역에서는 유대계 지하 무장 조직 하가나와 이르군이 영국군과 아랍 주민을 대상으로 무차별 테러를 감행하였다. 목적은 팔레스타인 지역에 유대 국가를 건설하기 위한 사전 정지 작업 차원이었다.

1948년 4월 9일, 이르군이 예루살렘 서쪽의 작은 마을인 데일 야신촌을 야밤에 습격하여 주민 254명을 잔인하게 살해하는 만행을 저질렀다. 전 이스라엘 수상 메나헴 베긴이 진두지휘한 이 사건은 제2의 나치 학살을 연상케 하며 문명 세계에 큰 충격을 안겨 주었다. 이러한 기습 만행은 여러 곳에서 동시에 자행되었으며, 비무장의 아랍 주민에게 극도의 공포감을 심어 주었다. 불과 1달여 만에 100만 명에 가까운 아랍인들이 서둘러 인근 국가로 도피하면서 팔레스타인 난민 문제가 생겨났다.

이로부터 한 달쯤 지난 1948년 5월 14일, 유대인들은 아랍인을 몰아낸 자리에 이스라엘을 건국했다. 당초 5만 명의 유대인이 67만 명으로 늘어났다. 반면 자신의 고향에서 쫓겨난 팔레스타인 아랍인들은 조국 탈환을 다짐했다.

이르군은 공동체의 폭력을 정당화하고자 종교를 활용했다. 성경에 나타난 유대인의 영토에서 모든 아랍인을 몰아내야 한다고 주장했던 랍비 마이어 카헤인의 카취(Kach) 운동처럼 급진 조직들은 종교를 적극 고취시켰다. 유대인 정착민들은 팔레스타인의 공격에 대한 보복이라며 자신들의 폭력을 정당화하고, 그 행위의 토대를 유대교 전통에서 찾곤 한다.

종교적 감정을 활용하는 것은 팔레스타인과 이스라엘 양쪽 모두이다. 즉 이슬람 극단주의자들은 유대인을 쫓아내기 위해 성스러운 전쟁을 수행하고 있다고 생각하고, 극단주의 유대계 정착민들은 아랍인들을 쫓아내서 성서의 땅을 되찾고자 하는 것이다.

② 수단

수단 북부 지역은 주민 대부분이 아랍화한 이슬람교도이며, 남부 지역에는 대체로 기독교를 믿는 흑인과 토속신앙을 신봉하는 주민들이 공존한다. 북부와 남부는 오랜 세월 적대적 관계에 있다. 1956년에 독립한 뒤 수단의 내전은 친정부적인 이슬람 집단과 반정부적인 기독교 및 토속신앙인 사이에서 벌어졌고, 이는 정치적 환경의 특징이 되었다. 정부군, 게릴라 조직, 규율이 없는 민병대 그리고 자경단이 치열하게 싸웠다. 게다가 수단 정부는 다르푸르 지역에서 아랍화한 무장 세력에게 무기를 공급하고 사주하여 흑인 이슬람교도들을 공격하게 했다. 수만 명이 분쟁 과정에서 죽었으니 이는 인종 학살에 가까웠다.

③ 레바논

레바논에서 공동체의 갈등으로 일어난 종교적 유혈 사태는 1975년 시작됐다. 이것은 16년간 지속된 내전으로 발전하였으며, 12만 5천 명 이상의 목숨을 앗아 갔다. 종파에 따라 민병대가 결성되었으며, 마로나이트 기독교인, 수니파 이슬람교도, 시아파 이슬람교도, 드루즈 민병대 등이 정치권력을 쟁취하려고 폭력에 의존하였다. 팔레스타인 무장 세력, 시리아 군대, 이란 혁명군도 이에 개입하였고, 이로써 레바논 정부가 붕괴되었다.

(4) 테러리스트가 되는 성향

어떤 사람이 테러리스트로 변신하는가 하는 문제에서는 다양한 사례를 상정할 수 있다. 첫째, 자랄 때 인종적, 민족적, 종교적 탄압을 받은 성장 환경이 대표적인 사례이다. 둘째, 정치적 야망을 실현하기 위한 수단, 또는 애국심의 발로로 지하디스트로 변신하기도 한다. 셋째, 가족이 국가적 또는 공동체적 탄압에 희생된 경우 보복을 위한 수단으로 테러리스트가 되기도 한다.

① 열악한 성장 환경

레일라 칼레드는 1970년대 초 팔레스타인 혁명주의자이자 비행기 납치범으로 유명했다. 팔레스타인 하이파에서 출생했으나, 1948년 이스라엘이 건국되면서 고향에서 쫓겨났고, 어린 그녀와 가족은 레바논 티레 시 캠프에서 난민 생활을 했다. 열악한 난민촌에서 성장하면서 그녀의 마음속에는 이스라엘에 대한 적개심이 자리 잡았다. 어릴 때부터 정치성이 강했고, 15세에 헌신적인 혁명가가 되었다. 1969년 8월, 23살의 칼레드는 PFLP에 가담한 후 첫 활동으로 TWA 비행기를 납치했다. 다마스쿠스에서 승객들은 풀어 주고 비행기를 폭파하는 등 여성 테러리스트로서 유명세를 탔다.

1970년 9월에는 다섯 대의 여객기 납치를 시도한 PFLP의 대규모 작전에 참여하였다. 1대는 납치에 실패하였고, 다른 1대는 카이로의 활주로로 이송해 파괴했고, 나머지 3대는 요르단의 도슨 활주로로 이송해 9월 12일 폭파했다. 9월 6일, 그녀는 암스테르담에서 출발하는 이스라엘 항공 엘 알(El Al) 편의 납치를 시도했으나 실패하여 체포되었다. 그리고 팔레스타인 포로와 이스라엘 인질을 교환하는 협상의 일부로 9월 28일 풀려났다.

칼레드는 1973년《내 민족은 살지어다 - 어느 혁명가의 자서전(My People Shall Live - The Autobiography of a Revolutionary)》이라는 제목의 자서전을 발간하였다. 이후 그녀는 요르단 암만에 정착했고, 팔레스타인 국민평의회(Palestine National Council) 구성원이 되어 팔레스타인 독립을 위해 헌신하고 있다. 또 2015년 11월 필리핀에서 개최된 APEC 정상회의에도 팔레스타인 대표로 참석하였다.

② 정치적 야망과 애국심

팔레스타인인 사브리 알 반나는 '아부 니달(Abu Nidal)'이라는 예명을 썼다. 1937년에 태어난 그는 고향 팔레스타인에 대한 애착과 민족주의 성향이 강했으며, 1964년 PLO가 설립된 초기부터 알 파타의 구성원이 되었다. 그러나 그는 알 파타의 대이스라엘 온건 성향과는 달리 강경책을 주장했다. 1973년 제4차 중동 전쟁에서 아랍군이 이스라엘에 대패한 데 격분하여, 1974년 PLO를 탈퇴하고 자신의 예명을 딴 강경파 조직 아부 니달(Abu Nidal Organization, ANO)을 결성했다. 유대인을 팔레스타인 땅에서 몰아내고, 팔레스타인 민족국가를 건설하려면 온건해서는 안 된다는 것이 그의 지론이다.

ANO는 현대 역사상 최대 규모의 무자비한 테러리스트 조직 중 하나가 되었다. 약 20개의 국가에서 공격을 자행했고, 900여 명을 살상했다. ANO의 표적에는 PLO와 같은 아랍인, 아랍 정부, 온건 팔레스타인도 포함되어 있었고, 비아랍 표적은 이스라엘, 미국, 영국, 프랑스 등의 이해관계와 연관된 세력들이었다.

1980년 후반기부터 대서방 테러를 중단한 것으로 보이며, 이후 아부 니달의 행적은 확실치 않으며, 1998년 12월 이라크로 이동하였다. 걸프 전쟁으로 파괴된 이라크 현장에서 미국의 이익에 대한 테러 활동을 수행하다 2008년 8월 여러 번의 총상을 입은 채 주검으로 발견되었다.

③ 가족에 대한 복수심

사지다 알 리샤위는 2005년 11월 요르단에서 암만 시내 래디슨, 하얏트 등 대형 호텔 3곳에서 남편과 함께 연쇄 자살 폭탄 테러를 시도했다. 남편은 현장에서 즉사했지만, 그녀의 몸에 두른 폭탄은 터지지 않아 곧 붙잡혔다. 그녀는 2006년 9월 사형을 선고받고, 요르단 형무소에서 복역 중 2015년 2월 처형되었다.

1965년 이라크에서 태어난 그녀는 평범한 주부였으나 미군에 의해 숨진 가족 때문에 극단적인 테러리스트로 변신했다. 리사위의 남자 형

제 3명은 모두 2004년 이라크 전쟁 당시 팔루자에서 미군의 폭격으로
사망했다. 특히 형제 중 1명은 IS의 전신인 이라크 알 카에다를 이끈 아
부 무사브 알 자르카위의 신임을 받는 부하였다(현재 IS를 이끌고 있는 아부
바크르 알 바그다디 또한 자르카위의 부하였다). 가족의 사망 후 리사위는 IS에
가담하였다.

(5) 세포조직과 외로운 늑대들
① 테러리스트 세포조직

새로운 조직적 특징으로 20세기가 끝나 갈 무렵 등장했다. 전통적으
로 테러 조직의 구조는 상당히 명료하고, 많은 테러 단체들이 위계질서
의 지휘 계통을 지니며 조직적인 모습을 띤다. 보통 전통적인 테러 단체
는 공개적으로 활동하는 정치조직과 비밀 군사조직을 거느리고 있다.
1960년대부터 1980년대까지 여러 집단이 함께 주도하던 신좌파(New
Left)와 중동 테러리즘이 전성기였던 시기에 반체제 단체들이 공식 성명
을 발표한 일은 이례적인 일이 아니었다. 이들 조직은 누군가의 원칙을
대변하고자 자행했던 테러에 대한 공적을 공식적으로 확인시키고 싶어
했다. 이에 공식 기자회견이 종종 열렸다.

이러한 수직적인 조직 모델은 1990년대에 느슨한 구조를 갖춘 수평
적인 모델로 대치되기 시작했다. 이런 세포조직에 기초한 활동은 불분
명한 지휘 계통과 조직적 윤곽을 지녔다. 현대의 테러리스트 연계망은
활동 지침을 내릴 수 있는 중앙조직이 있는 경우가 있지만, 일선 조직
단위에 대한 직접적인 지휘 통제권은 거의 없다. 이런 활동 단위는 외국
에서 오랜 기간 잠복해 있다가 자신들의 판단으로 행동하는 자율 혹은

반자율적인 세포조직이다. 이 같은 조직은 세포조직이 제거되거나 조직원이 체포되더라도 다른 독립적인 세포조직들이 아무런 피해를 입지 않는다는 이점을 갖는다. 또한 공식적인 지지자들은 세포조직의 전술이나 목표물과의 관련성을 부인할 수 있다.

② 외로운 늑대 모델(Lone Wolf Model)

한 사람만으로 이루어진 테러의 세포조직을 말한다. 이슬람교로 개종한 영국인 리차드 레이드가 좋은 예이다. 2001년 12월 22일, 레이드는 198명의 승객과 승무원을 태우고 파리를 출발하여 마이애미로 향하던 보잉 747기에 탑승했다. 그는 신발에 숨긴 플라스틱 폭발물을 터뜨리려고 시도하다가 승무원에게 발각되었으며, 승객에게 제압당했다. 레이드는 알 카에다와 확실히 연계되어 있었고, 아프가니스탄 내의 조직에서 훈련을 받았다. 그는 미국 보스턴 연방법정에서 유죄를 인정하고 종신형을 선고받았다.

4) 국제 테러리즘

국제 테러리즘은 국제적 차원으로 파급효과가 큰 테러이다. 대상은 국제적인 관심을 끄는 상징적 가치와 그 공격이 국제무대 관객들에게 주는 충격을 고려해 선택된다. 국제무대에서 테러는 정치적 극단주의자들이 주로 선전효과를 위해, 즉 그들의 혁명 투쟁을 국제무대로 확산시키는 것이 효과적임을 깨닫기 시작한 1960년대 후반 이래 정치적 폭력의 일반적 특징이 되었다. 테러의 규모가 커지면서 혁명운동 세력은 그들의 정치적 불만을 성공적으로 국제 쟁점으로 부각시켰다. 그렇기 때문에 '국제 테러는 오늘날 국제정치를 규정하는 핵심 요인 중 하나'라는 주장은 결코 과장이 아니다.

국제 테러리즘은 비대칭전(Asymmetrical Warfare)의 가장 대표적 사례로, 비전통적이고 예기치 못한, 거의 예측이 불가능한 정치적 폭력 행위이다. 테러 자체는 새로운 현상이 아니지만 비대칭전은 뉴테러리즘의 주요 특징이다. 이론상 비대칭전을 통해 테러리스트들은 새로운 고성능 무기로 예상치 못한 목표를 타격하여 대량살상을 야기하거나 독특한 전술을 구사할 수 있게 되었다. 테러 희생자나 대테러 정책 당국의 딜레마는 테러리스트들이 이런 전술을 통해 전통적인 방어나 억지 정책을 무력화하여 주도권을 장악하고, 국제 안보 환경을 재정의할 수 있게 되었다는 점이다. 즉각적인 미디어의 관심 때문에 상대적으로 작은 사건들도 전 세계적인 주목을 끄는 것이 가능한 시대가 되었다. 테러리스트들은 정치적 동기에서 벌인 항공기 납치, 폭탄 테러, 암살, 유괴, 고문, 기타 범죄 행위 등이 국제적 스포트라이트를 받을 경우 상당한 주목을 끌고 더 큰 기회를 가져온다는 것을 알게 되었다.

(1) 테러리스트 간의 협력

테러리스트들은 여러 가지 이유로 협력한다. 그들 중 일부는 자신들의 혁명 투쟁이 특정 국가나 이익집단, 혹은 이념에 대한 세계적 투쟁의 일부라고 간주한다. 예를 들면, 프랑스의 직접행동(Direct Action)이라는 조직은 팔레스타인의 명분에 동조하여 그들의 폭력을 미국의 이익에 집중한다. 간혹 한 조직이 다른 조직에 합류하기도 하는데, 일본 적군파

(Japanese Red Army, JRA)의 경우 PFLP에 흡수되었다. 독일 적군파(Red Army Faction, RAF)나 6월 2일 운동(2nd of June Movement) 같은 조직은 다른 단체와 주기적으로 합동작전을 펴기도 한다.

PFLP는 유럽 테러 조직들과 강한 연계를 맺고 있으며, 1960년대 후반부터 요르단에 훈련장과 연락 시설을 제공해 왔다. 특히 독일 적군파 및 6월 2일 운동 간 연계는 매우 강하며, 이들 조직의 요원들이 스페인의 바스크 조국과 자유(Basque Fatherland and Liberty) 운동 요원들과 함께 PFLP 캠프에서 훈련을 받기도 했다. PFLP는 베네수엘라 테러리스트인 카를로스 자칼의 정신적 지도자 역할도 한다. 그러한 협력의 대표적인 예로, 1975년 12월 오스트리아 빈에서 OPEC 장관들을 납치한 사건이 있었다. 이 사건에서 독일과 팔레스타인 테러 요원들은 카를로스 자칼의 지도하에 치밀하게 기획된 공격을 감행하고 무사히 탈출했다.

1985년부터 1987년 사이에 유럽 테러리스트들은 PLO와 유사한 반제국주의 조직을 결성하려고 시도했다. 그들은 NATO와 유럽 자본주의를 공격함으로써 PLO의 성공을 이어 가려고 했다. RAF나 직접행동, 이탈리아의 붉은 여단, 벨기에의 공산주의 투쟁세포 등은 약 2년간 연합전선을 펴기도 했다. 그러나 그들 상당수가 체포되고 유럽 정치 지형이 변하면서 PLO 같은 조직은 유럽에서 탄생하지 못했다.

냉전 종식 후 좌파 테러 운동이 침체되면서 세포 단위의 네트워크 협력이라는 새로운 형태가 등장했다. 이러한 형태는 아마도 현재까지 알려진 것 중 가장 포괄적인 국제 네트워크를 가진 알 카에다에 영향받은 바가 크다. 알 카에다 네트워크와 전술은 유럽의 과격 이슬람 조직들이 2004년 3월 마드리드 테러와 2005년 7월 런던 지하철 테러를 감행하는 데 롤 모델이 되었다.

(2) 국제 테러리즘의 변화하는 환경

국제 테러리즘은 여러 면에서 지구 정치의 영향을 받았으며, 시기에 따라 다른 그룹과 형태가 지배하는 환경을 만들어 왔다. 그런 면에서 국제 테러리즘의 유형은 전후 몇 단계에 걸쳐 진화해 왔다.

1960년대부터 국제 테러를 주도한 것은 주로 팔레스타인이었다. 그리고 팔레스타인의 명분에 동조하는 서유럽 및 중동 지역의 과격주의자들이 동참했다. 가자 지구와 서안에 팔레스타인 자치정부가 설립된 1990년대 말까지 팔레스타인이 주도한 테러는 주로 이스라엘 국내와 점령지의 목표를 표적으로 삼았다. 서구의 과격한 동조 세력은 1980년대 말에 이르러 지원을 중지했지만, 중동 지역의 과격주의자들은 여전히 그들 행동의 대의명분으로 팔레스타인을 앞세웠다.

제2차 세계대전 이후에는 인종-민족적 테러리즘이 국제무대에서 중요한 부분을 차지하게 되었다. 이러한 테러는 비록 빈도나 규모가 때에 따라 변하지만 결코 사라지지 않았다. 1990년대 말에 와서 이를 주도한 조직들은 그들의 근거지 국가에서 주로 활동했지만, 국제적 상징성이 큰 목표를 공격하는 것을 멈추지 않았다.

20세기 말에 들어서는 종교적 극단주의자들이 국제 테러의 가장 현저한 주도 세력으로 등장했다. 비록 알 카에다 같은 이슬람 극단 세력이 가장 두드러진 종교적 테러 조직으로 떠올랐지만, 다른 주요 종교에 근거한 극단주의 세력들도 국제무대에서 활동하고 있다.[12]

---

12 Paul R. Piller, 《Terrorism and U. S. Foreign Policy》, Washington DC, 2001, pp.44~45

3

뉴테러리즘 시대

1) 테러 전사들의 국제화

(1) 아프간 참전 아랍인 전사

1979년 소련의 침공으로 시작된 아프가니스탄 전쟁은 강력한 이슬람 전사 집단을 낳고, 게릴라 전쟁을 촉발하는 계기가 되었다. 그리고 마침내 소련군이 1만 5천 명의 병력을 잃은 뒤 철수하도록 하는 개가를 올렸다. 아프간 전쟁은 스스로를 이단자와 성스러운 전쟁을 수행하는 무자헤딘으로 선언한 반체제 세력의 시각에서 보면 성전으로 간주되었다.

세계 각지에서 자원한 무슬림들은 아프간 무자헤딘을 지지하거나 함께 싸웠다. 그 결과 범이슬람 의식이 싹텄고, 이는 알 카에다 네트워크의 창설로 이어졌다. 또한 필리핀, 말레이시아, 중앙아시아, 알제리 등에서 국내 지하드 운동이 일어났다. 아프간 아랍인이라 불린 이슬람 자원자들은 무슬림 행동대 가운데서도 전설적인 전사로 알려져 있다. 반소련

지하드 기간에 얼마나 많은 아프간 아랍인이 아프가니스탄에 참전했는 지는 정확히 알려지지 않았다. CIA는 1만 7천 명가량으로 추산하고 있 다. 이렇게 무자헤딘으로 잘 훈련된 전사들은 또 다른 전쟁을 찾아 나섰 다. 설사 고향으로 돌아가더라도 언젠가 또 다른 이슬람 테러에 가담할 가능성을 열어 두고 있다는 데 주목할 필요가 있다.

(2) 보스니아 내전의 아랍인 전사

유고슬라비아 연방 해체 후 첫 전쟁은 세르비아, 크로아티아, 보스니 아 무슬림 간의 전쟁이었다. 보스니아가 독립을 선포하자 잔혹한 내전 이 시작되었고, 때로 세 민족이 동시에 서로를 상대로 싸우기도 했다. 보 스니아와 세르비아 간 전쟁은 특히 격렬했다. 세르비아인들은 소위 '인 종청소'[13]로 알려진 대량학살을 자행했고, 나중에는 다른 민족들도 같은 방법을 택했다.

이 단계에서 무슬림 지원자들이 보스니아 편에 선 무자헤딘으로 참전 해 싸우기 시작했다. 이들 대부분은 중동 지역의 아프간 아랍인들로, 수 십 개국에서 대략 500~1천 명가량의 지원자가 모였다. 이들 중 상당수 는 아프가니스탄, 알제리, 이집트, 튀니지, 예멘 출신이었다. 국제 무자 헤딘[14]은 종교적 열정에 고취된 사람들이지만, 보스니아인들은 전통적인 세속적 무슬림으로 민족적 열망이 더 큰 사람들이었다.

---

13 인종청소라는 용어는 유고슬라비아 보스니아에서 있었던 전쟁 당시에 만들어졌다. 가장 격렬한 인종청소는 1992~1993년에 일어났다. 그들은 세르비아 사람들만 사는 구역을 만들려고 보스니아 무슬림들을 공식적, 체계 적으로 추방했고, 살해, 강간 등 여러 방법을 동원해 위협했다. 수일 동안 8천 명의 무슬림을 살해하기도 했다.

14 아프가니스탄에서 소련과의 전쟁이 끝나고 상당수의 아랍인이 다른 나라에서 지하드 활동을 계속함으로써 국 제 무자헤딘으로 알려졌다.

2) 알 카에다 테러리즘

(1) 알 카에다의 성향

알 카에다는 전 세계 무슬림 지원자들로 구성된 초국가적 테러 조직이다. 그 핵심에는 테러를 일상 원리로 삼는 국제적 혁명운동이 있다.

알 카에다는 두 가지의 분명한 목적을 갖고 있다. 하나는 전 세계 무슬림 극단주의 세력을 느슨한 범이슬람 혁명운동으로 결속시키는 것이고, 다른 하나는 이슬람 지역에서 비무슬림, 특히 서구 세력을 몰아내는 것이다.

2000년대 들어서면서 테러리즘 발생 건수가 폭발적으로 증가하기 시작했다. 특히 전대미문의 9.11 테러는 전쟁으로 인한 것보다 더 많은 희생자가 발생하여 테러가 전쟁의 대체 수단으로 진화하고 있다는 평가를 받고 있다. 제2차 세계대전 당시 일본이 항공모함과 전함, 전투기 등을 동원하여 진주만을 공격했을 때 사망한 미군은 2,500여 명이었다. 이에 비해 납치한 항공기를 이용한 자살 테러였던 9.11 테러로 발생한 사망자는 2,977명이었다. 또한 공격 양상도 테러에 대한 대비책이 사실상 전무한 대중교통 같은 민간 다중이용시설에 집중되어 문제의 심각성은 더욱 커지고 있다. 3.11 스페인 마드리드 열차 테러, 7.7 런던 지하철과 버스에 대한 동시다발 테러 역시 대표적인 예이다.

알 카에다에 의해 훈련되거나 포섭된 전사들은 세계 수십 개국에 세포조직을 만들었다. 세포조직 혹은 좀 더 대규모 조직들이 상주하는 무슬림 국가 및 지역으로는 아프가니스탄, 알제리, 보스니아, 체첸, 인도네시아, 이라크, 코소보, 레바논, 말레이시아, 파키스탄, 남필리핀, 소말리

중동 테러리즘

아, 수단, 서안 가자, 예멘 등이 있다. 영국, 프랑스, 독일, 이스라엘, 스페인, 미국, 아르헨티나 국경 지역, 브라질, 파라과이 등에는 세포조직이 비밀리에 잠복해 있다.

세포조직들은 팩스나 인터넷, 핸드폰, 이메일 등 첨단기술을 이용해 서로 교신한다. 대부분의 알 카에다 세포조직들은 소규모지만 자생력이 있고, 특별한 임무를 부여받을 경우 그에 따른 재정 지원도 받는 것으로 알려져 있다. 예를 들면, 케냐와 탄자니아 미 대사관 폭탄 테러의 경우 10만 달러 이상이 소요되었다. 모든 세포조직들이 휴면세포(Sleeper Cells), 즉 공격 개시 전에 장기간 잠복해 있는 조직은 아니다. 2001년 9.11 테러의 경우 납치 가담자 대부분이 테러 공격을 위해 급히 미국에 입국한 자들이었다.

알 카에다는 빈번히 국제 테러리즘에 직간접으로 연루되었다.

(2) 알 카에다의 테러 사례

① 9.11 뉴욕 테러

현대 테러리즘 최악의 사건은 2001년 9월 11일 아침, 19명의 알 카에다 테러리스트들에 의해 미국에서 발생했다. 그들의 목표는 이슬람 국가들을 지배하고 착취해 온 미국과 서방에 대한 보복이었다. 19명의 비행기 납치범들은 이슬람의 대의를 손상시키는 소위 '서방의 악(惡)'들에게 대항하는 종교적 테러리스트들이었다. 그들의 정서는 근대의 중동 정치를 특정 지은 종교적, 정치적, 종족-민족적인 동요로부터 온 것이었다. 3천여 명의 사망자를 낸 9.11 테러의 시간대별 전개 상황은 다음과 같다.

07:59 로스앤젤레스행 아메리칸 항공 AA-11, 92명 탑승, 보스턴 로건 국제공항 이륙

08:20 로스앤젤레스행 아메리칸 항공 AA-77, 64명 탑승, 워싱턴 덜레스 국제공항 이륙

08:14 로스앤젤레스행 유나이티드 항공 UA-175, 65명 탑승, 보스턴 로건 국제공항 이륙

08:42 샌프란시스코행 유나이티드 항공 UA-93, 44명 탑승, 뉴저지 뉴어크 국제공항 이륙

08:46 AA-11, WTC 북쪽 건물 110층에 충돌

09:03 UA-175, WTC 남쪽 건물 110층에 충돌

09:37 AA-77, 워싱턴 펜타곤 건물에 충돌

09:59 WTC 남쪽 건물 완전 붕괴

10:03 UA-93, 펜실베이니아 주 피츠버그에서 남동쪽으로 80마일 떨어진 곳에 추락

10:28 WTC 북쪽 건물 완전 붕괴

17:25 붕괴 여파로 WTC 부속 건물인 47층짜리 7호 빌딩이 주저앉음

납치당한 4대의 항공기에는 각각 3~5명의 납치범들이 탔을 것으로 추정되는데, 미국 연방수사국(FBI)의 조사 결과 범인들은 사우디아라비아, 이집트 출신 조종사들로 알려졌다. 미국은 사우디아라비아 출신 오사마 빈 라덴과 그의 추종 조직인 알 카에다를 주요 용의자로 지목했다.

이 테러로 인한 피해 규모는 전쟁을 능가한다. 4대의 항공기에 탑승한 승객 265명 전원 사망, WTC 건물 2개 동 붕괴로 2,586명 사망, 워싱

턴 국방부(펜타곤) 피격으로 125명 사망 등 테러범 19명을 제외한 총사망자수가 2,977명에 달하며, 부상자만 6,291명 이상으로 추정된다. 경제적인 피해는 세계무역센터(WTC) 건물 가치 11억 달러(1조 4,300억 원), 테러 응징을 위해 긴급 지출한 금액 400억 달러(약 52조 원), 재난 극복 연방 원조액 111억 달러(14조 4,300억 원) 등에 이르며, 각종 경제 활동이나 재산상 피해를 더하면 화폐가치로 환산하기 어려울 정도이다.

전문가들은 9.11 테러를 정치 폭력의 역사에 있어 전환점으로 보았다. 그 여파로 언론인, 학자, 국가 지도자들은 반복적으로 새로운 국제적 테러 환경의 출현을 기술했다. 이 새로운 환경 때문에 테러리스트들이 적에게 살상과 파괴를 가하는 데 있어 대량살상무기를 자유자재로 사용할 수 있게 되었다고 주장한다. 이러한 공격은 비대칭 테러리즘이 새천년의 테러 환경을 특정 지을 것이라는 1990년대 학자들의 경고를 확인시켜 주는 듯이 보였다.[15]

미국은 과거에도 국내외에서 국제 테러의 목표가 되었지만, 자신의 영토에서 이 정도 규모의 공격을 받은 적은 없었다. 이와 비견할 만한 역사적 사건은 일본이 1941년 12월 7일 하와이 진주만 해군 기지를 공격한 일이다. 그래서 미국인들은 9.11 테러를 일컬어 '제2의 진주만 공격'이라 부르기도 한다.

9.11 테러의 여파로 테러리즘에 대한 전쟁이 선포되었다. 이것은 새로운 형태의 적에 대한 새로운 형식의 전쟁이다. 정책 입안자들은 이 전쟁이 비전통적 방식으로, 보이지 않는 테러 조직들과 실체가 없는 테러 지도자들에 대한 싸움이 될 것이라는 것을 이해했다. 그것은 국가를 상

15 Gus Martin 지음, 김계동 외 역, 앞의 책, pp.46~49

대로 한 전쟁이라기보다 생각과 행동을 상대로 한 전쟁이었다. 이 전쟁은 병력과 무기 동원을 우선시하는 것이 아니라, 전 세계 여러 나라의 법 집행기관, 정보기관, 군사기관들의 협력을 필요로 한다. 특수군과 정보부대에 의한 비밀공작은 예외가 아니라 표준이 되었다. 의심스러운 테러 조직들은 각국 법 집행기관들에 의해 색출되고 해체되었으며, 첩보 요원들은 타국에서 은밀하게 임무를 수행했다.

그럼에도 전쟁이 오로지 음지에서만 진행된 것은 아니다. 법 집행, 비밀공작, 정보 자산들의 배치와는 대조적으로 미국은 아프가니스탄과 이라크를 침공하면서 거대한 재래식 군사력을 동원했다. 아프가니스탄을 침공한 이유는 알 카에다와 다른 국제 무자헤딘에게 국가가 지원하는 피난처의 제공을 막으려는 것이었고, 이라크를 침공한 것에는 대량살상무기 비축에 대한 의심과 사담 후세인 정권과 테러리스트 네트워크 사이의 연결을 제거할 필요성이 포함되어 있었다.

② 마드리드 열차 폭탄 테러

2004년 3월 11일, 스페인 마드리드에서 테러리스트들이 통근열차 여러 대로 열 개의 폭탄을 배낭에 넣어 운반한 뒤, 주요 지점에서 폭파시키는 최악의 테러가 발생했다. 이로써 191명이 사망하고 1,500여 명이 부상당했다.

테러를 주도한 아부 하프스 알 마스리 여단(Abu Hafs al-Masri Brigades)은 알 카에다 관련 세포조직이며, 이 사건에서는 30여 명의 테러리스트들이 폭탄 운반에 동원되었다. 몇 주 후 11명의 모로코인을 포함한 15명의 용의자들이 체포되었다. 이들 중에는 또 다른 알 카에다 연계 조직인 모로코 이슬람 전투 그룹의 요원들도 있었다.

③ 런던 교통 시설 폭파 테러

2005년 7월 7일, 런던 지하철에서 3개, 이층버스에서 1개 등 4개의 폭탄이 터져 50명이 사망하고 700여 명이 부상당했다. 자살 공격조가 치밀하게 계획하여 지하철에서 터진 3개의 폭탄은 50초 이내에 터졌다. 7월 12일에도 똑같은 공격 시도가 한 번 더 있었다. 이때도 4개의 폭탄을 준비했으며, 처음 공격처럼 3개는 지하철에, 1개는 이층버스에 장치했으나 시간이 지나면서 폭탄 성능이 저하돼 폭발하지 않았다. 7월 23일에는 다섯 번째 폭탄이 런던의 한 공원에서 버려진 채 발견되었다. 수사 당국은 알 카에다에 동조하는 영국 내 세포조직을 지목했다.

④ 파리 언론사 샤를리 에브도에 총기 난사

2015년 1월 7일, 파리의 주간지 〈샤를리 에브도(Chalie Hebdo)〉 건물에서 괴한이 "알라 후 아크바르(알라는 위대하다)!"라고 외치며 총기를 난사해 언론인 10명, 경찰 2명이 살해되었다. 또한 그들은 "알 카에다 예멘 지부(아라비아 반도 알 카에다)에서 왔다."라고 외쳐, 알 카에다의 소행임을 밝혔다. 언론사에 대한 사상 최악의 자생 테러였다. 이 테러의 직접적 동기는 〈샤를리 에브도〉가 예언자 무함마드에 대한 풍자만화를 게재해 이슬람교를 비하했다는 것이다. 〈샤를리 에브도〉는 프랑스 파리에서 4만 5천 부를 발행하는 주간지로, 무함마드를 벌거벗긴 누드 만평, 이슬람 경전을 총알받이로 쓰고 있는 만평, IS 지도자 알 바그다디를 만화로 각색한 만평 등 이슬람을 조롱하는 풍자만화를 자주 실어 무슬림의 분노를 일으켜 온 매체다.

(3) 알 카에다 구조 분석

알 카에다의 신념 구조가 근본주의 신앙에 근거하기 때문에 알 카에다는 이념인 동시에 과격 이슬람의 표본으로 진화했다. 어떤 의미에서 알 카에다는 방법론과 조직 모델, 국제주의적 이념을 프랜차이즈한 것이다. 그 결과 지도자들과 아프간인, 아랍인 대부분이 사망하거나 체포되더라도 초기 네트워크와는 면식이 전혀 없는 새로운 동조자들이 끊임없이 공급되었다. 이처럼 스스로를 복제하는 알 카에다 모델의 특성 때문에 새로운 극단주의자들이 알 카에다와 연결되는 것이다.

알 카에다는 무슬림 배교자들이나 서구 세력과의 투쟁에 적극적으로 개입해 있지만, 오늘날 주된 임무는 투쟁을 선동하거나 조언해 주는 역할이다. 직접적인 무장 투쟁은 프랜차이즈화된 지역별 테러 집단이 자행한다. 예를 들면, 이라크에서 반연합군 저항에 참여한 이슬람 조직은 알 카에다 조직으로 알려져 있다. 이 조직의 지도자 아부 무사브 알 자르카위는 이라크에서 자생한 지하디스트로, 이슬람 저항운동의 중요한 상징으로 부상했다. 알 자르카위와 그 추종자들은 테러를 일으키면서 '이라크 성전을 위한 알 카에다 조직(Al Qaeda Organization for Holy War in Iraq)'이라는 새로운 깃발을 내걸었다.

이와 같은 실상에서 보듯이, 테러 행위에서 점차 나타나는 특징은 알 카에다의 영향을 받거나 혹은 그와 연루된 조직들이 전 세계적인 테러 공격을 자신의 소행이라고 주장하는 점이다.

① 알 카에다 네트워크

지역별로 자생하며 발생하는 테러 집단 프랜차이즈화와 맞물려 알 카에다의 구조는 다층화하고 있다. 알 카에다 본부(Al Qaeda Prime, AQP)를 핵심으로 권역별 직계 프랜차이즈와 여기서 파생되는 세부 지역별 방계 프랜차이즈 망으로 나누어진다.

직계 프랜차이즈 조직은 권역별로 크게 6개 그룹으로 분류되며, 예멘을 근거지로 하는 아라비아 반도 알 카에다(Al-Qaeda in the Arabian Peninsula, AQAP), 리비아를 근거지로 하는 이슬람 마그레브 알 카에다(Al-Qaeda in the Islamic Maghreb, AQIM), 동북부 아프리카의 소말리아 및 케냐 일대를 근거지로 하는 알 샤밥(Al-Shabaab), 이라크를 근거지로 하는 이라크 알 카에다(Al-Qaeda in Iraq, AQI), 최근 시리아 사태와 연동되어 새로 조직된 알 누스라 전선(Jabhat al-Nusra), 중동 아프리카 권역이 아닌 캅카스 지역의 단체인 캅카스 이슬람 국가(Islamic Emirates of the Caucasus) 등으로 구성된다.[16]

방계 프랜차이즈 망에는 AQP에서 직접 갈라져 나온 서남아시아의 아프가니스탄, 파키스탄 지역의 다양한 조직들과 최근 아프리카 사하라 이남, 중부 내륙 및 동부 연안 지방을 중심으로 활동하기 시작한 조직들이 있다. 이들은 급속도로 확산되고 있으며, 존재감을 부각시키고자 직계 조직보다 더욱 폭력적인 성향을 드러낸다. 말리 안사르 니네(Ansar Nineh), 나이지리아 보코 하람(Boko Haram) 등이 대표적이다.

② 거점별 프랜차이즈화

---

16 미국 기업 연구소(American Enterprise Institute)가 2013년 9월 작성한 〈Critical Threats Project〉에 포함된 자료

현시점의 알 카에다는 더 이상 빈 라덴이 이끌던 알 카에다 같은 단일 위계조직 구조라 할 수 없으며, 다양한 그룹의 자발적 분기(分岐) 현상을 나타내고 있다. 따라서 본래 알 카에다 본부가 위치했던 아프간 남부, 파키스탄 북부 파슈툰 거점 지역에는 현재 약 300명 내외의 전투 인력만 잔존하는 것으로 알려졌다.

이에 빈 라덴 사후 현재 아이만 알 자와히리가 이끌고 있는 AQP는 이제는 직접 테러를 기획하고 실행하는 주체가 아니라 이념 및 정신적 주체 역할을 수행하는 것으로 알려졌다.

중동, 아프리카, 서남아시아 각지의 불안정 지역에서 발호하는 이슬람 테러리스트들은 알 카에다의 이념과 정신에 동조하며 자신들 나름의 무장 투쟁 집단을 결성, 일종의 알 카에다 프랜차이즈와 같은 형태를 나타내기 시작했다. 이들 조직은 AQP의 직접적 명령과 통제를 받는 계선상에 있지 않고, 독자적으로 결성되며 테러 기획 및 실행의 주체이다.

③ 인터넷과 SNS를 통한 테러 기법 전파

테러리즘의 프랜차이즈화 현상은 지역별로 현실 상황에 불만을 가진 다양한 잠재적 테러리스트들이 산재하고 있음을 방증한다. 이러한 현실을 소위 '외로운 늑대'에 빗대어 설명한다. 잠재적 테러리스트들은 스스로 정치 집단을 결성, 자발적으로 무장투쟁에 나서기 시작했으며, 이들은 같은 지역에 자생하는 테러 조직과 수평적 네트워크로 연결되는 경향성을 나타낸다.

최근 테러의 교리와 전술은 과거처럼 AQP 지령의 직접 전파로 이루어지는 것이 아니라 인터넷망을 이용하여 전달된다. 다양한 인터넷 사이트의 운영을 통해 시공간의 제한 없이 필요에 의해 테러 노하우를 전수할 수 있는 소위 네트워(Netwar) 현상이 발현된다. 이러한 새로운 현상을 '다운로더블 테러리즘(Downloadable Terrorism)'이라 지칭하며, 물리적 제약을 극복할 수 있기에 보다 확산 가능성이 높다. 웹사이트를 통해 이슬람 교리, 투쟁 기법, 무장 기술, 폭발물 제조법, 선전·선동 전술 등이 자유롭게 공유되고 재확산되는 과정에서 테러 집단과 전혀 상관없는 개인도 자유롭게 접속, 테러 기술에 노출되는 현상까지 나타난다.[17]

3) 이슬람 국가(IS) 테러리즘 등장

아랍의 봄으로 각국에서 무정부 상태, 내전 등 정세 불안이 지속되는 틈을 타 이슬람 극단주의 테러 단체들이 발호하고 나섰다. 특히 2014년 6월 이라크에서 이슬람 국가(Islamic State, IS)라는 극단주의 테러 세력이 등장했다. 명칭도 ISIL 또는 ISIS 등으로 변경하다가 IS로 확정했다.

IS는 이라크, 시리아 일부 영토를 무력 점령하고 이라크 정부를 위협하여 영토를 확장하는가 하면, 외국인들을 납치, 참수하여 동영상을 유포하는 등의 만행을 저지르고 있다. 이들의 목표는 우선 시리아, 이라크 땅에 이슬람 수니파를 중심으로 신정 체제 칼리파 국가를 건설하는 것이다. 문제는 북아프리카, 아라비아 반도 등지에서 과거 알 카에다를 추종하는 자생 이슬람 극단주의 세력들이 IS에 충성을 맹세하고 테러에 동참을 선언하고 있다는 점이다. 이로써 IS 세력이 전 세계로 확산되는 추

---

17 인남식, 〈최근 시나이 반도 자폭 테러 사건과 이슬람 테러리즘의 동향〉, 〈주요국제문제분석〉 2014년 봄, 국립외교원, pp.124~126

세에 있다.

전문가들은 현재의 상황을 알 카에다의 쇠락과 IS의 부상으로 이슬람주의 무장단체들이 토착화, 다변화하는 춘추전국 시대가 도래했다고 주장한다. 이라크의 위기는 전 세계 이슬람주의 무장 세력의 판도에도 큰 변화를 일으키고 있다.

알 카에다의 정통성은 IS가 부상하자 금이 가기 시작했다. IS는 요르단 출신의 아부 무사브 알 자르카위가 이라크에서 조직한 유일신과 성전(Jamaat al-Tawhid al-Jihad, JTJ)이 모태이며, 이라크 내전 국면에서 급속히 세력을 확장했다. 이 조직은 2004년 알 카에다의 지도자 빈 라덴에게 충성을 맹세했다. 하지만 2006년 자르카위가 미군 공습으로 사망하고, 시리아와 이라크의 여러 이슬람주의 단체들을 통합하는 과정에서 알 카에다의 자장을 벗어나기 시작했다.

자르카위의 뒤를 이어 IS의 지도자가 된 이라크 출신 아부 바크르 알 바그다디는 2014년 11월 이슬람 국가 창설을 발표하면서 시리아의 알 카에다 지부인 알 누스라 전선도 통합했다고 밝혔다. 알 누스라 전선은 즉각 이를 부인했다. 알 카에다 지도자 아이만 알 자와히리는 이 분규를 조정하러 나섰지만, 2015년 2월 이슬람 국가는 자신들이 알 카에다의 조직이 아니라고 선언했다. 즉 IS가 알 카에다와 최초로 공식 결별을 선언한 것이다. 알 카에다와 IS의 갈등은 두 단체의 이데올로기와 전략, 전술 차이가 원인이었지만, 결국 시리아와 이라크라는 황금 시장을 둘러싼 주도권 다툼이다. IS의 극렬성과 과격함이 알 카에다조차 포용하기 힘든 지경까지 간 것이다.

두 단체는 이슬람 율법 샤리아의 철저한 시행을 주장하는 점에서는 일치하지만, IS는 훨씬 강경한 입장을 보인다. 현재 IS는 점령 지역에서 음악 등 모든 세속적 관행 금지는 물론이고, 시아파 민간인까지 학살하고 있다. 알 카에다도 시아파를 반대하지만, 시아파 민간인까지 학살하는 것은 반대한다. IS는 시리아와 이라크에서 급격하게 세력을 확산하면서, 알 카에다의 정통성에도 정면 도전하고 있다.

IS의 궁극적 목표는 현재의 국경을 뛰어넘어 이슬람주의 율법으로 통치하는 초국적인 이슬람주의 국가를 건설하는 것이다. 즉 예언자 무함마드 사후 건설된 초기 칼리프 국가의 재건을 뜻한다. 알 카에다는 국제적 네트워크 운동에 그쳤고, 탈레반은 아프가니스탄에서만 집권했다. 이에 견줘 IS는 중동의 핵심 지역에서 국경을 뛰어넘는 이슬람주의 국가 건설이라는 대의를 내걸고 세력을 확대하고 있다.

IS의 부상은 기존의 '알 카에다 테러리즘'을 갈음하는 'IS 테러리즘'의 도래를 상징하며, 테러 위험도는 한층 더 높아지고 있어 주목된다.

제7장

이슬람 국가 출현

2014년 6월, IS라는 테러 조직이 이라크, 시리아 영토 3분의 1을 무력 점령하고, '칼리파'를 지도자로 하는 이슬람 신정 국가를 선언하고 나섰다. IS는 인질 참수, 민항기 폭파, 서방 대도시에서 대중을 상대로 총기 난사 및 자살 폭탄 테러를 감행하고 있다. 게다가 서방의 남녀 젊은이들이 IS 가입을 위해 시리아, 이라크로 몰려들고 있다.

IS는 저 멀리 중동에만 있는 것이 아니다. 이제 우리나라도 국제 테러에서 예외일 수 없다. 우리 국민이 테러 조직에 가담하고, IS 조직이 한국을 협박하고, 외국인이 국내에서 지하드를 전개하는 상황이다. IS는 우리가 생각하는 것보다 훨씬 더 우리 가까이에 와 있는 것이다. 이에 따라 우리나라도 테러에 관련된 법률을 제정하고 국제적인 테러 위협에 대비하여야 한다.

IS의 발호

1) IS 출현

2014년 6월 30일, 이슬람 수니파 극단주의 무장단체 이슬람 국가 (Islamic State, IS)가 시리아, 이라크 양국 북부 영토의 상당 부분을 무력 점령하고, '칼리파 국가'를 선포했다. IS는 영토를 점령하는 과정에서 이라크 정부군 포로 1,700명을 집단 처형하고, 기독교도 마을과 소수민족인 야지디족 마을을 고립시켜 집단학살 위협을 하는 등 만행을 저질렀다.

이에 미국을 중심으로 한 서방과 일부 온건 아랍국은 연합 작전으로 IS 점령 지역을 공습하면서 격퇴를 위한 공방을 벌였다. 그러나 서방의 공습 작전은 큰 성과를 거두지는 못하고 있다. IS 대원들이 사막과 민간인 거주 지역에 산재해 있어 전선이 형성되지 않은 데다, 연합군도 지상군을 투입하지 않은 채 장거리 공습만을 계속하여 공습 규모 대비 목표물에 대한 파괴 성과가 나타나지 않았다. 공습은 오히려 IS 전사들과 이들을 추종하는 전 세계 극단주의 세력을 자극해 테러 발생의 글로벌화 현상을 야기하고 있다. 북아프리카 알 카에다(AQM), 아라비아 반도 알 카에다(AQAP), 이집트 시나이 반도 소재 안사르 베이트 알 마크디스(Ansar Bait al-Maqdis, ABM) 등이 IS에 충성을 맹세하고 동조에 나선 것이다.

2) 서방 인질 참수

IS는 2014년 8월 19일 미국인 종군기자 제임스 폴리를 잔인하게 참수하고, 이어 2주 만인 9월 2일 미국인 종군기자 스티븐 소틀로프를, 역시 2주 만인 9월 16일 영국인 NGO 활동가 데이비드 헤인스를 같은 수법으로 살해했다. 그리고 각각의 참수 장면을 촬영한 동영상을 SNS를 통해 유포했다. 전 세계는 충격과 공포에 휩싸였다. IS는 11월 16일에 추가로 영국인 구호 활동가 앨런 헤닝과 미국인 구호 활동가 피터 캐시그를 살해했다. 또한 2015년 1월 20일에는 일본인 2명을 억류하고 있다고 발표하고, 일본 정부가 IS 격퇴를 위한 자금으로 아랍 국가에게 지원하기로 약속한 2억 달러(2,200억 원)를 자신들에게 보내라고 요구했다. 일본 정부가 요청 시한을 넘기자 1월 24일에는 현지 사업가 유카와 하루나를, 2월 1일에는 프리랜서 언론인 고토 겐지를 각각 참수하고 동영상을 공개했다.

이렇게 하여 살해된 외국인 인질은 러시아인 1명, 미국인 3명, 영국인 2명, 일본인 2명 등 모두 8명이다. IS는 미국 및 국제사회가 IS 거점 타격 공습을 지속할 경우 다시 인질을 잡아서 보복 처형할 것임을 천명했다.

3) 요르단 조종사 화형

2015년 2월 3일, IS는 포로로 잡았던 요르단 조종사 마즈 알 카사스베 중위를 산 채로 불에 태워 살해하는 동영상을 공개했다. 이는 아랍권과 이슬람 세계는 물론, 전 세계를 경악게 했다. 이에 대한 보복으로 요르단 정부는 IS가 석방을 요구해 온 여성 테러범 사지다 알 리사위 등 구금 중인 테러 혐의자 2명에 대한 사형을 집행했다. 사우디아라비아 살만 알 아지즈 국왕은 국영 매체를 통해 '이번 사태는 끔찍한 범죄이며, 이슬람에 반하는 비인간적인 행위'라고 비난했다. 전 세계 여타 이슬람 국가들은 IS가 이슬람을 사칭한 테러 집단일 뿐이며, 반드시 궤멸되어야 한다고 가세했다.

또한 요르단 공군은 2월 5일 숨진 조종사의 이름을 따 '순교자 마즈 작전'으로 명명된 군사 작전을 개시했다. 전투기 30대를 동원해 IS가 자신들의 수도로 선포한 시리아 북부 라카 지역의 IS 훈련 센터와 무기 저장고를 3일간 적어도 60여 차례 공습했다. 영국 〈가디언〉은 이날 공습으로 57명이 사망했다고 보도했다. 요르단 국왕 압둘라 2세는 군복을 입고 작전을 진두지휘했으며, '믿음과 원칙, 가치를 지키기 위한 가차 없는 전쟁을 할 것'이라며, IS에 대한 공습을 이어 갈 것임을 강조했다.

4) IS 세포조직 유럽 발호

한편 서방 국가 등 제3의 지역에서 자생 테러가 속발하고 있다. 세계가 전혀 예측하지 못한 상황이 벌어지기 시작한 것이다.

서방 각국에서는 이민자 혹은 이민 2, 3세를 주축으로 주류 사회에 진입하지 못하고 겉돌며 불만이 팽배한 젊은이들이 SNS를 통해 실시간으로 전파되는 IS 등 극단주의 세력의 선동에 심취하고 있다. 이런 극단주의 추종자들의 행동 패턴은 크게 두 가지로 분류된다. 첫 번째는 IS가 무력 점령하고 있는 시리아와 이라크로 스며들어 가는 IS 자원입대이고, 두 번째는 서방 각국에서 자국 내 세포조직으로 은둔하여 '자생적 테러리스트'가 되는 것이다. 전자는 강제 추방이나 입국 금지 등의 조치를 통해 최소한 자국 영토에 위해를 가할 가능성은 차단할 수 있다. 문제는 후자이다. 누가 언제 어디서 어떤 짓을 벌일지 사전 차단이 사실상 불가능하다. IS에 동조하는 세포조직의 자생적 테러리스트들이 서방 각국에서 테러를 자행하는 것이다.

2014년 10월, 대표적인 테러 청정 국가이자 IS 공습 참가국인 캐나다의 오타와와 몬트리올에서 이슬람 극단주의를 추종하는 남성 2명이 각각 총기 난사와 차량 돌진으로 무고한 시민을 살해했다. 이는 다른 서방국의 잠재적 테러리스트를 자극하는 효과를 불렀다. 캐나다 테러 바로 이튿날에는 미국 뉴욕에서 극단주의에 심취한 남성이 도끼를 들고 경찰에 달려들다 사살됐다. 자생적 테러는 갈수록 극악한 형태로 진화하고 있다.

프랑스에서도 4건의 테러가 연쇄적으로 발생해 세계를 공포에 떨게 했다. 2014년 12월 20일, 주 레 투르에서 느조하 보나요가 흉기를 들고 경찰서를 습격했다가 사살됐고 경찰 3명도 부상당했다. 21일에는 디종에서 르노 클리오가 "알라는 위대하다!"라고 외치며 자동차로 인도를 덮쳐 행인 11명이 부상당했다. 22일에는 낭트에서 30대 남성이 "알라는 위대하다!"라고 외치며 승합차를 몰고 크리스마스 장터로 돌진하여 주민 10여 명이 부상당했다. 2015년 1월 7일에는 괴한이 파리의 주간지 〈샤를리 에브도〉 건물에 침입해 총기를 난사하여 언론인 10명, 경찰 2명이 사망했다.

프랑스에서의 테러는 계속되었다. 2015년 11월 13일에는 파리 시내 뮤지컬 공연장, 축구 경기장, 카페, 식당 등 6곳에서 동시다발적으로 총기 난사와 자폭 테러가 발생했다. 132명이 사망하고, 350여 명이 부상당한 대참사였다. 테러범들은 "신은 위대하다, 시리아를 위하여!"라는 구호를 외치며 만행을 저질렀고, 지난 9월 프랑스 정부가 시리아 내 IS 폭격을 주도한 데 대한 보복이라고 주장했다. 테러범 8명은 자폭, 사살, 체포로 일망타진되었는데, 놀라운 것은 테러범 중 2명이 시리아 난민으로 위장하여 입국한 IS 대원이라는 사실이다. 이 테러를 총지휘한 것은 벨기에 태생으로 프랑스 국적을 지닌 압델 하미드 아부우드였으며, 그는 시리아에 체류하며 유럽 테러를 원격조종해 온 것으로 드러났다. 11월 15일, 프랑스 정부는 'IS와의 전쟁'을 선포하고, 전투기 12대를 동원하여 라카를 공습했으며, 국제사회도 이에 동참하여 미국, 호주, 캐나다, 사우디가 이 작전에 참가했다.

5) 러시아 민항기 폭파

2015년 10월 31일, 러시아 코갈림아비아 항공 소속 에어버스 A-321 여객기가 이집트 시나이 반도 상공에서 추락했다. 승객 217명과 승무원 7명을 태운 비행기는 이집트 샤름 엘 셰이크에서 이륙하여 러시아 상트

페테르부르크로 향하던 중이었다. 비행기는 공중에서 폭발하여 탑승자 224명 전원이 사망했는데, 공교롭게도 추락 지점이 IS 이집트 지부의 근거지인 시나이 반도 중북부 산악지대였다. IS는 러시아 공군이 지난 9월 시리아 내 IS 근거지를 폭격한 이후 러시아 항공기 격추를 촉구한 바 있고, 이번 사건도 자신들의 소행이라고 주장했다.

한편 러시아 정부는 IS가 항공기를 격추할 수 있는 고성능 미사일을 보유하지 않았다는 이유로 IS 테러 가능성을 부인하고 있다. 하지만 미국과 영국의 정보기관은 통신 감청 등의 조사를 토대로 IS 대원이 항공기에 탑승하여 내부 폭발을 일으킨 것으로 보고, IS가 배후에 있는 테러에 무게를 두고 있다. 결국 11월 17일 러시아 연방보안국(FSB) 국장은 사고 원인을 조사한 결과 보고에서 '기내 반입 폭발물에 의한 테러로 확인됐다'라고 밝혔다.

6) 주변 지역으로 세력 확산

IS는 아라비아 반도와 북아프리카는 물론이고, 서남아시아의 아프가니스탄, 파키스탄 등까지 세력을 확장하고 있다.

특히 무정부 내전 상태에 처한 리비아에서 IS의 활동이 가장 빈번하다. 2014년 10월, 동부 벵가지를 중심으로 활동하던 이슬람 무장단체 안사르 알 샤리아가 IS에 대한 지지를 밝힌 데 이어, BBC 보도에 의하면 동부 데르나에 근거지를 둔 이슬람 청년 슈라 위원회도 IS가 건설 중인 칼리파 왕국에 합류할 것이라고 선언했다. 또한 IS가 리비아 동부의 한 훈련소에서 200여 명의 리비아 전사들을 훈련시킨 장면이 포착되었으며, 미국 외교전문지 〈포린 폴리시〉는 IS의 영향력이 리비아 동부에서 서남부로 확산되고 있다고 발표했다. 2015년 1월 27일, IS 대원들은 수도 트리폴리의 최고급 호텔 코린시아에 폭탄을 터뜨리고 소총을 쏘며 난입해 미국인 등 외국인 5명을 포함해 10명을 살해했다. 2월 20일에는 대공화기, 유탄 발사기 등 중화기를 장착한 차량 수십여 대를 동원해 시르테의 주요 시설을 장악했다. IS는 교전 없이 도심에 진입했으며, 이 같은 장면을 온라인에 공개했다. IS는 리비아 내전 이후 반정부 성향이 된 시르테의 토착 세력 및 안사르 알 샤리아와 동맹을 맺어 시르테를 쉽게 장악한 것이라고 분석할 수 있다.

이집트 시나이 반도에 소재한 무장단체 안사르 베이트 알 마크디스(ABM)도 2014년 말 IS에 충성을 맹세하고 IS 시나이 지부를 표방했다. 이 단체는 2014년 2월 16일 시나이 반도의 이스라엘 접경 지역인 타바에서 한국인 성지 순례단 탑승 버스에 자살 폭탄 테러를 감행한 집단이다. ABM은 당초 알 카에다의 이념과 노선을 추종하는 이집트 자생 테러 조직이었으나, IS에 대한 충성을 맹세하고 전향했다.

알제리 무장 세력 준드 알 칼리파(Jund Al-Khalifah)도 IS에 공개 지지를 표명함으로써 북아프리카에서 리비아, 이집트, 알제리로 IS의 세력이 확장되고 있다.

IS는 서남아시아로도 진출을 시도하고 있다. 아프가니스탄 남부 헬만드 주에서 IS와 연계된 단체가 탈레반과 영역 다툼을 벌이며 세력을 확산 중이고, 파키스탄에서도 탈레반의 분파인 준달라(Jundallah)가 IS에 충성을 맹세했다. 과거 알 카에다의 아류 및 추종 세력들이 살아 있는 권력인 IS와 연대를 하는 상황이다.

주목할 것은 인도의 〈힌두스탄 타임스〉 등 주요 일간지들이 2014년 1월 29일 보도한 내용이다.

IS 대변인인 무함마드 알 아드나니가 최근 인터넷 동영상을 통해 칼리파 국가를 파키스탄, 아프가니스탄과 인도의 일부를 아우르는 쿠라산까지 확대하겠다고 밝혔다.

IS는 이 지역 사령관으로 전 파키스탄 탈레반 지도자였던 하피즈 사이드 칸을 임명했으며, '향후 5년간 영토 확장 계획'이라는 지도를 공개했다. IS는 이 지도에서 과거 오스만 제국의 영토였던 중북부 아프리카, 이베리아 반도, 발칸 반도까지 자신들의 땅으로 삼겠다고 주장했다. 확장 계획에 포함된 인도 서북부 일부, 파키스탄, 아프가니스탄 영토 전역은 '쿠라산(Khurasan)'이라는 이름으로 표기됐다.

나이지리아에서도 2015년 3월 7일 이슬람 무장단체 보코 하람(Boko Haram)이 IS에 공식적으로 충성을 맹세했다. 보코 하람 지도자 아부바카르 셰카우는 아랍어로 IS에 충성을 맹세하는 메시지를 공식 트위터를 통해 공개했다. 보코 하람은 6천여 명의 전사를 보유하고, 지구촌에서 가장 악랄하게 테러 활동에 나서는 무장단체로 알려져 있다. 2014년 2월 아프리카 54개국은 보코 하람 격퇴를 위해 연합군을 창설한 바 있다.

튀니지도 예외는 아니다. 2015년 3월 18일, 튀니스 바르도 국립박물관에서 발생한 무장 인질극으로 일본, 이탈리아, 스페인, 프랑스 등 외국 관광객을 포함한 21명이 사망하고 50여 명이 부상당했다. IS는 자신들의 소행이라고 밝혔다. 튀니지는 아랍의 봄, 민주화 운동이 발생한 지역으로, 가장 모범적으로 민주적인 정권 교체가 이루어지고 있는 국가였다. 그러나 이번 테러를 계기로 IS 대원의 최대 공급국임이 밝혀졌으니, IS에 가담한 튀니지인은 3천여 명에 이른다.

7) 서방 지하디스트 모집

2015년 2월 24일, 영국 여고생들이 IS에 합류한 것으로 런던 경찰청이 확인했다. 런던 고등학교 동급생인 15세의 샤미마 베검과 아미라 아바스, 16세인 카디자 술타나 등 세 명은 모두 A학점을 받는 우등생들이었으며, 이슬람 신자였다. 베검과 술타나는 보수적인 방글라데시 이민자 가정 출신이고, 아바스는 독일계로 알려졌으며, 이들은 런던 동부 이슬람 밀집 지역에서 살고 있었다. 학생들은 런던 개트윅 공항, 이스탄불 공항, 터키-시리아 국경을 통과하여 이동했으며, 사전에 트위터로 IS 모집책과 접촉한 것으로 밝혀졌다. 더구나 모집책인 아크사 마흐무드도 스코틀랜드 출신 영국인으로, 2013년 먼저 시리아로 건너가 IS에 합류했다. 아크사 역시 사업가 집안의 딸로 의대에 재학 중인 모범생이었으며, 시리아에서 IS 전사와 결혼한 것으로 알려졌다. 이 사건은 반테러 대책에 집중해 있는 영국 사회에 큰 충격을 주었으며, 이들의 시리아행을 감지하지 못한 정보 당국과 인터넷 활동을 감시하던 경찰에 책임론이 일고 있다.

한국에서도 IS에 합류한 사례가 있다. 2015년 1월, 터키-시리아 접경 지역에서 행방불명된 18세의 김 군이 IS에 합류해 훈련받고 있다고 2월 24일 국가정보원이 국회 정보위원회에서 확인했다. 이와 함께 국정원은

'현재 IS 규모가 3만 5천 명이며, 2만 명이 해외에서 자원한 사람들'이라고 보고했다.

미국에서는 2015년 2월 25일 젊은 남성 세 명이 IS에 가담하려다 체포되었다고 FBI가 발표했다. 이들은 모두 미국 영주권자들로 카자흐스탄 출신의 19세 소년 아크로스 사이다크 메토프, 우즈베키스탄 출신으로 24세인 압두라술 하사노비치 주라보프와 30세의 아브로르 하비보프 등이었다. 메토프는 25일 뉴욕 JFK 공항에서 이스탄불행 여객기에 탑승하기 직전 붙잡혔고, 다음 달 시리아로 떠나기로 했던 주라보프는 25일 브루클린 자택에서 체포됐다. 하비보프는 항공료 대납 등 메토프의 IS행을 지원한 혐의로 플로리다에서 붙잡혔다. 이들은 오바마 대통령 저격 계획을 세우고, 여객기를 납치해 IS 지역에 강제 착륙시키는 방안까지 강구한 것으로 드러났다. 이들은 자생적 테러리스트인 '외로운 늑대'들로, IS의 선전 선동 동영상을 보고 가담하기로 결정했다고 한다. 물론 IS 웹사이트 관리자로부터 '일단 터키로 이동해 시리아 국경에서 IS에 합류하라'라는 지시를 받은 후에 미국을 출국하려 했다.

8) 국제사회의 IS 퇴치 계획 및 전황

2015년 2월 17일, 국제사회는 워싱턴에서 '폭력적 극단주의 대응을 위한 정상회의'를 개최하고, 폭력에 대한 국제적 대응의 첫 깃발을 올렸다. 지난해 9월 미군이 IS 격퇴전을 시작한 이후 60여 개국의 대표가 모인 첫 국제회의였다. 구체적인 대응책 마련보다 국제사회의 공감대 형성에 주력한 모습이었다. 오바마는 'IS 격퇴는 종교 전쟁이 아닌 테러 집단과의 전쟁'임을 특별히 강조했다. 우리나라 대표도 참석하여 국제사회의 IS 격퇴 노력에 동참하기로 결의했다.

2015년 2월 20일, 미국 중부 사령부는 IS가 장악하고 있는 모술의 탈환 계획을 이례적으로 공개했다. 모술은 IS가 이라크 영토 내의 수도로 삼고 있는 곳으로, 유전을 보유한 중요한 근거지이다. 미국이 투입할 지상 병력은 이라크군 8개 여단 약 2만 5천 명이며, 미 군사고문단이 이들을 철저하게 훈련시켜 탈환 작전에 투입한다는 계획이었다. 시기는 4~5월로 예정하고 있으나 6월 17일 시작될 라마단을 건너뛰어 9~10월까지 지속적으로 격퇴하겠다는 계획이다. 미군은 이라크군 훈련과 함께 정보 수집, 장비 제공, 공중 지원을 담당하는 1차적 역할을 맡고, 미 지상군은 원칙적으로 파견하지 않는다는 것이 기본 방침이다.

2015년 3월 31일, 알 아바디 이라크 총리는 이라크군이 IS가 장악하고 있는 티크리트를 미군의 공습에 힘입어 완전 탈환했다고 공식 선언했다. 이때 티크리트 내에서 이라크군 포로로 보이는 시신 1,700여 구가 암매장된 채로 발견됐다. 지난해 6월 IS는 티크리트를 점령하면서 1,700여 명의 이라크군과 민병대를 처형했다고 발표한 적이 있는데, 이번 발굴 작업으로 IS의 만행이 사실로 드러났다.

한편 5월 17일, IS는 이라크 정부군과의 전투에서 승리하여 라마디 시를 완전 장악했다고 발표했다. 라마디는 바그다드 서쪽 110㎞ 지점의 전략 요충지이다. 1주간의 공방전으로 500여 명이 사망했으며, 미군이 7차례에 걸쳐 공습 지원을 했음에도 IS가 라마디를 장악한 것이다. 이로써 IS는 수도 바그다드의 턱밑까지 진격한 상황이었다.

2015년 11월 16일, 터키 안탈리아에서 개최된 G20 정상회의는 동 시간대에 발생한 프랑스 파리 테러와 관련하여, IS의 만행을 강력히 규탄하고 테러리즘 척결을 다짐하는 별도의 성명을 발표했다. 내용은 다음과 같다.

이번 테러는 인류에 대한 용납할 수 없는 모독이며, 국가 간 정보 공유, 테러 자금 차단, 여행 경로 추적, 출입국 관리 철저, 형사 사법적 대응 등의 조치를 강구하는 데 공동 대처하기로 결의한다.

국제사회의 이와 같은 노력에도, IS가 등장한 지 1년 반이 경과한 시점에서 IS 세력은 감소할 기미를 보이지 않고, 오히려 더 기승을 부리고 있다. 즉 미국의 IS에 대응하는 대테러 전략이 실패했다는 평가가 나오고 있는데, 이에 대한 이유를 몇 가지로 분석할 수 있다.

첫째, 미국이 지상군을 투입하는 대신 이라크 정부군과 시리아 온건 반군을 훈련시켜 각각 자국 영토의 IS 전사들과 싸우게 하고 있는데, 이 전략이 실패를 거듭하고 있다. 지난 5월 라마디 전투에서 이라크 정부군은 IS 깃발만 봐도 군 장비를 버리고 도주하기에 급급하여, 라마디 시와 미국이 제공한 장비를 고스란히 IS에 넘겨주었다. 터키에서 훈련, 무장시킨 시리아 온건 반군도 시리아로 잠입하자마자 IS의 공격으로 와해되고, 차량, 신형 무기, 탄약을 넘겨주었다.

둘째, 미국은 지난 1년간 수천 회의 공습으로 IS 대원 수천 명을 살해했다고 평가하지만, 동시에 IS에는 그 이상의 대원이 추가로 합류했으며, 영토도 확대했다는 관측이 있다.

셋째, 비용이 엄청나게 들고 있다. 2015년 3월 20일, 미 국방부는 미군과 UN군이 2014년 8월 8일부터 2015년 3월 19일까지 이라크와 시리아 내 목표물을 각각 1,631회, 1,262회 등 총 2,893회 공습했다고 밝혔다. 이 중 미국은 2,320회 공습했으며, 총비용이 18억 3천만 달러(2조 506억 원)에 달하고, 일일 평균 85만 달러(9억 5,200만 원)가 소요되었다. 한편 피격된 목표물은 5,314개로 파악되었으니, 탱크 73대, 군용 차량 282대, 병력 집결지 408개소, 건물 736채, 전투진지 1천 곳 이상, 주유소 87곳 등이었다. 또한 2015년 3월 현재 이라크에 파견된 미군 수는 2,875명이라고 밝혔다.[1]

---

1 미 국방부와 미 중부 사령부(CENTCOM) 자료 인용, 〈연합뉴스〉 2015년 3월 20일 기사

2

IS 등장의 배경

1) 발생

　IS의 모태는 요르단 출신의 알 카에다 간부였던 아부 무사브 알 자르카위가 1999년 조직한 유일신과 성전(Jamaat al-Tawhid al-Jihad, JTJ)이다. 유일신과 성전은 이라크 내에서 2004년 김선일 참수 사건 등 잔악한 폭력 선동을 일삼아 온 극단적인 조직이다. 유일신과 성전을 통해 지명도를 높이고 조직을 키운 알 자르카위는 이후 이라크 알 카에다(Al-Qaeda in Iraq, AQI)로 조직 이름을 바꾸고, 과거 사담 후세인의 잔당 중 불만 세력을 규합하여 시아파가 이끄는 이라크 중앙정부에 대항하는 이라크 내 최대 반정부 조직으로 성장시켰다.

　2006년 6월 7일, 자르카위가 피살된 후 AQI는 별다른 존재감을 드러내지 못하고 소규모 반정부 투쟁을 지속했다. 그러던 중 2011년에 미군이 철수하자 시아파 누리 알 말리키 정권에 대한 수니파의 불만이 거세진 틈을 이용하여 이라크 이슬람 국가(Islamic State of Iraq, ISI)로 이름을 바꾸고 강력한 투쟁을 전개하기 시작했다. 2012년부터 시리아 내전이 격화되자 알 카에다의 일원으로 월경(越境)하여 알 누스라 전선 휘하로 시리아 반군 진영에 가담하여 반아사드 저항운동을 펼쳤다.

시리아 반군 진영에 가담한 ISI는 영역을 확장하여 이라크 시리아(샴 또는 레반트) 이슬람 국가(Islamic State of Iraq and al-Sham/the Levant, ISIS 또는 ISIL)로 재편했다. 그리고 시리아 내 반군 장악 지역에서 이슬람 성법을 구현한다는 명분하에 현지 주민들에게 강압적이고 잔학한 통치 이념을 전파했다. 이에 반군 내부에서 ISIS에 대한 불만이 폭증하기 시작했고, 급기야 알 누스라 전선도 ISIS와의 결별을 선언했다.

이후 ISIS는 명칭을 다시 IS로 바꾸고 시리아 일부 지역에서 영향력을 행사하였다. 여기에 이라크 내 종파 갈등이 심화되고 말리키 전 총리에 대한 국민들의 불만이 높아지자 일부 지하디스트들이 이라크로 귀환하여 모술 등지에서 현재의 전황을 형성하였다.[2]

2) IS 발생의 환경적 요인

(1) 이라크 및 시리아의 현지 정세 불안

IS의 등장과 발호에 직접적으로 영향을 미친 사안은 이라크 내 종파 분쟁과 시리아의 내전으로 인한 불안한 정치 정세라 할 수 있다. 이들 지역의 불안정성이 심화되면서 반군 세력 중 극단주의 노선의 지하디스트들이 결집, 독자적인 투쟁 노선을 전개했다.

---

2 인남식, 〈이라크 '이슬람 국가(IS)' 등장의 함의와 전망〉, 〈주요국제문제분석〉 2014 가을, 국립외교원, pp.123~125

2011년 3월 아랍의 봄으로 촉발된 시리아 내전에서 반군과 정부군 간 교전 속에 약 20만 명이 넘는 사망자가 발생했다. 전선이 교착상태에 접어들면서 동부의 반군 거점 지역을 중심으로 극단주의 IS가 독자적인 영역을 구축했다. 정부의 공권력이 미치지 않고, 반군 자체가 사분오열된 상황에서 가장 극단적이고 폭력적인 그룹의 영향력이 강해지는 현상이 나타난 것이다. 이를 바탕으로 일부 지역에서는 정부의 통치력이 미치지 않는 해방구 같은 도시들이 확산되었다.

2011년 말, 이라크 주둔 미군의 전면 철수 이후 시아-수니-쿠르드로 구성되는 이라크 연방 체제에 균열이 노정되었고, 종파 분쟁 양상이 가시화되었다. 누리 알 말리키가 이끌었던 중앙정부는 본격적으로 수니파 탄압에 나섰고, 이에 대항하는 수니파 저항 세력은 지난 3년간 본격적인 투쟁을 전개했다. 미군 철수 직후 말리키 총리는 수니파의 대표격인 타리크 알 하셰미 부통령을 시아파 신도 테러 배후 혐의로 수배했다. 그리고 법원이 궐석재판을 통해 두 차례에 걸쳐 사형 선고를 내리자 수니파들의 반발이 극심해졌다. 이에 이라크 수니파 거점 지역인 안바르, 니네베, 살라앗딘 등 3개 주를 중심으로 ISI가 본격적인 활동을 시작했으며, 이후 극심한 종파 갈등이 지속되면서 IS 태동의 모판이 되었다.

이라크 종파 분쟁을 이끌던 ISI는 2011년 8월 아부 무함마드 알 골라니의 시리아 합류를 계기로 알 카에다의 일원으로서 시리아 내전에 참전했다. ISI는 국제사회가 지원한 무기와 물자를 획득하여 투쟁 역량을 강화한 후, 2014년 4월 말 총선으로 혼란이 극심해진 이라크 종파 분쟁 전선에 일부 귀환하여 모술 및 바그다드 인근까지 진격하는 등 시리아와 이라크에서 양면 투쟁을 전개했다.

(2) 이슬람 정치 세력의 부침

IS의 부상을 가능하게 한 요인은 이슬람 정치 세력의 부침과 성격 변화이다. 대표적인 사례로 이집트 무슬림 형제단의 정권 상실을 들 수 있다. 1960년대 아랍 통합을 주창했던 아랍 민족주의(Nasserism)와 바티즘(Ba'athism)이 쇠락한 뒤 중동 지역의 지배 이념은 공동화 현상을 겪었다. 그러다가 1990년대 초 냉전 종식과 함께 새로운 정치 이념으로 이슬람이 부상했다. 이들 이슬람 정파는 크게 지하 투쟁 세력과 제도권 진입을 추구하는 세력으로 양분되었다. 그러나 대개의 아랍 권위주의 정권은 이슬람 정파의 제도권 진입 자체를 원천적으로 반대했으므로 지하 투쟁 세력이 다수였다.

이슬람 계열의 여러 정파는 아랍의 봄 혁명으로 인한 정치 변동 국면과 맞물려 대거 물 위로 부상했다. 선거를 통한 제도권 진입을 시도했으며, 중동 전역에서 이들의 약진이 두드러지는 '이슬람의 봉기' 현상이 발현되었다. 가장 대표적인 집권 사례가 바로 이집트 무슬림 형제단 출신 모하메드 모르시의 대통령 당선이었으며, 튀니지에서도 이슬람주의 정당 엔 나흐다(En-Nahda)가 부상하는 등 이슬람계 정당들이 도처에서 약진하여 권력에 근접하게 되었다.

그러나 이집트에서 가장 극적인 이슬람 집권 사례였던 모르시 정부가 또다시 국방장관 압둘 파타 엘 시시에 의해 붕괴되고 2014년 군부 정권이 재집권하자, 이슬람 정파들 사이에서 분노와 박탈감이 만연했다. 이로써 제도권을 떠나 새로운 투쟁의 전기를 모색했다. 권력을 획득하고자 절차적 정당성, 즉 선거 및 정치 프로세스를 거쳐야 할 이유가 굳이 없으며, 준비되었을 때는 지하드, 즉 무장 투쟁을 통해 이슬람의 이름으로 국가를 건설해야 한다는 폭력 강경론이 확산되었다. 이러한 맥락에서 IS는 무장 투쟁의 자원과 역량을 획득했다는 판단 아래 칼리파 국가 건설을 선언하고, IS가 신의 통치에 기반을 둔 주권국가임을 천명했다.

(3) 아랍의 봄 민주화 열풍과 그 여파

아랍의 봄, 소위 아랍 민주화 시위로 거대한 판의 변화가 일어났다. 이로써 발생한 불안정성은 IS가 태동하고 발호하는 계기가 되었을 뿐만 아니라, 속성으로 성장할 수 있는 토양을 제공했다. 중동 아랍 지역에는 본질상 민주주의와 상호 친화적이지 않고 독재에 익숙하다는 '중동 예외주의'가 만연해 있었으나, 아랍의 봄 혁명 이후 인식에 일대 전환이 일어나 권위주의 정권이 속속 붕괴했다.

사실상 중동 각처에 잠재해 있던 이슬람 극단주의 세력을 초법적 탄압 수단을 통해 봉쇄하고 있던 주체가 바로 각국 권위주의 정권이었다. 이들 독재 체제의 동시다발적인 붕괴는 곧 권력의 진공상태로 이어졌고, 다양한 이슬람 세력들이 분기하는 계기가 되었다. 아랍 정치 변동이 곧바로 민주주의 이행 경로로 접어들지 못하고 도처에서 혼란이 심화됨에 따라 국민 생활수준은 더욱 피폐해지고, 폭력 분쟁이 상시화되는 등 상황이 악화되면서 오히려 이슬람 극단주의 배양에 모판을 제공한 것이다. 이러한 맥락에서 시리아 및 이라크의 불만 세력들이 결집하여 극단적 종교 권위주의 테러 집단인 IS가 결성되었다. IS는 이라크와 시리아의 무정부 상태를 이용하여 정부의 영향력이 미치지 못하는 소외된 영토를 무단 점령함으로써 거의 무혈입성을 한 것이나 다름없다.[3]

---

3 인남식, 앞의 논문, pp.125~128

중동 테러리즘

3

IS의 실체

1) 국가 차원의 위계 조직

IS 조직은 일인 지도 체제의 단일 위계 조직이다. 아부 바크르 알 바그다디가 스스로 칼리파를 자임하며, 휘하에 샤리아(통치법), 슈라(의회), 군사, 치안 등 4개 영역의 위원회를 설치했다. 중앙 지도부 밑에 지역 단위 통치 조직을 구성하여 책임자 '왈리(Wali)'를 중심으로 상기와 같은 4개 위원회를 설치하여 동일한 기능을 수행하게 했다. 현재로서는 과거 알 카에다의 오사마 빈 라덴에 필적할 만큼 알 바그다디의 영향력이 절대적인 것으로 파악된다.

2) 칼리파 국가 건설 목표

IS의 목표는 중동 지역에 이슬람 신정 칼리파 국가를 수립하여 이슬람 본원의 통치기구인 움마 공동체(Ummah-t-al Islamiyyah)를 현실 정치에서 직접 구현함으로써 이교도 및 배교자들을 몰아내고 이슬람 가치에 의해 통치되는 이념을 전파하는 데 있다. 이슬람의 창시자인 선지자 무함마드 사후 4대 정통 칼리파에 의해 이슬람 공동체의 번영을 구가했던 역사를 상기하며, 과거 영화로운 칼리파의 시대, 즉 '칼리파 라시둔(Khalifa Rasidun)' 시대를 21세기에 구현하는 것이 목표이다.

알 카에다 역시 수니 극단주의에 근거한 이슬람 신정 국가를 목표로 했다는 점에서는 IS와 유사하다. 하지만 알 카에다의 전략은 먼저 이교도와 배교자들을 척결한 후 자산과 역량을 획득, 배양하고, 이를 바탕으로 이슬람 칼리파 국가를 건설한 뒤 전파하는 것이었다. 그러나 IS는 '선 국가 건설, 후이교도 타도'라는 급진 노선을 채택했다. 즉 IS는 알 카에다가 궁극적인 목표로 지향하면서도 아직까지 한 번도 성취해 보지 못했던 영토 보유, 이슬람 국가 건설을 단번에 이룩함으로써 알 카에다보다 진일보한 테러 조직이 되었다. 알 카에다의 추종 세력들이 IS에 충성을 맹세하는 이유가 여기에 있다.

현재 IS는 이라크와 시리아 지방에서 이슬람 칼리파 국가 수립을 선포하고, 궁극적인 영토 복속의 목표를 동쪽으로는 이란, 남쪽으로는 이라크 전역, 서쪽으로는 레바논 지중해 연안을 잇는 거대한 지역으로 천명했다.

3) 이슬람 근본주의 신봉

IS의 이념은 이슬람의 극단적 수니 근본주의(Takfirism, 탁피리즘)를 신봉한다고 할 수 있다. 수니파의 4대 법학 사조 중 가장 보수적이고 전통적 입장을 견지하는 한발리파⁴의 주류보다 더욱 고루한 중세 전통주의를 추종한다. 단순히 종교적 계율과 실행에 있어 전통적, 보수적이라는 차원을 넘어서서 IS는 투쟁, 곧 지하드 과정에서 일반적인 이슬람의 통념과 전통을 넘어서는 극도의 잔인성과 공포를 통치 수단으로 삼고 있다. 초월적인 종교 신념에 스스로를 망상적으로 인식하여 정신병자 같은 행태를 표출한다. IS는 비저항 시민을 무차별 참수하고, 공개된 장소에서 산 채로 화형에 처하는 등 극도의 잔인함을 SNS를 통해 공개, 선전하여 국제사회의 이목을 집중시키고 있다.

이슬람 주류는 이러한 비주류 극단주의자들을 탁피리스트(Takfirist)라 칭한다. 사우디아라비아의 그랜드 무프티(Grand Mufti, 보수적인 이슬람 신학의 최고 권위자에 대한 호칭)조차 이들을 비이슬람으로 간주하고, 금기(Haram)로 규정했다. IS의 잔인성을 통제하는 것이 불가능하자 심지어 파키스탄 소재 알 카에다 본부까지 이들과 결별을 선언했다. 이들의 극단주의 노선은 일종의 선명성 확보를 통한 국제사회에서의 존재감 부각 의지의 일환으로 파악할 수 있다. IS는 알 카에다보다 더욱 선명하다는 점을 내세워 자신들이 이슬람을 대표하는 호전 세력으로 인식되는 것을 목표로 하는 것으로 보인다.

---

4 이슬람 법학에는 하나피파, 한발리파, 말리키파, 샤피이파 등 정통 4대 법학파가 존재하며, 수니파는 이들 모두를 인정한다. 한발리파의 창시자 한발리는 가장 철저한 원리주의자로서, 모든 법리는 신적인 것에 철저히 의존할 것을 주장하며, 꾸란과 하디스의 어구에 따른 해석에만 의존한다. 14세기까지 이라크, 시리아에 널리 보급되었으며, 현재는 사우디와 카타르의 공인 법학파가 되었다.

4) 영토 무력 점령

2015년 11월 현재, 이라크와 시리아 지역의 35%를 IS가 지배하고 있는 것으로 알려졌다. 이라크의 수니파 거점 7대 지역을 자신들의 국가 영토로 선언, 바그다드, 안바르, 디얄라, 모술, 살라앗딘, 니네베, 바빌 주에 대한 통치권을 천명했다. 시리아에서는 라카 주를 중심으로 9개 주를 영토로 복속했다고 주장하며 각각 통치 체제를 구축할 것임을 선언했다.

위의 16개 주 중에서 IS가 중점적으로 전선을 형성한 곳은 시리아 라카, 이라크 모술과 바그다드 등 3개 전선이다. 특히 통제권을 완전히 확보한 라카를 모델로 삼아 통치 역량을 증대시키는 정부 운영, 사법 제도 운영, 이슬람 교리 전파 등을 하고 있으며, 4개 위원회가 원활하게 작동하는 것으로 알려졌다. 모술은 쿠르드와 대치하고 있는 곳이다. 본래 쿠르드의 옛 땅이었으나, 사담 후세인 치하에서 수니파에게 강제 병합되었고, 현재까지 점유권 분쟁이 지속되고 있다. 이 지역의 병합은 향후 완전한 주권국가 수립에 절대적으로 필요한 이라크 중북부 유전 지대의 점령을 의미하므로, 가장 치열한 공방전이 벌어지고 있다. 바그다드 전선은 IS가 자신들의 정체성으로 규정하는 수니 근본주의 사상이 선명하게 드러나는 곳이다. 따라서 바그다드 및 이라크 남부를 장악한 시아파와 각을 세우며 스스로 종파 분쟁의 동력을 재생산할 수 있는 전선이다. 최근에는 소강 국면이 이어지면서 향후 국경 획정을 염두에 두고 있는 것으로 알려졌다.

IS는 지배 면적이 이라크, 시리아를 합해 32,133km^2에 달하며, 인구는 약 800만 명으로 어림한다. 지하디스트는 이라크에 6천 명, 시리아에 3

천~5천 명 등이 있으며, 외국인 자원군 3천 명도 포함된다. 외국인 중 1천 명이 체첸 인이며, 500여 명 이상의 전사들이 프랑스, 영국 및 기타 유럽 등지에서 유입되었다고 한다.[5]

5) 자금 조달 능력 보유

IS는 모술을 점령하면서 중앙은행이 보유한 외환 4억 2,900만 달러를 포획하여 현금 가동 능력이 가장 우수한 테러 집단이라 할 수 있다. 이 외에도 2014년 11월 UN 보고서에 의하면 원유 판매를 통해 매일 84만 6천 달러(약 9억 3,900만 원)에서 160만 달러(약 17억 7,600만 원)를 벌어들이고 있다. IS는 자신들이 장악한 이라크와 시리아의 유전 지대에서 하루 4만 7천 배럴의 원유를 생산한 뒤 국제 시세보다 싸게 파는 방법으로 자금을 확보하고 있다.

그러나 유가 변동 때문에 원유 판매 수입이 가변적으로 변하므로 수입은 일정하지 않다. 줄어든 수입은 몸값을 받고 인질을 풀어 주는 '인질 비즈니스'와 고대 유물을 도굴하여 판매하는 쪽으로 강화하고 있다. IS가 매년 인질 몸값으로 벌어들이는 돈은 3,500만~4,500만 달러에 이르는 것으로 알려져 있다.

한편 UN 안보리는 2015년 2월 12일 IS의 자금줄을 차단하는 결의안을 만장일치로 채택했다. 러시아가 제출한 이 결의안은 UN 회원국과 테러 단체 간 원유 거래와 고대 유물 거래를 금지하는 것이다. IS는 물론, 알 카에다와 그의 연계 조직 알 누스라 전선도 제재 대상에 포함되었다.

---

5 미 경제지 〈이코노미스트(Economist)〉

앞으로 193개 UN 회원국의 개인이나 기업은 이들 단체로부터 원유나 고대 유물을 사들이면 제재를 받게 된다.

6) 이슬람 전선의 개별 네트워크 확대

IS는 특정 국가와의 연대 및 협력을 추구하지 않으며, 전 세계에 흩어진 잠재적 지하디스트, 즉 '외로운 늑대'들을 포섭, 전장에 참가시키면서 국제사회에 공포감을 조성하는 전략을 펼치고 있다.

시리아 정보 당국의 발표에 의하면, 지난 3년간 해외에서 시리아 내로 유입된 지하디스트는 87개국 5만 4천여 명에 이른다. 또한 마리 하프 미 국무부 대변인에 따르면, 현재 최소 50개국 1만 2천 명 정도의 외국 출신 자생적 지하디스트가 시리아에 들어간 것으로 알려졌다. 특히 1만 2천여 명 중 약 3천~4천 명이 유럽, 미국, 호주 등 서방 출신인 것으로 파악된다. 미국 국적의 IS 전사도 약 100명에 이르는 것으로 추산됨에 따라 미국 및 영국 등 테러와의 전쟁을 주도해 온 서방 국가들은 긴장을 늦추지 않고 있다. 이들이 IS 전선에서 본국으로 귀국할 경우, 고향에서 소규모의 다양한 테러를 기획, 실행할 수 있다는 점에서 서방 각국은 대테러 정책을 일제히 재점검하고 있다. 실제로 IS에 가담한 것으로 추정되는 영국인 500명 중 약 200명이 현재 귀국한 것으로 알려지면서 영국은 긴장 속에서 상황을 예의 주시하고 있다.

IS의 이러한 잠재적 전사 네트워크 확장은 단순히 서방권에 국한된 것이 아니다. 최근에는 캅카스 이슬람 분리주의 운동으로 긴장하고 있는 러시아 푸틴 대통령을 조롱하는 메시지까지 보내면서 검은 과부들

(Black Widows)과 같은 체첸 인근 지역 저항운동 세력을 독려하고, 중국 신장 위구르 자치구 등 전 세계 이슬람 저항운동에 접근하고 있다. 한편 2014년 말 아프가니스탄에서 NATO군 철수 이후 탈레반의 부상이 예상되는바, IS가 성향이 유사한 아프간 탈레반과 연대를 모색할 가능성을 배제할 수 없다. 이 경우 이란의 동서 양측에서 수니 근본주의 세력이 시아파를 압박하는 구도가 형성되어 종파 분쟁의 새 국면이 전개될 수도 있다.

7) 뉴미디어에 의한 선전 선동 전술

IS는 이전 알 카에다 유의 이슬람 테러 집단과는 달리 뉴미디어와 SNS를 자유자재로 이용하면서 자신의 정치 목적을 추구하고 있다. 현재까지 이들의 뉴미디어 선전 선동 기술은 매우 효율적으로 작동한 것으로 평가된다.

지난 세 차례의 참수 동영상에서 복면한 범인, 일명 지하드 존은 런던 남부의 코크니 악센트를 구사하면서 유창한 영어로 IS의 정치적 입장을 밝혔고, 미국의 이라크 공습을 비난했다. 그는 후에 27세의 영국인 무함마드 엠와지로 확인되었다. 그가 모국어 수준의 영어로 서방을 압박하고 참수를 자행하는 장면을 접한 영미권 국민들은 더 큰 공포를 느꼈다. 이는 이웃 누구라도 언제든 테러로 자신들의 생명을 위협할 수 있음을 감지하는 계기가 된 것이다. 이렇게 공포에 기반을 둔 선전 선동은 알 자와히리 시절 참수 장면에서 꾸란 독경과 아랍어를 통해 겁박했던 것과는 다르게 익숙한 영어로써 더 강한 공포를 영미권에 전파했다.

한편 이들은 글로벌 지하디스트의 충원 경로로 SNS를 활용하고 있다. 이를 통해 IS의 사상과 이슬람 교리, 투쟁 전술 등을 전파하고, 지하드 그룹에 가입하는 것이 순식간에 이루어진다. 접속자들은 인스타그램이나 페이스북을 통한 화상 선전으로 IS에 대한 우호적인 이미지를 처음으로 접한다. 문답이 오가면서, 점차 IS 이념에 경도되고, 궁극적으로는 지하디스트로 가입하는 경로에 들어선다. 이후 Ask.fm 사이트에 IS나 이슬람 또는 이라크 등의 문항 검색을 통해 질문을 올리면, IS 방계 미디어 조직원들이 각지에서 접속하여 친절하게 문답을 주고받는다. 접속자의 신원이 확인될 경우 즉각 슈어스팟, Kik, 스카이프 등 모바일 메신저 앱을 통해 일대일 접촉에 들어간다.

IS는 즉각성, 무제한성, 개인성에 기반을 둔 웹 콘텐츠를 계속 확대 재생산하고 있다. 이 콘텐츠는 누구나 호감을 가질 만한 그래픽과 음성으로 구성되었고, 현재는 스마트폰을 소지한 사람이라면 누구든 언제 어디서나 테러리즘의 선전에 접근이 가능한 상황이다. 즉 과거 알 카에다 본류 시절 중앙 위계 조직에서 테러를 기획 실행하고 이를 전파했던 구조와는 완연히 다른 SNS 기반 테러 교신을 하고 있다. 따라서 이를 원천적으로 차단하고 테러 위협을 감소시킬 수 있는 실질적인 전략의 모색이 시급한 시점이다.[6]

8) 온라인 영문 홍보지 운영

IS는 자체적으로 온라인 영문 홍보지 〈다비크(Dabiq)〉를 발행, 운영하

6 인남식, 앞의 논문, pp.128~135

고 있다. 이 홍보지는 IS를 선전 선동하는 홍보물을 게재하는 것은 물론, 공지, 서방에 대한 경고 사항, 음어를 활용한 전 세계 IS 추종자들에게 메시지 전달 등 여러 용도로 활용되고 있다.

2015년 9월호에서는 'IS를 적대시하는 십자군 동맹'이라는 제목의 기사에서 미국 주도의 62개 동맹국 명단을 발표했다. 이 명단에는 미국, 영국, 프랑스, 독일, 일본, EU, 아랍 연맹 등을 비롯해 러시아, 이란, 이라크, 시리아는 물론, 우리나라도 포함되어 있다. 즉 그들이 상정하는 테러 대상에서 우리나라 역시 예외가 아님을 알고, 우리 정부와 국민 모두가 경각심을 가져야 한다.

IS는 또 다른 호에서 'IS에 대한 저항운동을 하는 사람을 찾아서 살해하라', '부모를 거역하고 지하드에 참여하라'라며 어린 무슬림들을 부추겼다. 탈레반과 알 카에다 대원들에게도 '소속된 곳을 떠나 IS에 합류하라'라고 요구하기도 했다.

9) 군사 능력

미국 군사 전문지 〈머린 코 타임스(Marine Corps Times)〉 2015년 1월 17일자는 IS 군사 능력의 실체를 몇 가지로 분석했다. 특히 일부 군사 전문가들은 IS가 위협적인 것은 보유 장비가 아니라 SNS에 익숙한 젊은 세대를 대상으로 한 선전 활동, 높은 동기 부여를 통해 이들을 지하디스트로 끌어들이는 데 효과를 발휘하는 점이라고 강조한다. 이 기사에서 헤리티지 재단의 선임연구원 다코다 우드와 랜드 연구소의 국제정책 분석가 벤 코나블 등 전문가들은 IS가 이라크와 시리아에서 거둔 전광석화와 같은 전술적 승리가 '새로운 피를 수혈'하는 데 큰 역할을 했다고 주장한다.

우선 IS는 대전차 로켓, 소화기와 실탄은 물론이고, 암시장에서 구매하거나 이라크군으로부터 노획한 장갑 차량, 드론 등을 보유 중이다. 또한 시리아보다 덜 복잡한 이라크 무기시장에서 이보다 현대적인 장비들을 확보했을 가능성도 있다. IS가 민항기까지 보유했다는 소문은 사실이 아닌 것으로 판명되었지만, 확보한 지역에 있는 군 기지에서 헬기나 다른 항공기를 노획했을 가능성은 있다. 헬기 등 항공기를 운영하는 것이 생각보다 복잡하고 큰 비용이 필요하지만, IS는 미국의 대공 능력에 신경을 곤두세우고 있기 때문이다.

최대 3만 1,500명으로 추산되는 IS 대원은 매우 높은 수준의 동기를 가진 것으로 입증됐다. 최고 지도부는 오랫동안 함께 생활한 까닭에 조직을 일사분란하고 일심동체와 같이 이끈다. 바로 이런 속성이 장비보다 더 골칫거리다. 코나블은 이렇게 지적했다.

이라크군이 IS보다 더 많은 현대식 화기를 보유했지만, 손쉽게 무너진 사실을 간과해서는 안 된다. 일사분란하고, 사기가 충만하고, 훈련이 잘 된 전투 집단이 아닌 군대가 현대식 장비를 가지고 있다 하더라도 어떤 전과를 거둘 수 있을지는 미지수다.

IS는 위협과 공포심을 조장하는 방식에 대한 의존도를 높임으로써 점령지를 통제하고 유지할 수 있는 것으로 보인다. 점령지는 대부분 고속도로를 따라 형성된 것이 특징이다. 이러한 특징은 IS로서는 마을 사이의 도로를 통제하기 위한 필요성에 따른 것이고, 미군에게는 비교적 정확하게 타격 목표를 설정할 수 있는 이점이 있다.

10) 교육 및 훈련

테러 조직의 지도자들은 통상적으로 교육 수준이 높은 편이다. 특히 IS는 미국, 영국 등 서방 선진국에서 교육받은 젊은 요원들을 상당수 보유하고 있다. 이런 교육 수준은 전쟁터에서는 그다지 중요하지 않을지 모르지만, 전략, 홍보 등 다른 분야에서는 분명히 영향을 끼친다. 코나블은 '똑똑한 요원을 미디어 분야에 배치하여 전략 커뮤니케이션, 포트폴리오를 구성한다는 것 자체가 위험'이라고 강조했다.[7]

테러 정보 분석 매체인 〈롱 워 저널(Long War Journal)〉은 IS의 훈련소가 시리아에 15곳, 이라크에 11곳 등 26곳에 이른다고 분석하면서, 외국인 훈련 캠프는 터키와 국경을 맞댄 시리아 북부 사막지대에 있다고 전했다. 신입대원의 효용 가치와 충성도에 따라 2주, 1개월, 45일, 6개월, 1년의 훈련 기간이 주어진다. 훈련 과목은 군사, 정치, 종교 등 크게 3가지로 나누어지며, 전담 교관이 교육을 맡는다. 초반에는 주로 종교 교육으로 이슬람 율법을 세뇌시키는 데 비중을 둔다. 군사 훈련에서는 각종 무기를 다루는 법과 자살 폭탄 테러 방법을 교육한다. 잔인함을 기르기 위해 인질과 포로를 참수하거나 학살하는 모습도 지켜보게 한다. 이어 인형을 이용해 참수하는 방법도 가르친다. 잔혹 행위에 익숙해지면 죄책감이 사라져 집단 광기에 빠져든다고 분석했다. 훈련이 끝나면, 전투병

---

7 〈연합뉴스〉 2014년 9월 18일 기사

이나 인간 방패, 자살 폭탄 테러범, SNS 선전병 등으로 분류돼 현장에 투입된다. 훈련 캠프에서는 최근 영어학교도 열었다고 한다.

11) 만행 사례

① 인질 및 민간인 학살

앞서 이야기한 서방 인질 9명을 참수하고 살해 장면을 동영상으로 유포한 만행 외에도, 2014년 6월에는 이라크 정부군 포로 1,700명을 집단 총살하여 암매장했다. 모술 외곽 바두 시 교도소 죄수들을 시아파와 수니파로 나눈 뒤 시아파 600여 명을 총살했으며, 11월 1일에는 라마디 북쪽에서 아부 님르 부족민을 집단 매장했는데 총살한 인원이 300명 이상인 것으로 드러났다.

이런 일을 자행하는 이유로 서방 국가에 군사적으로 밀릴 경우 인질 살해로 상황을 반전시키려 한다는 분석이 있다. 즉 자신들의 불리함을 선전으로 만회하고자 이러한 행동을 하며, 살해 동영상을 통한 선전 활동으로 대중의 지지를 확보하고 새 대원을 모집한다는 것이다. 인질을 살해하는 데에는 주로 참수를 사용하였으나, 점점 잔혹해져 화형에 총살까지 다양한 방법이 동원되고 있다.

② 노예제 부활과 소년병 모집

IS는 2014년 10월 15일에 노예제 부활을 공식 선언했다. 〈다비크〉에 게재된 '노예제의 부활'이라는 기사를 통해 여성과 어린이에 대한 인신매매를 인정하고 노예제를 공식화하면서, 지난 8월 소수민족 야지디족이 거주하는 이라크 신자르를 점령한 후 여성과 어린이를 전리품으로 전투원들에게 나눠 줬다고 밝혔다. 이 같은 행위는 노예제를 인정하는 이슬람법에 따른 것이라고 주장했다. 이에 국제인권감시단체(Human Rights Watch, HRW)는 IS가 야지디족 수백 명을 억류하고, 이들 중 젊은 여성과 소녀들은 1천 달러에 팔고 있으며, 개종 및 IS 대원과의 결혼을 강요하고 있다고 지적하면서 야지디족에 대한 잔혹한 범죄행위는 악화일로에 있다고 비난했다.

또한 IS는 10살 전후의 어린아이들에게 총을 쥐어 주고 포로를 직접 사살할 것을 명령했으며, IS는 이 장면이 담긴 동영상을 공개하여 전 세계에 충격을 주었다.

UN 아동무력분쟁 담당 레일라 제루기 특사는 2014년 9월 8일 UN 안보리 보고를 통해 IS가 수많은 소년병을 양성하는 동영상을 수차례 공개했다고 밝히고, 소년 수백 명을 무기 운반, 경계 근무, 민간인 체포 등에 동원했으며, 특히 일부를 자살 폭파범으로 이용하기도 했다고 밝혔다.

③ 장기 매매와 유물 파괴

2015년 2월 17일, 무함마드 알리 알하킴 UN 주재 이라크 대사는 IS가 장기 매매로 자금을 조달하고 있다는 의혹을 제기하면서 UN 안보리에 조사를 요청했다. 그는 IS 대량학살 피해자 시신에서 수술 절개 자국을 발견했고 콩팥 등 일부 장기가 없는 것을 확인했으며, 모술에서 장기 적출에 동참하지 않는 의사 수십 명도 처형당했다고 주장했다.

2015년 2월 25일, IS는 모술 도서관에 보관되어 있던 고문서와 희귀 서적을 대량으로 소각했으며, 이튿날에는 모술 박물관의 유물들을 파괴하는 동영상을 공개했다. 그러나 파괴한 유물들은 2점을 제외하고는 모두 모조품으로 확인되었다. 이 밖에도 이라크의 고대 도시 님루드와 하트라 등의 유적을 파괴했다.

한편 IS는 시리아 팔미라의 박물관 앞에 세워진 유네스코 세계문화유산에 등재된 사자상을 파괴하는 동영상을 2015년 7월 3일 공개했다. IS는 이러한 유물들을 밀거래해 자금을 조달하는 것으로 파악되었다.

IS 등장의
국제 정치적 의미와 전망

1) 미국의 대응

아랍의 봄의 파장이 시리아에서 정체된 사이에 IS라는 돌발 변수가 등장하여 권위주의 해체 경로가 테러 국면으로 전환되었다. 국제 테러리즘 지형에 지각 변동이 생긴 것이다. 이는 향후 중동 국가들을 포함한 관련 국가들의 정치적, 종교적 역학 관계를 예측 불가능하게 하고 있다. IS의 등장을 단순히 이슬람 이념을 신봉하는 극단주의자들의 일탈 행동으로만 설명하기는 어려우며, 이들은 국가 운영의 주체를 자임하면서 나름의 목적, 이념, 전략, 전술을 가지고 움직이고 있다. 따라서 이들의 행보는 중동 지역 정세에 영향을 미치는 주요 변수가 되고 있다.

한편 미국은 9.11 테러 이후 막대한 자원을 쏟아붓고 인명 피해를 감수하며 '테러와의 전쟁'을 수행하였다. 알 카에다 조직 해체와 오사마 빈 라덴 등 지도부 제거에 역량을 집중한 결과, 2011년 5월 2일 미국은 빈 라덴을 제거함으로써 목표로 설정한 소기의 성과를 달성했다. 그러나 이슬람 극단주의 테러리즘은 소멸해 가는 것이 아니라, 성격을 달리하는 변형된 형태로 잔존했다. 테러 집단의 구조적 변형을 통해 IS라는 새로운 이슬람 극단주의 테러리즘이 발현된 것이다. 미국은 2012년 9월 알 카에다에 의해 리비아 주재 미국 대사의 피살이라는 극단의 사건을 경험한 데 이어, 2014년 8월에는 미국인 3명이 IS에 의해 연이어 참수당하는 것을 목도하였다. 계속해서 비극적인 테러가 지속될 것으로 예상됨에 따라 미국은 새로운 대테러 전략을 모색하기 시작했다.

2014년 9월 11일, 백악관은 IS 대응에 대한 미국의 종합 전략을 발표했다. 오바마 대통령은 백악관 연설을 통해 IS 관련 4대 대응 정책을 천명했다.

- 이라크는 물론 시리아 지역까지 IS 거점 공습 확대
- 이라크 보안군 및 시리아 온건 반군에 대한 지원
- 국내 대테러 대책 정비 및 역량 강화
- 난민촌 등에 대한 인도주의 지원 확대

이 연설을 통해 오바마는 강경한 어조로 거듭 IS 격퇴를 강조했지만, 결론은 미군 지상군 투입을 배제하고 현지 이라크 보안군과 시리아 반군을 중심으로 작전을 전개한다는 것으로 요약할 수 있다.

오바마의 표현대로 IS 세력의 약화는 일정 부분 가능할 것이다. 그러나 단기간 이루어지는 공습만으로 과연 '궁극적인 격멸'을 달성할 수 있을지에 대해서 회의가 든다. IS는 현지 지형지물에 익숙하고 수니파 밀

중동 테러리즘

집 지역에 민간인들과 혼재되어 있으므로, 공습으로 궤멸시키기는 힘들다. 따라서 표적을 확인한 뒤 특수 부대를 투입하고 정밀 타격 등을 추진해도 IS 대응 작전은 장기적으로 갈 가능성이 높다.

그러나 오바마 행정부는 '최소 개입주의' 및 '다자 접근' 기조를 고수하고 있는 것으로 보인다. 오바마 정부의 중동 정책은 개입을 최소화하고 '비폭력 다원주의' 기조하에 테러리즘과 대량살상무기만을 통제한다는 입장이다.

최근 미국의 대중동 입장을 다시 한 번 확인시켜 주는 보고서가 발표되었다. 2015년 2월 6일, 오바마 정부는 〈2015년 미국 국가안보전략(National Security Strategy, NSS) 보고서〉를 의회에 제출했다. 2010년 NSS 이후 5년 만이며, 임기 2년을 남기고 있는 오바마 정부의 마지막 보고서이다.

이 보고서는 '중동 및 북아프리카에서 권력 다툼이 진행 중이며, 글로벌 에너지 시장이 급격하게 변하고 있다'라는 지극히 객관적인 상황을 언급했다. 이집트, 리비아, 예멘, 튀니지, 시리아 등 아랍의 봄으로 촉발된 중동 민주화 운동이 내부 갈등 속에 계속되고 있으므로, 미국은 당장 개입하기보다는 어느 정도 시간을 두고 자체적으로 평정될 때까지 관망할 것을 예상할 수 있다.

또한 보고서는 '테러리즘 위협과 관련하여 비용이 많이 들고 큰 규모의 아프간, 이라크 전쟁에서 벗어나서, 선별적 반테러리즘 작전, 공동 행동, 폭력적 극단주의의 방지 노력을 추진하고 있다'라고 밝혔다.

이어서 '미국 에너지 부흥[8]'은 경제 성장에 도움이 되며, 에너지 무기

---

8 셰일 가스 혁명이라고도 한다. 현재 미국 내의 매장량은 미국이 300년간 사용할 수 있는 규모라고 한다.

화에 대한 완충 역할을 하고 타 국가들이 저탄소 경제로 전환하는 데 기회를 제공하겠다'라고도 했다. 즉 미국은 과거와 달리 이미 충분한 대체 에너지를 확보하고 있으므로 미국에서 중동 석유의 가치가 하락할 것임을 함축하고 있다.

특히 선별적 반테러리즘과 관련하여, IS의 부상을 막는 데 미국의 군사력 사용이 필요하다는 점을 언급하면서도, '포괄적 대테러 전략의 필요성'을 밝혔다. 이를 위해서는 이스라엘, 요르단, 걸프 파트너 국가들이 억지력을 갖추도록 투자하고, 이들 지역적 및 글로벌 파트너들을 동원하여 IS를 격퇴시킬 것이라고 확인했다.

따라서 2015년 NSS는 해외 무력 사용과 관련하여 큰 기조에서는 '전략적 인내(Strategic Patience)'라는 표현을 사용하며 소극적 개입주의를 견지하고 있다. 그러나 과거에 비해 군사력 사용에 다소 유연한 입장을 보이며 이라크와 아프간, 2개의 전쟁이 종결되면서 여유가 생긴 군사력을 테러와의 전쟁에 사용하겠다고 언급하고 있다. 또한 원칙적이고 선택적인 무력 사용을 말하며, 무력 사용이 첫 번째 선택은 아니겠으나 필요한 선택일 수 있다고 확인하였다. 그러나 여전히 동맹국 및 파트너 국가들과 집단행동을 중시하고 있는 점이 주목된다.⁹

2) 중동 역내외 역학 관계의 변화

(1) 국경 재편론 부상

고질적 사회 분쟁 양상을 띠고 있는 시리아-이라크 분쟁의 원인에 대

---

9 김현욱, 〈2015 미국 국가안보전략 보고서〉, 〈주요국제문제분석〉 2015년 봄, 국립외교원

해 제1차 세계대전 종식 후 1916년 영국과 프랑스가 맺은 사이크스-피코 협정 때문이라는 비판이 제기되고 있다. 이는 영국과 프랑스가 자국의 이해관계에 따라 현지 정체성 구조와 관계없이 획정한 인위적 국경 분할 협정이므로, 다시 실질적 국경으로 재편하자는 목소리가 점차 커지고 있다.

실제로 시리아 내전을 종식시키는 데 알레포-다마스쿠스 축선을 중심으로 서부 지중해 연안 라타키아 지역에 아사드 정권의 기반인 알라위파의 자치를 허용하고, 수니 밀집 지역인 시리아 동부와 이라크 서부를 묶어 새로운 수니파 주도 자치정부를 설립한다는 안에 관한 논의들이 조금씩 불거지고 있다. 이 경우 오래된 원한 관계인 이라크 내 수니-시아-쿠르드가 각기 준독립 연방제 또는 분할 독립의 경로로 들어서는 가능성을 상정하는 것이다. 현실적으로 쿠르드 독립과 관련하여 주변국의 이해관계가 첨예하게 상충하므로 현재로서는 실현 가능성이 회의적이다.

그러나 이 방안은 2003년 사담 후세인 실각 이후 미 군정의 이라크 통치 시절에 한 차례 거론된 바 있었다. 고질적인 이라크 내부의 균열을 해소할 방안이 여전히 난망하므로, 조 바이든이 오랫동안 주장해 온 이라크 삼분지계(三分之計)도 장기적으로 하나의 접근법이 될 수 있다는 의견이 미 의회 내에서 개진되었다. 이 방안은 바이든 부통령이 2006년 상원의원 시절 제안한 것으로, 이라크를 시아파 거주 지역인 남부, 수니파 지역인 중서부, 쿠르드족이 살고 있는 북동부 등 3지역으로 나누고, 수도 바그다드의 중앙정부가 안보와 외교, 석유 자원 수입 분배를 담당

하게 하자고 주장한 것이다.[10]

이러한 점을 포착하고 IS는 식민주의 열강의 자의적 국가 수립 및 불합리한 국경 획정으로 중동의 자존심이 추락하고 이슬람 및 아랍 제국의 영화가 해체되었으니, 서방 세계에 밀렸던 지난 역사를 복원하는 차원에서 자신들이 일단 이라크-시리아 국경을 병합하고 하나의 이슬람 국가를 세웠다고 주장한다. 실제로 아랍 정체성에 기반을 두고 1952년부터 이집트의 가말 압델 나세르가 통일 아랍 공화국 결성을 시도한 바 있었으며, 이후 지지부진했던 통합 논의를 IS가 선도적으로 '이슬람 통합'이라는 아젠다로 삼았기에 향후 이러한 통합 의제가 지속으로 논의될 가능성도 배제할 수 없다.

그러나 현실적으로 IS의 만행이 계속되고 있는 상황에서 국제사회의 관심은 1차적으로 IS 격퇴, 2차적으로 이라크의 신임 총리 하이데르 알 아바디가 이끄는 신정부의 안정적 운영을 이끌어 내는 것이다. 이에 국제사회는 아바디 총리의 이라크 중서부 거주 수니파 위무와 지원 프로그램에 적극 협력함으로써 IS를 민심에서 이반시키는 데 집중할 것으로 보인다.

(2) 아랍의 봄, 반테러리즘 구도로 변환

IS의 발호로 가장 유리한 입지를 점한 것은 아사드 정부이다. 아사드는 내전 초기부터 일관되게 반군 내 알 카에다 세력과의 싸움을 주장해 왔으며, 이는 곧 테러와의 전쟁 프레임으로 전환되었다. 지금까지 튀니

---

10 조 바이든은 2007년 9월 이라크 3분할 결의안을 발의하고, 상원 가결을 끌어내며 애썼다. 그러나 당시 상원의원이었던 버락 오바마는 결의안 표결에 참여하지 않았고, 부시 행정부는 바이든의 제안을 받아들이지 않았다.

중동 테러리즘

지, 이집트, 리비아, 예멘 등지에서 세속주의 민주 정부 수립을 위한 일련의 경로를 밟았으나, 튀니지를 제외하고는 대부분이 극도의 혼란과 군부의 복귀 등으로 일단 귀결된 상황이다. 따라서 아랍 민주화 운동의 흐름은 이제 더 이상 아사드 정부와 같은 권위주의 독재 체제에 대한 항거가 아니라 테러와의 전쟁 구도로 변화되었다.

한편 제도권 진입을 시도했던 이슬람 정치 세력의 무능과 독선이 고스란히 드러남에 따라, 향후 이슬람 정파가 제도권에 참여하여 민주주의 절차에 의해 정당을 결성하여 권력을 획득할 가능성은 상대적으로 낮아졌다. 대신 IS 유의 극단주의 성향의 목소리가 더욱 커질 것으로 예상된다. 이집트 모르시 이슬람 정부가 다시 군부 쿠데타로 퇴출된 상황을 겪으면서, 무슬림 형제단 등 이슬람 세력은 향후 절차에 의한 제도권 진입보다는 오히려 근본주의 선명성 경쟁에 뛰어들어 보다 폭력적인 지하 조직으로 활동할 가능성이 높아졌다.

(3) 미국의 대중동 협력 체제 재편 가능성

IS의 부상은 미국 및 서방 나라들에게 자국 내 테러 위협 가능성을 증대시켰다. 그리고 이는 미국의 주적이었던 이란이 초래하는 위협보다 수니 극단주의자들에 의한 위협이 훨씬 크다는 것을 의미한다. 따라서 미국은 수니 극단주의를 견제하고자 이란과 협력할 가능성도 배제하지 않을 것으로 보인다.

IS는 바그다드 전선을 형성하면서, 바그다드 진공 후 남진하여 시아파의 양대 성지인 나자프와 카르발라의 시아파 모스크를 불태우겠다는 의지를 밝혔다. 이에 대해 시아파 종주국임을 자임하는 이란은 좌시하지 않고 이라크 시아파 민병대와 협력할 것임을 피력했다. 이 과정에서 미국과의 연대 가능성도 점증한다. 실제로 IS가 신자르 지역에서 야지디 소수 종파와 모술의 기독교 공동체에 대한 대량학살 위협을 가시화하자, 이란은 미국과 협력할 의사를 밝혔다.

이스라엘-팔레스타인 분쟁, 이라크 사태, 시리아 내전, 이집트의 군부 복귀, 리비아 무정부 상태, 사우디와의 관계 악화 등으로 오바마 행정부 2기의 중동 정책은 대부분 실패에 가깝게 귀결되고 있다. 이 와중에 IS라는 대형 악재까지 발생했다. 미국 입장에서는 이란 핵 협상까지 실패로 종결되는 것이 최악의 시나리오이다. 다행인지 불행인지 이스라엘과 사우디의 적극적인 반대에도 2015년 7월 14일 미국은 이란과 핵 협상을 타결했다. 미국으로서는 중동발 최대 위협인 IS 문제를 해결할 수 있는 지원자를 얻은 것이다. 이란을 통하여 같은 시아파 국가인 이라크, 시리아 및 레바논 헤즈볼라에까지도 영향력을 미칠 수 있다는 전제하에, 미국과 이란 간 관계 개선이 진행될 여건이 마련된 것이다.

그러나 존 케리 국무장관은 일단 반IS 동맹에서 이란을 제외시켰다. 역설적으로 이란 핵 협상이 타결되어 미국-이란 간 협력 구도가 가시화될 경우, 고전적인 미국의 동맹국이었던 이스라엘과 사우디아라비아 등이 미국과 소원해질 가능성을 우선 염두에 둔 것이다. 차제에 미국 입장에서는 IS를 공동의 적으로 상정하고, 그들의 잔인성과 폭압성을 인류의 보편적 위협 요소로 규정하면서 중동 역내뿐 아니라 러시아와 중국까지 협력하는 구도를 만들어 낼 필요가 있다. 이 과정에서 역내 협력 체제 재편으로 인한 불편함을 해소할 전기를 마련할 수도 있다.

중동 테러리즘

3) 이슬람 테러리즘 양상의 변화

IS의 부상은 기존의 초국가적 이슬람 테러리즘이 새로운 단계로 전화(轉化)했음을 의미한다. 기존 '알 카에다 테러리즘'을 갈음하는 'IS 테러리즘'의 도래를 상징하며, 테러 위험도는 한층 더 높아졌다. 기존 알 카에다의 노선과 같이 궁극적으로 이슬람 움마 공동체에 입각한 신정주의 국가 수립을 목표로 한 것은 동일하다. 하지만 지하드 과정에서 알 카에다는 은둔하면서 실체를 드러내지 않고 먼저 이교도 및 배교자들을 축출하는 데 우선했다면, IS는 일단 국가를 수립하고 이슬람 국가의 확산을 통해 종교적 이념을 전파하는 데 역점을 둔다. 이런 점에서 알 카에다 테러리즘에서 진일보한 것으로 차별화된다.

IS가 급부상하며 국제사회의 이목을 집중시키고, 선전 선동에서도 기존 알 카에다 노선을 압도하자, 명분상 알 카에다의 정신적 지주 역할을 해 왔던 AQP 알 자와히리의 역할은 급속도로 약화되었다. 또한 AQIM, AQAP 및 캅카스 이슬람 국가 등 알 카에다 직계 프랜차이즈 및 예하 방계 프랜차이즈에 대한 영향력도 저하되었다.

이러한 영향력 축소에 대한 위기감으로 최근 AQP는 인도-파키스탄-방글라데시 및 동남아 일부를 엮는 알 카에다 인디아(Al-Qaeda India, AQI)를 설립하여 AQP의 직할 조직으로 운영할 것임을 천명하였으나 IS의 존재감을 넘어서지는 못했다. 전문가들은 알 카에다에 비해 IS의 위험도가 훨씬 큰 것으로 판단하며, 소위 자생적 테러리스트들의 무차별 테러 위협을 실질적으로 원천 방지할 수 있는 수단이 없는 상황이다.

한편 IS 테러리즘은 이제 위계 구도와 단순 네트워크 확산 시스템을 벗어나서, 뉴미디어를 통해 충원된 글로벌 지하디스트들을 육로로 터키 국경을 거쳐 시리아 및 이라크로 진입시키는 강력한 동원력을 보여 주고 있다. 즉 주권국가 단위의 국제사회에서 초국경, 초국가 단위의 특이한 이슬람 국가 형태를 발현시켰다.

또한 AQIM, AQAP 등 알 카에다 직계 프랜차이즈들과 예하 방계 프랜차이즈들이 IS에 충성을 맹세하고 연계를 선언하고 있어, IS가 기존 알 카에다 세력까지 흡수하는 상황이 되고 있다. 또한 이슬람 국가들뿐만 아니라 미국, 유럽, 캐나다, 호주 등에서 자생한 세포조직 및 외로운 늑대들도 IS에 충성을 맹세하고, 스스로 자국 내에서 테러를 일으키고 있어 IS의 글로벌화는 심각한 수준에 이르고 있다.

국제사회는 무엇보다 IS가 글로벌 지하디스트의 충원 경로로 SNS를 사용하며, IS의 사상과 이슬람 교리, 투쟁 전술 전파 및 지하드 그룹으로의 가입 등이 순식간에 이루어지고 있다는 데 주목하고 있다. 우선 테러의 직접적인 대상이 되고 있는 미국, 영국, 일본 등을 포함한 서방 국가들이 국제 공조를 이루어 적극 대응해야 할 필요성이 절실한 실정이다.[11]

11 인남식, 앞의 논문, pp.135~143

중동 테러리즘

한국의 대테러 입장

1) 이슬람 테러리즘과 한국인 피해

(1) 이라크, 유일신과 성전의 한국인 참수

2004년 5월 30일, 이라크 수도 바그다드에서 서쪽으로 50km 떨어진 팔루자 부근에서 알 자르카위가 이끄는 유일신과 성전이 한국인 김선일을 납치했다. 김선일은 주이라크 미군과 거래하는 업체인 (주)가나무역 소속으로, 이라크 현지에서 근무하는 통역사였다. 그는 아랍어를 전공하고, 가나무역에 취직하여 2003년 6월 15일에 이라크로 간 상태였다.

유일신과 성전은 자이툰 부대 파병국인 대한민국 정부에게 이라크로의 추가 파병 중단 및 현재 주둔하는 한국군을 즉각 철수시키라고 협박했고, 정부가 이를 거부하자 6월 22일에 김선일을 참수했다. 살해 후에 버려진 시신은 미군에게 발견되어 미군 수송기로 쿠웨이트로 이송된 뒤 한국으로 송환되었다.

이 사건에서 테러 단체가 한국 정부에게 이라크로의 파병 중단을 요구하며, 한국인을 특정하여 납치했다는 점에 주목할 필요가 있다. 정부 대책반이 이라크 현지에 급파되었으나, 도착했을 때는 이미 살해된 후였다.

(2) 아프가니스탄, 탈레반의 한국인 선교 봉사단 납치

2007년 7월 19일, 탈레반 무장 세력이 한국인 선교 봉사단 23명을 납치했다. 이들은 경기도 성남시 분당 샘물교회 소속 청년회 신도 등 20명 (남자 7명, 여자 13명)으로, 단기 선교와 봉사 활동을 할 목적으로 7월 14일 아프가니스탄에 입국했다. 현지에서 안내와 통역을 위해 추가로 3명이 합류했고, 버스를 이용해 아프가니스탄 남부 칸다하르에 있는 힐라 병원과 은혜샘 유치원으로 향하던 중 7월 19일 오후 카불에서 170㎞ 거리에 있는 가즈니 주 카라바그 지역에서 탈레반 무장 세력에게 납치당했다.

탈레반은 아프가니스탄 정부가 가둔 동료 23명의 석방과 한국군의 철수를 요구하며 최종 협상 시한을 22일 오전 7시로 제시하고, 이때까지 탈레반 수감자들이 석방되지 않을 경우 한국인 인질들을 살해할 것이라고 밝혔다. 탈레반은 한국과 아프간 정부와의 인질 석방 협상이 결렬되자, 피랍된 23명 중 배형규 목사와 심성민을 차례로 살해했다. 결국 한국 정부와 탈레반의 협상 결과 인질 21명은 8월 31일까지 단계적으로 모두 풀려나 피랍 사태는 발생 42일 만에 종료되었으며, 9월 2일 생존한 피랍자 19명이 한국으로 돌아왔다. 이 사건으로 피랍자들과 해외 위험 지역에 선교를 하러 가는 일부 개신교도들이 비판을 받기도 했다.

중동 테러리즘

(3) 이집트, ABM의 한국인 탑승 버스 자폭 테러

2014년 2월 16일, 이집트 시나이 반도의 이스라엘 접경 지역 타바에서 한국인이 탑승한 버스에 테러범이 침입하여 자살 폭탄 테러가 발생했다. 한국인 성지 순례단 일행 3명, 이집트인 버스 운전기사, 테러범 1명 등 총 5명의 사상자 및 15명의 부상자가 발했다.

이 자폭 테러는 시나이 반도를 거점으로 활동하는 알 카에다 방계 조직 안사르 베이트 알 마크디스(ABM)에 의해 자행된 것으로 알려졌다. 한편 한국인을 직접 겨냥한 것은 아니며, 이집트 군부 정권을 고립시키려는 목적으로 외국 관광객을 대상으로 무차별 테러를 하는 과정에서 한국인이 피해를 본 것이다.

(4) 한국 젊은이의 IS 가입

2015년 1월, 우리나라에서 18세의 젊은이가 자발적으로 IS에 합류한 정황이 포착되어 국민을 긴장시키고 있다. 경찰 조사 결과 그는 터키를 경유하여 시리아 국경에서 시리아로 잠입해 들어갔다. 김 군은 2014년 10월 4일 자신의 트위터에 'IS에 가담하고 싶다. 어떻게 합류할 수 있나?'라는 글을 남겼다. 이는 사전에 준비를 했다는 정황이며, IS 조달책과 연결하여 가담 모의를 했다는 증거다. 터키 당국이 제공한 CCTV 영상에서도 호텔에서 시리아 국경까지 자동차로 이동한 장면이 확인됐다. 김 군의 행로는 IS가 테러리스트 대원을 모집하는 전형적인 루트이다. 국가정보원은 2015년 2월 국회 정보위원회 전체회의에서 김 군의 IS 가입이 사실로 확인됐다고 보고했다.

(5) 리비아 IS 대원, 한국 대사관에 총격

2015년 4월 12일, 무장 괴한 일단이 차량에 탑승한 채 리비아 트리폴리 소재 한국 대사관 건물과 경비초소에 기관총으로 40여 발을 난사하고 도주했다. 공관을 경비 중이던 현지 경찰관 2명이 숨지고 1명이 부상당했다. 대사관 내부에 우리 외교관 2명과 행정원 1명이 머물고 있었으나 한국인 인명 피해는 없었다. IS는 트위터에 '칼리프 전사들이 한국 대사관 경비와 경찰을 사살했다'라는 글을 올려 자신들의 소행임을 밝혔다.

그간 한국은 IS의 공격 대상에서 제외된 국가로 여겨졌다. IS가 주적으로 간주하는 나라는 미국 등 서방 국가들이며, 한국은 미국 주도의 IS 격퇴 작전에 군사력을 지원하지 않은 '인도적 지원 국가'로 분류돼 왔다. 그러나 이번 사건으로 한국 역시 IS 공격에서 안전할 수 없다는 사실이 입증되었다.

2) 우리의 고려 사항

우리나라도 한국인이 희생당한 일련의 국제 테러를 겪어 왔다. 2015년에는 우리 국민이 자발적으로 IS에 가입한 바 있으며, IS는 테러의 대상으로 대한민국을 지정하여 위협하고 있기도 하다. 또한 국내에서 외국인이 이슬람 지하드를 추종하는 활동을 한 사건이 발생했다. 즉 우리 국민의 일상생활이 주변의 테러 위협에 적나라하게 노출되어 있는 상황이다.

전문가들은 한국은 국제적 테러 위협에 무방비 상태라고 지적하면서, 그 원인으로 세 가지를 거론하였다. 첫째, 한국은 세계 최고 수준의 IT 기술을 가졌음에도 이를 테러 방지에 활용하지 못하는 상황이라는 것이다. 정보통신 기술이 발달하면서 테러범들의 수법도 다양해졌고, 역으로 이를 이용해 테러를 사전에 막고 테러범을 검거할 수 있는 수단도 많아졌다. 스마트폰, CCTV, 신용카드 등을 통해 방대한 테러 정보를 수집할 수 있지만, 각종 법적 규제가 이를 막고 있다. 인권 침해를 최대한 피하는 범위에서 이를 활용한 법적, 제도적 정비가 시급한 실정이다.

둘째, 한국은 국제적으로 정보선진국 그룹에 가입하지 못하고 있다. 협약에 참여하려면 통신비밀보호법을 개정해야 하는데, 한국은 테러범에 대한 SNS 감청이 법으로 금지되어 있고, 통신사에 감청 설비 자체가 설치되어 있지 않아 물리적으로 감청을 못하고 있기 때문이다. 현재 미국과 유럽 각 정부는 부다페스트 협약을 통해 국제 테러 정보를 공유하고 테러범에 대한 감시를 강화하고 있다.

셋째, 국민의 테러에 대한 경각심이 약하고, 공공기관에서 실질적인 테러 예방 조치가 이루어지지 않고 있다는 지적이다. 실제로 우리나라는 2015년 11월 17일 프랑스 파리 테러 이후 '관심, 주의, 경계, 심각'의 테러 경보 4단계 중 '관심'에서 '주의' 단계로 격상했다. 그러나 테러 경보를 듣지 못 했다는 국민 반응이 대다수였다. 또한 정부청사, 경기장, 터미널, 공연장 등 공공장소에서도 특별한 검색 강화 조치 없이 출입이 허용되었다. 선진국에서는 사람이 모이는 곳에서 몸수색까지 하며 검색을 실시하고 있다.

결론적으로 한국은 관련 법률이 제정되어 있지 않아 테러 혐의자에 대한 추적, 감시, 탐문 등 조사에 착수할 수 없으며, 테러 조직에 가담했거나 테러를 시도한 사람을 체포하더라도 테러범 명분으로 처벌할 수 없다.

한국이 현재 적용하고 있는 대테러법은 '국가 대테러 활동 지침'이다. 이 법은 1982년 대통령훈령 제47호에 의거하여 대통령 직속으로 국가 테러 대책회의를 설치하고 사후 수습책을 마련하여 대처한다는 것이다. 즉 선제 대응에 한계가 있다. 또한 테러 발생 시 각 기관별 임무와 권한, 업무 분장 및 조정하는 내용만을 담고 있어 실제로는 미비한 점이 많아 효용성이 없다.

우리나라 입법부가 테러 방지 노력을 전혀 하지 않는 것은 아니다. 현재 세 가지 법안이 국회에 상정되어 있으나 14년째 계류 중이다.

- 국민 보호와 공공 안전을 위한 테러 방지법
- 국가 사이버 테러 방지법
- 국가 대테러 활동과 피해 보전 기본법

'국민 보호와 공공 안전을 위한 테러 방지법'은 대테러법의 핵심법으로, 국내외 정보 수집과 분석, 테러 위험인물에 대한 추적, 테러 혐의에 대한 조사 등의 업무를 수행하는 테러 통합 대응 센터를 설치하는 법안이다. '국가 사이버 테러 방지법'과 '국가 대테러 활동과 피해 보전 기본법'도 각각 국가 대테러 센터와 국가 사이버 안전 센터를 설치하는 내용을 담고 있다. 대테러 센터장은 테러 단체의 구성원으로 의심할 만한 상당한 이유가 있는 인물의 경우, 출입국 및 금융 거래, 통신 이용 등에 대한 정보를 수집할 수 있도록 했다. 이 법안의 통과를 반대하는 의원들은 인권 침해 등 위헌 소지가 크며, 국가정보원이 대테러 센터를 주관하는 것은 적절하지 않다고 주장한다.

국가정보원은 대한민국이라는 국가와 국민의 안전보장을 책임지는 헌법기관이다. 또한 전 세계 각국의 정보기관들과 협력을 통해 정보를 실시간 공유하고 있다. 이런 점에서 대한민국 내 어느 기관보다도 대테러 업무를 효율적으로 수행할 수 있는 곳이라 생각된다. 우려되는 인권 침해 문제는 선진국처럼 국회와 국민이 참여하는 감시기구를 설치하는 등으로 대처하면 방지할 수 있을 것이다. 미국, 영국, 프랑스, 독일, 일본, 호주 등 모든 서방 국가들이 테러 업무를 정보기관에 맡기고 있는 것도 탁월한 정보력과 세계 각국 간 국제적인 공조 체제를 구축하고 있기 때문일 것이다.

TERRORISM IN THE MIDDLE EAST